济上旧闻辑注

徐复岭 著

北京出版集团
北京出版社

图书在版编目（CIP）数据

济上旧闻辑注／徐复岭著. — 北京：北京出版社，
2024.3
ISBN 978-7-200-18407-5

I. ①济… Ⅱ. ①徐… Ⅲ. ①济宁—地方史—史料
Ⅳ. ①K295.23

中国国家版本馆 CIP 数据核字（2024）第 002040 号

出版策划：人文在线　　　　责任编辑：占　琴　陈业莹
封面设计：人文在线　　　　责任印制：张鹏冲

济上旧闻辑注
JISHANG JIUWEN JIZHU

徐复岭　著

出　版　北京出版集团
　　　　北京出版社
地　址　北京北三环中路 6 号
邮　编　100120
网　址　www.bph.com.cn
总发行　北京出版集团
经　销　新华书店
印　刷　三河市龙大印装有限公司
开　本　710 毫米×1000 毫米　1/16
印　张　27.75
字　数　310 千字
版印次　2024 年 3 月第 1 版第 1 次印刷
书　号　ISBN 978-7-200-18407-5
定　价　98.00 元

如有印装质量问题，由本社负责调换
质量监督电话　010-58572772　58572393

序

◇ 王永超

徐先生复岭教授，奕世居曹州。早岁问学洙泗上，卓荦有成，遂设绛帐阙里任城间，声名施于当世。构庐济上，白楼远眺，凫峄在望，山影楼景满窗，运河桨声盈耳，先生喜其风物佳胜，仿佛故土，遂家焉。

先生平生无他嗜，一专于书而已。先生俯首茸门，昕夕其中，纵南穷印泰、北游神京，亦必怀铅握椠，舐墨挈囊，矻矻然穷年而著书。风钞雪纂，月有程，日有课，诵数思索，曾不一日辍也。手所著录，字必端楷，点画不苟，至积半生之功，著述无虑数百万言矣。

先生志尚高雅，博学多通，于四部之说、诸子之理，皆晰如指掌。二十余年来，攻治近代汉语甚勤，而于明清山左方言尤称断断。钻研覃思，博览群籍，至于山经野史、日录家乘、笔记杂纂，靡不及焉。间有语涉济宁，举凡人物事地、逸闻传说，甚而神怪不经者，零缣残墨，亦得掇拾，凡可甄辑，悉为移录，竟成若干卷，将授梓人，颜其书曰《济上旧闻辑注》。

今观其书，哀汉魏以洎民国古书近百种，而儒经、正史不与焉；立目三百又五十四条，而人同事异者不避焉。复依当今济宁政区分为"任城""兖州""曲阜""邹微金鱼""嘉汶梁泗"五卷，卷依所录原典成书时代为次；书首列细目，以便搜讨检索；凡疑难字词语段、人事故典，辄择要以疏证。呜呼！先生博闻强记，或尚有人，而精审不苟，未见其伦也；而是书搜罗鸿富、体例该备、注解精要，彼其所得，固亦有异于人者哉！

予有幸攀结先生十年矣。先生为人温恭蒽慎，居恒自奉极简，不求闻达。往者先生编纂辞书，不以鄙陋，慨允为助，予不揣谫薄，妄肆雌黄，先生竟不以为忤。予得聆先生论学，谈经说义，援古究今，出入诸子百家；地负海涵，泉涌风发，奕奕岩岩，每屈一座——如是者凡十年所。先生肯与共数晨夕，商榷古今，恒以古道相砥砺。先生尝诲予曰："亭林先生言'必有体国经野之心，而后可以登山临水；必有济世安民之识，而后可以考古论今'，大哉斯言！"又曰："人之著述，果能辨乎义利而笃于气谊，即片言尺璧矣！苟且非然，虽著述等身，于世道又曷裨焉？"先生割鸡不惜牛刀、搏兔偏用狮力，取精用宏，辑成此书，俾读之而晓明历史、感爱故土，挽留乡愁、发扬激励——非徒嘉惠于今人，抑且有功于世道矣。

客冬先生来曲阜，出其书以示予，属弁言。予耳目固陋，旧学消亡，本不足以膺此任，而终勉承命、未敢逊辞者，为报先生十年提诲之情也。然公私羁縻，十月未克竣事。今夏疫情复起，举国警戒。复捧是书，诵咏再四，且感且愧。挥汗勉副，抛楮满地，无一合作，甚可笑也。自忖栖身济上而放浪数十年，目得之所阅，耳得之所述，万千词而不能殚，而曾无片札尺楮存于笥中，甚可愧也。代易时移，物情潜庚，固有不应忘于怀者。先生客济上而辑此书，其有功于斯土何其大也；先生以耄龄而发宏愿，后三年而成《元明清山东方言词典》，其于学问事又何其勤也！

先生隐居向学，志当世急务，故其书援古证今，足以资除害兴利者，其大旨又见于先生自撰《弁语》，固无烦于予之赘言也。

岁次辛丑六月，任城王永超于鲁壁之侧。

弁　语

济上，济宁之别称也。"济"乃济水，亦作"泲水"，古之与江、河、淮并称"四渎"者也。济水源自王屋山（今属河南省济源市），东流入齐鲁大地，其流如巨龙般或明或暗，或腾跃地上，或潜伏地下，踪迹身影扑朔迷离，至今仍是一个未被完全揭开之谜。《尚书·禹贡》云："〔济〕东出于陶丘北，又东至于菏，又东北会于汶，又北东入于海。"据此大体可以推定，济水流入山东以后分为南北两大支派：南支由陶丘（今菏泽市牡丹区、定陶区，古亦称济阴）向东偏南方向沿古菏水（大体相当于今之万福河）顺流而下，与源自东蒙诸山的泗水等汇合，继而流向东南汇入淮河。北支则由陶丘朝东北方向流去，与来自泰山脚下的汶水等汇合，并继续流向东北，经齐地注入渤海。古济州即今之任城、嘉祥乃至巨野一线，犹如一艘巨舰般横亘在济水南北两大支派中间岿然而立，"济上"之名盖源于此乎？清康熙帝玄烨南巡途经济宁时曾有诗云："济水平分南北流，山桃花绽古墟头。"（《过任城》）说的其实也就是这个意思。

我年轻时负笈从师于孔圣故里，嗣后便在阙里、济上舌耕授徒，于此度过了大半生时光。济宁之于我，虽非故乡，感情却胜似故乡。我对济宁有着深厚的眷恋之情，无比热爱这方沃土，热爱这方沃土上的一山一水、一草一木，记挂着与她有关的人物故典、逸闻趣事。平时阅读古代典籍、稗官野史，凡遇涉及济宁的人、物、地、事，包括逸闻传说，均认真抄录下来。日积月累，这类资料竟也相当可观。我如此做的初衷无非是"自娱自乐"，仅想借此增强自己对济宁的记忆，加深对济宁历史文化的了解而已。后来我的几位年轻朋友得知这些辑存的资料，认为它们在帮助今人特别是年轻人加深了解济宁历史文化，培育和增进乡土情怀方面不无裨益，因而怂恿我整理出来奉献给社会大众。我觉得朋友们的想法不无道理，于是下了一番爬罗剔抉的功夫，对旧有资料稍加分类整理，并辅以简单的注释，最终成了现在这本书的规模。书名之所以取"济上"而未取今日大家所熟知的"济宁"者，乃为保存些许古意，而使其与所辑文章之文体风格相互吻合耳。

本书资料主要取自稗官野史、古人笔记、地方志书以及其他杂著，出自正史者一般不录。就时间而言，这些典籍上至汉魏两晋，下至晚清民国，时差两千余年。就内容而论，所记名胜古迹、人物事典、逸闻传说等，有真实可信者，亦有向壁虚构、缥缈无据者。那些看似缥缈虚妄的传说故事之所以亦在本书收辑之列，是因为它们原本根植于济宁这方沃土，是这方沃土孕育了这些神话传说和浪漫故事，人们从中同样可以窥见济宁地域文化的多彩多姿与浪漫色调。为使读者查阅方便，本书按今日济宁市的行政区划分成若干卷；每卷内容大体按原典所出时间先后顺序排列，并于书首列出细目。有些人、事或传说，不同典籍可能均有记载，凡是所记内容、情节有较大不同者，均辑入本书，以利读者进行比较研究。所收文章中个别难解的字、词、语以及人物事典等，择其要者做出简明注释。本人读书无多，视野不广，学术水平亦有限，所辑内容挂一漏万，难免遗珠之憾，该注而未注或注而不确之处也可能多有存在，这些统望读者诸君予以补正。

该书整理过程中得到王钦鸿、王永超、樊英民、李善奎、赵雷、王祥、刘润涛、颜健等多位学友的大力支持和帮助。他们或者提供有益的线索、宝贵的资料，或者对有关注释提出质疑或建议，这些都对充实、丰富这本小书的内容和提高注释水平起到了重要作用。承蒙谬爱，永超、英民二君并于书成之后分别撰写了序、跋。不佞在此向诸位学友表示由衷的感谢，并衷心希望相识和不相识的朋友对本书提出批评和建议。

徐复岭辛丑冬月记于任城太白楼下之补拙斋

目录

兖州（滋阳）卷

曲 阜 卷

邹城、微山、鱼台、金乡卷

嘉祥、汶上、梁山、泗水卷

济 上 旧 闻 辑 注

任城（济宁）卷

任城公孙达

任城公孙达，甘露中为陈郡，卒官。将敛①，儿及郡吏数十人临丧。达五岁儿忽作灵语，音声如父，呵众人："哭止！吾欲有所道。"因呼诸子，以次教诫。儿等悲哀，不能自胜。乃慰勉之曰："四时之运，犹有始终，人修短殊②，谁不至此？"语千余言，皆合文章。儿又问曰："人亡皆无所知，惟大人聪明殊特，有神灵耶？"答曰："鬼神之事，非尔所知也。"因索纸笔作书，辞义③满纸，投地遂绝。

（三国魏·曹丕《列异传》，亦见《太平广记》卷三一六）

【注】

①敛：同"殓"。给死者穿衣，入棺。

②人修短殊：人的生命或长或短，相差悬殊。修短：长短，指人的寿命。

③辞义：指文章的辞采和义理。

任城魏肇之

任城魏肇之初生，有雀飞入其手，占者以为封爵之祥①。

（南朝宋·刘敬叔《异苑》卷四）

【注】

①占者以为封爵之祥：雀、爵，古代同属精母字，音相通，故占卜者有此联想。

慧湛尼传

慧湛，本姓彭，任城人也。神貌超远，精操殊特①。渊情旷达，济物为务。恶衣蔬食，乐在其中。尝荷衣山行，逢群劫，欲举刃向湛，手不能胜。因求湛所负衣，湛欢笑而与，曰："君意望甚重，所获殊轻。"复解其衣内新裙与之。劫即辞谢，并以还湛。湛舍之而去。建元二年②渡江。司空何充③大加崇敬，请居建福寺住云。

（南朝梁·释宝唱《比丘尼传》卷一"建福寺慧湛尼传"）

【注】

①精操殊特：精神操守与众不同。

②建元二年：即 344 年。建元，东晋皇帝晋康帝司马岳的年号。

③司空何充：何充，字次道，东晋重臣，在晋康帝和晋穆帝时辅政。永和二年（346）去世，赠司空，谥曰文穆。

许云封

许云封，乐工之笛者。贞元初，韦应物自兰台郎出为和州牧，非所宜愿，颇不得志，轻舟东下，夜泊灵璧驿。时云天初秋，瀼露①凝冷，舟中吟风，将以属辞，忽闻云封笛声，嗟叹久之。韦公洞晓音律，谓其笛声酷似天宝中梨园法曲李暮②所吹者，遂召云封问之，乃是李暮外孙也。云封曰："某任城旧士，多年不归。天宝改元③初生，一月时东封回驾，次至任城，外祖闻某初生，相见甚喜，乃抱诣李白学士，乞撰令名。李公方坐旗亭④，高声命酒，当垆贺兰氏，年且九十余，邀李置饮于楼上，外祖高笛送酒，李公握筦⑤，醉书某胸前曰：'树下彼何人？不语真我好。语若及日中，烟霏谢陈宝。'外祖辞曰：'本于学士乞名，今不解所书之语。'李公曰：'此即名在其间也：树下人是木子，木子李字也；不语是莫言，莫言暮也；好是女子，女子外孙也；语及日中是言午，言午是许也；烟霏谢陈宝是云出封中，乃是云封也，即李暮外孙许云封也。'后遂名之。某才始十年，身便孤立，因乘义马西入长安。外祖悯以远来，令齿⑥诸舅学业，谓某性知音律，教以横笛，每一曲成，必抚背赏叹。值梨园法部置小部音声，凡三十余人，皆十五以下。天宝十四载六月日，时骊山驻跸，是贵妃诞辰，上命小部音声乐长生殿，仍奏新曲，未有名，会南海进荔枝，因以曲名《荔枝香》，左右欢呼，声动山谷。是年安禄山叛，车驾还京。自后俱逢离乱，漂流南海近四十载。今者近访诸亲，将抵龙邱。"

韦公曰："吾有乳母之子，其名千金，尝于天宝中受笛李供奉，艺成身死，每所悲嗟。旧吹之笛即李君所赐也。"遂囊出旧笛，云封捧跪对悲切，抚而观之，曰："信是佳笛，但非外祖所吹者。"又谓韦公曰："竹生云梦之南，鉴在柯亭⑦之下，以今年七月望前生，明年七月望前伐。过期不伐，则其音窒，未期而伐，则其音泛。浮者，外泽中干，干者，受气不全，气不全，则其竹夭。凡发扬一声，出入九息。古之至音者，一叠十二节，一节十二敲。今之名乐也，至如《落梅》流韵，感金谷之游人，折柳传情，悲玉关之戍客，诚有清响异音，非至音，无以降神而祈福也。其已夭之竹，遇至音必破，所以知非外祖所吹者。"韦公曰："欲信女⑧鉴，笛破无伤。"云封乃捧笛吹《六州遍》，一叠未尽，划然中裂。韦公惊叹久之，遂礼云封于曲部。

（唐·袁郊《甘泽谣》）

【注】

①瀼露：浓重的露水（瀼：音 ráng，露浓的样子）。

②李暮：传为唐朝开元年间教坊里的首席吹笛手（暮，音 mó，"谟"的异体字，计谋，谋略）。唐代作家卢肇（818—882）

写有《李謩》一文（见《太平广记》卷二百四），记其传奇故事。

③改元：君主改用新年号纪年。年号以一为元，故称"改元"。天宝改元：指唐玄宗李隆基由年号开元改称年号天宝，天宝元年即742年。

④旗亭：酒楼。悬挂旗子为酒招，故称。

⑤筦：同"管"。笔管，代指笔。

⑥齿：谓随同，厕身。

⑦柯亭：在今浙江省绍兴市西南，以产良竹著名。汉代音乐家蔡邕以此地所产竹子制笛，音色优美，后称良笛曰"柯亭笛"或"柯亭"。

⑧女：同"汝"，你。

魏夫人传

魏夫人者，任城人也。晋司徒剧阳文康公舒①之女，名华存，字贤安。幼而好道，静默恭谨。读庄老，三传五经百氏，无不该览。志慕神仙，味真耽玄。欲求冲举②，常服胡麻散、茯苓丸，吐纳气液，摄生夷静。亲戚往来，一无关见③，常欲别居闲处，父母不许。

年二十四，强适④太保掾南阳刘文，字幼彦，生二子，长曰璞，次曰瑕。幼彦后为修武令。夫人心期幽灵，精诚弥笃。二子粗立，乃离隔宇室，斋于别寝。将逾三月，忽有太极真人安度明、东华大神方诸青童、扶桑碧河旸谷神王、景林真人、小有仙女、清虚真人王褒来降。褒谓夫人曰："闻子密纬真气，注心三清，勤苦至矣。扶桑大帝君敕我授子神真之道。"青童君曰："清虚天王，即汝之师也。"度明曰："子苦心求道，道今来矣。"景林真人曰："虚皇鉴尔勤感，太极已注子之仙名于玉札矣。子其勖哉！"青童君又曰：

"子不更闻《上道内法》《晨景玉经》者，仙道无缘得成。后日当会阳洛山⑤中，尔谨密之。"

王君乃命侍女华散条、李明兑等，便披云蕴，开玉笈，出《太上宝文》《八十隐书》《大洞真经》《灵书八道》《紫度炎光》《石精金马》《神真虎文》《高仙羽玄》等经，凡三十一卷，即手授夫人焉。王君因告曰："我昔于此学道，遇南极夫人、西城王君，授我宝经三十一卷，行之以成真人，位为小有洞天仙王。令所授者即南极元君、西城王君之本文也。此山洞台，乃清虚之别宫耳。"

于是王君起立北向，执书而祝曰："太上三元，九星高真，虚微入道，上清玉晨，褒为太帝所敕，使教于魏华存。是月丹良，吉日戊申，谨按宝书《神真虎文》《大洞真经》《八素玉篇》合三十一卷，是褒昔精思于阳明西山，受真人太师紫元夫人书也。华存当谨按明法，以成至真，诵修虚道，长为飞仙。有泄我书，族及一门，身为下鬼，塞诸河源，九天有命，敢告华存。"

祝毕，王君又曰："我受秘诀于紫元君，言听教于师云，此篇当传诸真人，不但我得而已，子今获之，太帝命焉。此书自我当七人得之，以白玉为简，青玉为字，至华存则为四矣。"

于是景林又授夫人《黄庭内景经》，令昼夜存念，读之万遍，后乃能洞观鬼神，安适六府，调和三魂五脏，主华色，反婴孩，乃不死之道也。于是四真吟唱，各命玉女弹琴击钟吹箫，合节而发歌。歌毕，王君乃解摘经中所修之节度⑥，及宝经之指归⑦、行事之口诀，诸要备讫⑧，徐乃别去。

是时，太极真人命北寒玉女宋联涓，弹九气之璇⑨；青童命东华玉女烟景珠，击西盈之钟；旸谷神王命神林玉女贾屈廷，吹凤唳之箫；青虚真人命飞玄玉女鲜于虚，拊九合玉节。太极真人发排空之歌，青童吟太霞之曲，神王讽晨启文章，清虚咏驾飚之词。

既散后，诸真元君日夕来降，虽幼彦隔壁，寂然莫如⑩。其后幼彦物故。值天下荒乱，夫人抚养内外，旁救穷乏。亦为真仙默示其兆，知中原将乱，携二子渡江。璞为庾亮司马，又为温太真司马，后至安成太守。瑕为陶太尉侃从事中郎将。夫人自洛邑达江南，盗寇之中，凡所过处，神明保佑，常果元吉。二子位既成立，夫人因得冥心斋静，累感真灵，修真之益，与日俱进。

凡住世八十三年，以晋成帝咸和九年，岁在甲午，王君复与青童东华君来降，授夫人成药二剂：一曰迁神白骑神散，一曰石精金光化形灵丸。使顿服之，称疾不行。凡七日，太乙玄仙遣飙车来迎，夫人乃托剑化形而去，径入阳洛山中。明日，青童君、太极四真人、清虚王君，令夫人清斋五百日，读《大洞真经》，并分别真经要秘。道陵天师又授《明威》《章奏》《存祝》《吏兵》《符箓之诀》。众真各摽至训⑪，三日而去。道陵所以遍教委曲者，以夫人在世当为女官祭酒，领职理民故也。

夫人诵经万遍，积十六年，颜如少女。于是龟山九灵太真西王母、金阙圣君、南极元君，共迎夫人白日升天，北诣上清宫玉阙之下。太微天帝中央王老君、三素高元君、太上玉晨太道君、太素三元君、扶桑太帝君、金阙后圣君，各令使者致命，授夫人玉札金文，位为紫虚元君，领上真司命南岳夫人，比秩仙公⑫，使治天台大霍山洞台中，主下训奉道，教授当为仙者。男曰真人，女曰元君。夫人受锡事毕，王母及金阙圣君、南极元君各去。

使夫人于王屋小有天中，更斋戒三日，毕，九微元君、龟山王母、三元夫人众诸真仙，并降于小有清虚上宫绛房之中，时夫人与王君为宾主焉。设琼酥玉酒，金觞四奏，各命侍女陈钧成之曲，九灵合节，八音灵际，王母击节而歌，三元夫人弹云璈而答歌，余真各歌。须臾，司命神仙诸隶属及南岳迎官并至，虎旗龙辇，激耀百里中。王母诸真，乃共与夫人东南而行，俱诣天台霍山台，又便道过句曲金坛茅叔申⑬，宴会二日二夕，共适于霍山。夫人安驾玉宇⑭，然后各别。

初，王君告夫人曰："学者当去疾除病。"因授甘草谷仙方，夫人服之而仙。夫人能隶书，为王君立传，事甚详悉。又述《黄庭内景注》，叙青精腜⑮饭方，后屡降茅山。子璞后至侍中，夫人令璞传法于司徒琅邪王舍人杨羲、护军长史许穆、穆子玉斧，并皆升仙。陶贞白《真诰》⑯所呼"南真"，即夫人也。

以晋兴宁三年乙丑，降杨家，谓杨君曰："修道之士，不欲见血肉，见虽避之，不如不见。"又云："向过东海中，波声如雷。"又云："裴清灵真人锦囊中有《宝神经》，昔从紫微夫人所授，吾亦有是西宫定本，即是玄圃北坛西瑶之上台，天真珍文尽藏其中也。"因授书云……（略）夫人与众真吟诗曰："玄感妙象外，和声自相招。灵云郁紫晨，兰风扇绿轺。上真宴琼台，遨为地仙标。所期贵远迈，故能秀颖翘。玩彼八素翰，道成初不辽。人事胡可预，使尔形气消。"

夫人既游江南，遂于抚州并山立静室，又于临汝水西置坛宇。岁久芜梗，踪迹殆平。有女道士黄灵微⑰，年迈八十，貌若婴孺，号为花姑，特加修饰。累有灵应，夫人亦寓梦以示之，后亦升天。玄宗敕道士蔡伟编入《后仙传》。大历三年戊申，鲁国公颜真卿重加修茸，立碑以纪其事焉。

（《太平广记》卷五八，出唐·杜光庭《墉城集仙录》卷九及《本传》）

【注】

①晋司徒剧阳文康公舒：即魏舒（209—290），字阳元，任城樊县人。西晋大臣，官至司徒，深受司马昭器重。封剧阳子，谥号康。

②冲举：谓飞升成仙。

③关见：会见。

④适：嫁，出嫁。

⑤阳洛山：又名天坛山，位于河南省济源市西北，为王屋山主峰，道教圣地。

⑥节度：规则，法则。

⑦指归：主旨，意向。

⑧备讫：全都讲完了。

⑨璈：音 áo，古乐器名。

⑩寂然莫如：谓寂静没有声息，（刘幼彦）什么也不知道。

⑪各摽至训：谓各自施加教诲。摽，同"標"，标榜，显扬。至训，尊长的教诲，含尊敬意。

⑫比秩仙公：品级比照仙公（秩，官职，品位）。

⑬句曲金坛茅叔申：句曲，指句曲山，即今江苏西南部之茅山，地跨句容、金坛、溧阳等县市境。西汉茅盈（字叔申）三兄弟隐居于此，创三清法坛，开茅山道派。

⑭安驾玉宇：平安抵达所居殿宇（玉宇，用玉建成的殿宇，指代天帝或神仙的住所）。

⑮腄：音 jiē，接。

⑯陶贞白：即陶弘景（456—536），字通明，卒后谥贞白先生，南朝宋、齐、梁间人。陶氏知识渊博，在医药炼丹、天文历算、文

学艺术、道教仪典等方面都有深入研究，尤以对药物学的贡献最大。其著作甚多，《真诰》只是其中之一。

⑰黄灵微：唐代著名女道士，江西临川人，人称"花姑"，被敕封为花神妙远真人群芳毓德元君。

李白

白，字太白，山东人。母梦长庚星而诞，因以命之。十岁通五经，自梦笔头生花，后天才赡逸，名闻天下。喜纵横，击剑为任侠，轻财好施。更客任城，与孔巢父、韩准、裴政、张叔明、陶沔居徂徕山中，日沉饮，号"竹溪六逸"。

天宝初，自蜀至长安，道未振，以所业投贺知章。读至《蜀道难》，叹曰："子，谪仙人也。"乃解金龟换酒，终日相乐，遂荐于玄宗。召见金銮殿，论时事，因奏颂一篇，帝喜，赐食，亲为调羹，诏供奉翰林。尝大醉上前，草诏，使高力士脱靴。力士耻之，摘其《清平调》中飞燕事，以激怒贵妃。帝每欲与官，妃辄沮①之。白益傲放，与贺知章、李适之、汝阳王琎、崔宗之、苏晋、张旭、焦遂为"饮酒八仙人"。恳求还山，赐黄金，诏放归。

白浮游四方。欲登华山，乘醉跨驴经县治。宰不知，怒，引至庭下曰："汝何人，敢无礼！"白供状不书姓名，曰："曾令龙巾拭吐，御手调羹，贵妃捧砚，力士脱靴。天子门前，尚容走马；华阴县里，不得骑驴。"宰惊愧，拜谢曰："不知翰林至此。"白长笑而去。

尝乘舟与崔宗之自采石至金陵，着宫锦袍坐，傍若无人。禄山反，明皇在蜀，永王璘节度东南，白时卧庐山，辟②为僚佐。璘起兵反，白逃还彭泽。璘败，累系浔阳狱。初，白游并州，见郭子仪，奇之，曾救其死罪。至是，郭子仪请官以赎，诏长流夜郎。白晚节好黄、老，度牛渚矶，乘酒捉月，沉水中。初，悦谢家青山③，今墓在焉。有文集二十卷行世。或云：白，凉武昭王暠九世孙也。

（元·辛文房《唐才子传》卷二）

【注】

①沮：音 jǔ，阻止，终止。

②辟：音 bì，征召，举荐。

③谢家青山：又名青林山、谢公山，在今安徽当涂东南。南齐谢朓任宣城太守时，曾筑室于此。李白墓在此。

王士能（一）

济宁有王士能者，故海州人，生元至正甲辰，入国朝成化癸卯，已一百二十岁，其寓济宁亦六十年矣。

自其少时，志慕养生，辞家走四方，求名师无所遇。入蜀，闻雪山有异人，往投之，见老人披毡衣，卧深洞中石床上，其长三尺余，五官、手足皆如婴儿，士能拜下，不答，因为之执役左右。老人不饮食，坐侧一囊，所盛类干面，时取啖之，或掬饮涧水一二升。士能留数日，所赍米尽，跪而乞食，老人分囊中物与之，苦涩不能下咽，乃拾山果野菜以充腹。居三年，勤苦不懈，老人怜之，一旦谓曰："子可以语道矣，然子得之当出山，他日非其人勿轻授也。"遂示以摄形炼气之要，学成，辞出。又久之，乃来居济宁。

日常不火食①，惟啖枣数枚，或菜数茎，饮水少许而已。白发被额，肌肤如童子少妇。其初人不识，后乃稍稍异之。济宁指挥王宣亦海州人，往见，问姓名，大惊曰："闻吾祖言，吾上世有叔祖②，实名士能，好道出家，不知所终，翁是乎?"问以家事，所言皆合，于是日往候之。州人闻而有所馈者，士能皆辞不受。

宣有同官往，欲受其术，士能望见曰："尔声妓满前，日事妄作，非吾徒也。"谢③之。其人大惭，乃上疏言状。朝廷下山东守臣，俾乘安车④入京，得见上，赐宝镪⑤遣归。

士能被召时，篁墩程先生⑥适道其地，闻州人说其履历如此，因往谒焉。士能所居城东僻处，老木深巷，败屋数间，屋中卧榻外无长物。与客言，多静坐寡欲之说。坐久瞑目闭息，曰："老仆无能为，朝廷过听而召之，仆岂知道？但习静日久，近日乃与人接，大败吾事矣。"问以改革事，曰："一身之外皆非知也。"后三年丙午，吾苏杨南峰先生⑦以使事过济宁，见士能着白禅衣坐木榻上，叩其所以致寿，曰："无他术也，但平生不茹荤，不娶妻，不识数，不争气耳。"叹息而返。要之，其人盖有道之士云。

（明·陆粲《庚巳编》卷四；明·郑晓《今言》卷三亦记有此事，文字略同，惟人名作"王士宁"耳）

【注】

①火食：吃熟食。

②叔祖：父亲的叔父。

③谢：推辞，拒绝。

④安车：古代可以坐乘的小车。高官告老还乡或朝廷征召有重望的人，往往赐乘安车。

⑤宝镪：皇家所赐的银钱（镪，音 qiǎng，古代称成串的钱）。

⑥篁墩程先生：即程敏政，明代官员、学者。字克勤，号篁墩，南直隶徽州府人，明成化二年（1466 年）进士。有文才，与李东阳齐名。著有《篁墩程先生文集》等。

⑦杨南峰先生：即杨循吉（1456—1544），字君卿（一作君

谦），号南峰，又号雁村居士。南直隶苏州府吴县（今属江苏苏州）人。明成化二十年（1484）进士，授礼部主事，因病致仕。有诗文集传世。

王士能（二）

济宁人王士能，年百二十三岁，朝廷闻其老，尝召见之，赐宝镪以归。成化丙午，余友礼部杨君循吉以使事过其州，微服访之，见士能衣白裌①衣坐木床上，年可②四五十人。杨君问其所以致寿，士能曰："无他术也，但平生不食肉，不畜妻妾，不识数，不争气耳。"又问其日食几何，曰："食一饼及少菜而已。"

（明·都穆《都公谭纂》卷下）

【注】

①裌：音 jiá，夹衣。

②可：约，大约。

王驴儿

王驴儿，济宁人，少瞽①双目。为人推磨，每午买烧酒二樽，留其一以为夜需。一夕，壶忽罄，心疑酒家欺己，质之，不服。中夜扃闭②伺焉，闻壶有声，起抚壶，无有矣。遂遍室摸得一狐，沉醉，以破帽笼其首，系之。五鼓，狐醒，呼王求释，王不可，乃曰："汝与吾有缘，合以推命相授，亟③释我，不汝欺也。"释之，遂成一人，与王谈命，数月，穷其妙。由是以其术名天下，人叩之者日满户外。

景泰中，吾乡徐武功有贞④，以都御史治水张秋，时王尚书竑⑤亦以都御史督淮上漕运。二公一日微服过王生，令其推命。王生闻二公声，知非常人，遂起延入内坐，各问生年月日，曰："贵人也。"徐公绐⑥之曰："吾两人为商，何贵之有？"曰："公等皆显官，系金带，切弗隐也。"徐公大惊，复绐曰："吾扬州太守。"王公曰："吾湖广参议。"曰："非也。其都宪乎？"皆不应，曰："二公官至尚书，但徐公之爵较王公尤高。惜乎不久王公能急流勇退耳。"后王公入兵部，不三年即乞致仕，徐公天顺初亦升尚书，至武功伯，未逾年罢，皆如王生之言。

（明·都穆《都公谭纂》卷下）

【注】

①瞽：音 gǔ，目失明，眼瞎。

②扃闭：关门闭户（扃，音 jiōng，门闩，门户）。

③亟：音 jí，急，快速。

④徐武功有贞：徐有贞（1407—1472），初名珵，字元玉，南直隶苏州府吴县（今江苏苏州）人。明朝中期内阁首辅，因封爵武功伯，世称徐武功。

⑤王尚书竑：王竑（1413—1488），字公度，祖籍江夏（今湖北武昌）。有管理经济之才，天顺年间奉命督理漕运，明宪宗即位后召为兵部尚书。

⑥绐：音 dài，骗，欺骗。

瞽者刘九传

刘九，乃济宁都御史泽之远族，自谓是其第九子，其艺能足以名世，不必假此可也。名守，号修亭。歌弹乃瞽者常事，刘九于二事有出于瞽者之外矣。博雅记诵，有目者或不能及。市语方言，不唯腾之口说，而且效其声音。卜算符咒，医药方术，天文地理，内养外丹，悉通大略，半非无目者所能行也，徒以起人敬听而已。击鼓粘滑撺断，双槌颠倒撤弄，不失一版。善以手着地竖立，歌长套词，两手两足代版，亦不失一。虽久郁积忧者遇之，欢笑速于解郁之药，而远过忘忧之草也。惟是未醉使气，即醉使酒，初见人亲之，久则人畏之耳。尝在高唐祷雨有验，州守致礼酬谢，以口语得罪，避之而东。

予素不延接瞽者，而一二友人尤甚焉，以为与其听善瞽歌讴，不如受丑妇怒骂。两次相访，友人不一荐，门者不一通，乃使一小童传言，愿一相见，有可采则少留，否则长往，不苦求也。因棋士吴橘隐在座，托之试其何如。吴谓拒之则失人，遂馆之城中闲第及城外小园，自恨得之晚，惟恐去之速也。曾于酒后口出大言："吾世习先天之学，腹罗列宿之图，三教九流，百工众技，无一不通，有目者惟让山东李中麓，无目者惟让在京徐惟霖耳。"予实无他长，霖乃淮之子，而维楫之弟，果是该博无双者也。

予尝以刘九、雪蓑①并论之：刘九则恋恋不舍，油油②与偕，一言之合，亲如胶漆，一事之差，势如冰炭；雪蓑则麾③之不去，招之不来，釜中注水燎爨，三朝不起鱼浸，冷灰中却欲爆豆④。然皆不同于人，且有益于人者也。

刘九忽一日思其故乡，涕泣别去，约以不数月复来。既而杳无音耗，询之济宁人，云以好饮致疾，卒于百户村。未别之前，夜被鬼扑，大呼求救，无应之者。同寝二人，一水泻⑤无休，不离于厕；一山行初至。潜往其家，遂握手诀，诵真言坐以待旦，即相告曰："自丙戌吾生俱行好运，近交运不如前，而月令流年⑥俱不吉，死期逼矣！况夜复为鬼侮弄，非阴盛阳微之兆耶？"图归之急，唯恐客死他乡耳。当时犹以为命难尽信，鬼不足忧，或心生疑惧，或酒后沉迷若有物。然者观其不永，真有命有鬼矣？死后，传闻邻有张三者，与刘九同见阎君。检查生死善恶簿，复他生人世，且各问其所欲。刘九曰："愿得二明目，仍住河边。"张三云："只愿无目，在深山中。"究其所以，刘云："痛恨有司贪财傲物，今添四季考察⑦，河边净洗吾目，试观终得无事否？"张云："世俗偷薄⑧，人情翻覆，无目兼且深山，以不见为净，免受业障苦恼也。"世之人将为刘九乎？将为张三乎？二者无一可者也！

（明·李开先《闲居集》卷十）

【注】

①雪蓑：本名苏州，自号雪蓑子、雪蓑道人等，世人称为雪蓑。原籍河南杞县，后徙居唐县，游踪遍于齐鲁。雪蓑布衣终生，善书法、诗词，去世后，李中麓曾为之立传。

②油油：和悦恭谨的样子。《礼记·玉藻》："礼已，三爵而油油以退。"郑玄注："油油，说（悦）敬貌。"

③麾：谓挥手使之去。

④冷灰中却欲爆豆：本义为比喻方法不对，白费力气，转而比喻事情凭空突然发生。

⑤水泻：如流水一样排泄大便，即腹泻。

⑥月令流年：指运气。月令，本指十二个月的时令，旧时人认为其变化由天地所主宰，故转指命运、运数。流年，本指如水般流逝的光阴，算命看相者借指人一年的运气。

⑦考察：对官吏政绩的考核。

⑧偷薄：浇薄，不敦厚（偷，薄，不厚道）。

灵哥

灵哥者，山东济宁州猴也。自言汴宋①时，纯阳②先生赐丹一粒吞之，得飞行变幻之术。金元时，往来兖、济间，谈祸福甚验，至明朝尤神。正统间，吾郡张公璞为济宁学正③，相与交密，时时留学舍酣饮，或人形琴弈。深目多髯，着幞头襕鞹④，曰："此宋士人服也。"数携珍果相饷⑤。一日，怀中出柑橘，曰："吾从洞庭山得之。"他日，张之幼子请见，不许。曰："是儿无良心。"张恳之，乃夜召其子出一见。遽舒手紾⑥其臂，怒而去曰："吾谓其设心不良，果然。"其子盖摩得其猴毛也。由是交绝。

（明·阙名《云间杂志》卷下）

【注】

①汴宋：即北宋。北宋建都汴京（今河南省开封市），故亦称"汴宋"。

②纯阳：传说中神仙吕洞宾的别号，亦称"纯阳子"。相传为唐末人，姓吕名岩，举进士不第，后隐居终南山，不知所终。

③学正：地方学校学官。明清州学设学正，掌教育所属生员。

④幞头：古代一种头巾（幞，音 fú，头巾）。襕鞹：有襕幅作为下摆的皮衣（襕，音 lán，古代衣与裳相连的长衣下摆所加的作为下裳形制的横幅；鞹：音 kuò，去毛的皮，皮革）。

⑤饷：馈食与人。

⑥紾：音 zhěn，扭，拗折。

黄希宪言首揆必败

予行至济宁，与河道黄总管希宪①（天启乙丑，原名金贵，分宜人）晤。希宪故应抚，坐次间，言首揆②必败。予愕问故，希宪云："往在江南时，见首揆弟名正仪，今为新同袍者，每得乃兄手书，即遍示亲知，招摇纳贿。"又云："差役自长安来，见首揆门如市，朝廷耳目广，终以此败耳。"首揆者，予师周辅延儒③也。

（明·李清《三垣笔记》中"崇祯"）

【注】

①河道黄总管希宪：原名黄金贵，字双南，江西分宜人，明天启五年（1625）进士，历任应天巡抚、河道总督、兵部侍郎等职。

②首揆：首相，宰相。揆，音 kuí，管理，掌管。因宰相管理百官百事，后遂以指宰相或相当于宰相之职。

③周辅延儒：周延儒，字玉绳，号挹斋，南直隶常州府宜兴人。明朝大臣，崇祯帝朱由检在位时任内阁首辅，因假传捷报蒙骗朝廷而被治罪赐死。

倪元璐行经济宁

予与倪少司马元璐①（天启壬戌，上虞人，后殉难，谥文正）行抵济宁，忽飞骑传北兵至，城中如沸，妇女啼号载道。诸公皆惶惑欲遁。倪走书约予，矢不他移，且拟次日与周仪曹镳②、钱寺簿位坤③，同登城犒兵。诸公惭而止。又行至一小堡，值北兵攻某城，炮声甚逼④，诸公又惶惑欲遁。倪曰："吾当以死守堡耳。"次日方徐徐登道。时与北兵虽分道，然相去仅三十六里，一横冲便至，倪不惧也。

（明·李清《三垣笔记》中"崇祯"）

【注】

①倪少司马元璐：倪元璐（1593—1644），字汝玉，号鸿宝，浙江上虞（今绍兴市上虞区）人。明天启二年（1622）进士，曾任国子监祭酒，兵部右侍郎、户部尚书等职。大顺军攻陷北京时自缢殉节。少司马：兵部侍郎的别称。

②周仪曹镳：周镳，字仲驭，号鹿溪，南直隶金坛人。明末文人，崇祯元年（1628）进士，官拜南京礼部主事。仪曹，礼部郎官的别称。

③钱寺簿位坤：钱位坤，字与立，南直隶长洲（今江苏苏州）人。崇祯辛未（1631）进士，曾任国子学录、大理寺正等职。

④逼：迫近。

假孝廉

余孝廉①时，见假孝廉二人。一张致枢，一杨震寓，皆曾相与。致枢假富顺②、湘潭二籍，辛未拣选③，为一富顺孝廉所发，乃一书办，姓任，因致枢卒于京，娶得其妾，据所遗监引④而假之。震寓不知所假何人，曾住济宁半年，后居仪真⑤，与扬州孝廉结社，遂从仪真起文会⑥，试选⑦得郯县令，为仆役分银不均而事发。二人俱大辟⑧。杨尤久假至十六七年，天下事何所不有？

（明·杨士聪《玉堂荟记》卷上）

【注】

①孝廉：明清两代对举人的称呼。此处用作动词，意为作为举人。

②富顺：县名，在四川省自贡市。

③拣选：清代官制用语，谓在官员中选择任用。

④监引：监生的凭证，也叫"监照"。

⑤仪真：即仪征，属江苏省扬州市。唐置扬子县，宋改真州，明代设仪真县，清雍正元年（1723）改仪征县。今为仪征市。

⑥文会：文士饮酒赋诗或切磋学问的聚会。也指文人组成的团体。

⑦试选：考试选拔。

⑧大辟：古代五刑之一，死刑。此处用如动词，意为处死。

解元刘溥、杨春茂

余州有解元①七人。刘溥号敬庵，先生讲学著书，终身不仕。其子即进士刘概②，与御史汤鼐③同下诏狱者也。杨春茂中解元时，第二题为《敬大臣则不眩》，结中有"重臣不可无，权臣不可有"等语，至京欲疏论江陵④，为父所劝沮⑤。二人者，皆奇人也。杨寻⑥卒，不竟其志。

（明·杨士聪《玉堂荟记》卷上）

【注】

①解元：科举时，乡试第一名称"解元"（解，音 jiè）。

②刘概：明济宁人，成化二十年（1484）进士，知寿州，废除境内滥设祠宇，实行教化。弘治初上言，陈述政见。后因事谪戍海州，卒。

③汤鼐，字用之，寿州人，明成化十一年（1475）进士。授行人，擢御史。以敢谏著称，曾数次上书弹劾当朝政要。

④江陵：指张居正（1525—1582），字叔大，号太岳，明万历年间曾任内阁首辅。湖广荆州卫军籍，生于江陵县（今属湖北省荆州市），故人称"江陵"。

⑤劝沮：劝阻（沮，音 jǔ，终止，阻止）。

⑥寻：不久，随即。

冯元扬署济宁道

冯留仙元扬①，以运判②署济宁道。值戊寅之警③，守备空虚，拮据戎务，宿城头六十余日。时高起潜④有游兵数十人掠济宁，擒而斩之。起潜大怒，命人责取，不用援兵甘结⑤，冯即与之。一方卒赖以安。当其与之也，人或疑焉，而冯不顾。盖此城不守，则身与之俱亡；此城能守，虽起潜将如之何？无非见到识定而已。此等方足与断大事。

（明·杨士聪《玉堂荟记》卷下）

【注】

①冯留仙元扬：冯元扬（一作"飏"），字尔赓，号留仙，浙江慈溪人。明崇祯进士，曾任工部都水司主事、兵备参议、海道副使、天津巡抚等职。著有《冯留仙诗集》。

②运判：古代官名。宋代始于转运使、发运使下设判官，职位略低于副使，称转运判官、发运判官，简称"运判"。

③戊寅之警：崇祯十一年（戊寅，1638）冬，十万清兵越长城大举南下，连克畿辅四十三城，并于腊月二十三围攻济南，次年正月初二济南城破，守城士民死亡无数。鲁南兖州、济宁等城也岌岌可危。这一事件史称"戊寅之警"或"戊寅之变"。

④高起潜：明末宦官。崇祯九年（1636）任总监，分遣诸将御清军，怯战，唯割死人首冒功。崇祯十一年（1638），清兵深入冀鲁，攻城略地。明朝以卢象升为督师，高起潜为监军，负责督军迎敌。高与兵部尚书杨嗣昌力主和议，遇事掣肘，不敢迎战；清兵回师时明军仅尾随之而不敢击。

⑤甘结：指立文据保证。

张国维为总河侍郎

张玉笥国维，为总河侍郎，虚怀惠政，近年所未有，而非戡乱之才。辛巳冬，李贼①破东平，窥汶上，警报甚急。时漕舟冻阻者，上自济阳桥，下至石佛寺，衔尾十余里。张出兵，于漕舟上下各结一营。余谓之曰："贼之不为漕患，恃有济城在也。何不结营于城北二三十里，使贼不敢近城，则不必护漕，而漕无患矣。今分兵以防漕，不虞贼之乘虚以窥济乎！即济城万万无虞，而贼从中段掠漕，谁能禁之？窃恐十余里间，声援不及，闻风奔溃，将奈之何？"张以为然，而逡巡②未及改。其不败亦幸耳。

（明·杨士聪《玉堂荟记》卷下）

【注】

①李贼：指李青山。明崇祯年间鲁西南农民起义军首领，活跃在大运河两岸，曾因劫持漕运而震惊朝野。

②逡巡：迟疑，犹豫（逡，音 qūn）。

济宁卫候缺经历

有韩经历①者，陕西人，为济宁卫候缺②经历，父子寄居寺中，已五六年。戊寅冬，梦至一府署，有多人缮写造册，问其所以，则城陷死籍也。偶拈一册，仅见有一"济"字，其人亟掗③之。惊而寤，父子相与谋曰："济宁不可居矣！"遂求差往会城④。明年正月二日，城陷，父子俱死，而济宁固无恙。徒欲避济宁之"济"字，而不疑济南之"济"字，为何？则知定数所使，不可逃也。

（明·杨士聪《玉堂荟记》卷下）

【注】

①经历：官名。明清时于都察院、通政使司、布政使司、按察使司等府衙置经历，职掌出纳文书。

②候缺：无实缺官员经吏部依法选用，派往某部某省听候递补

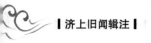
实缺。

③亟：音 jí，疾速。掩，音 yǎn，遮蔽，掩藏。

④会城：省城，此处指济南。会，指一个地区的政治、经济中心；主要城市。

王士能（三）

济宁王士能生于元至正甲辰，至明成化癸卯已一百二十岁。所居城东僻处，老木深巷，败屋数间，卧榻外无长物。与客言论多静坐寡欲之说。或问以元末改革事，曰："不知也。"代巡杨南峰访问其寿，对曰："我不贪欲，不茹荤，不求财，不争气耳。"

（清·贾凫西《澹圃恒言》卷三）

梵尘

济宁左近①有少年尼僧数十群，每群二三十个，念经吹打，昼夜为娼。主世教者②当令他蓄发嫁人，违者货卖入官，五十以上者听其自便。

（清·贾凫西《澹圃恒言》卷三）

【注】

①左近：邻近，附近。

②主世教者：指地方长官。世教，当世的正统礼教，风俗教化。

邵士梅（一）

济宁进士邵士梅，前世是栖霞乡民刘东海，杂货生理，因卖盐，秤杆打伤脸而故。即有一青衣，执灯引至邵家降生。后四十年，就教莱州府学，因署栖霞学印，路经原村，访问同街耆老①。宅基人口对曰："刘东海故久，二子继殁，止一孙，现觅②于西村放牛。"遂唤来，同众告以托生事，办理祭扫拜哭。分胙③回来，见其碾在街上，是改革④后无屋。当年积银二十三两，刨出，分厘不少。乃谢乡亲，领其孙去，随任读书。

（清·贾凫西《澹圃恒言》卷三）

【注】

①耆老：老年人（耆，音 qí，古称六十岁曰耆）。

②觅：方言，雇，雇用。

③分胙：祭祀完后分享祭品（胙，音 zuò，祭祀用的酒肉）。

④改革：变更，革新。此处指明清易代。

关公默佑

济宁南关有文昌阁，阁圮，改为关公庙，址稍缩。后有清真寺，乃回子所创者。诸生王道新、王宏等，以庙貌卑隘，议扩之，而回子杨生花者素暴，欲侵庙址，纠党诬讼。有陈君益修争于官，得如旧。杨大恨，猷众①截陈于道，残其肢体，剜双目，捽②之以灭。举城如沸，益修垂绝，家人舁③至榻，张皇守视，莫知所出。陈夜半忽如梦中，见绿绣丈夫④，执卮酒⑤劝之曰："强饮此，可活。"少顷，喉间喀喀有声，随溺血盈盎，胸腹稍宽。次日，复见一人，形貌如仙，排闼直入，曰："我能疗子。"以手指抉起双目孔，喷血如注。又见一老姥⑥，以果啖之，捧接之次，二睛欻然⑦堕地，姥趣⑧吸之，目渐有光。不数日，睛如故。陈乙酉登贤书⑨，丙戌捷南宫⑩，历官监司。二王亦俱登科。济宁杨生苏霖记其事。

（清·董含《三冈识略》卷二）

【注】

①歃众：聚众歃血结成一伙（歃，音 shà，歃血，古代举行盟会时饮牲畜的血）。

②捽：音 zuó，抓，揪。

③舁：音 yú，抬，扛。

④绿绣丈夫：穿绿色绣花衣的男子，指关公。

⑤卮酒：犹杯酒（卮，音 zhī，盛酒器）。

⑥老姥：老年妇女（姥，音 mǔ，老妇）。

⑦欻然：忽然（欻，音 xū）。

⑧趣：赶上；及时。

⑨贤书：即"贤能之书"，指举荐贤能的名录。后以"贤书"指科举中式的名榜。

⑩南宫：尚书省六部统称南宫。因进士考试多在礼部举行，故礼部可专指南宫。也指考试进士的礼部会试。

邵士梅（二）

邵士梅，号峄晖，山东济宁州人也。其前世为高小槐，本高家庄人，向充里正①，急公守法，不苟索民间一钱。病革②时，见二青衣人，如公差状，令谨闭其目，挟与俱行。行甚捷，惟闻耳边风涛声。少顷，至一室，青衣已去，目顿开，第③见二妪侍房帏间，则已托生邵门矣。口不能言，心辄自念，觉目中所见栋宇器物，骤然改观，即手足发肤，何似非故我也？至二三岁能言时，辄云"欲上高家庄，高家庄"云。父母怪而斥之曰："儿妄矣！高家庄安在？"及出外就傅④，间以语傅。傅曰："此子前身事，宜秘之。"遂不复言。

己亥，成进士，改授登州郡博⑤，适奉台檄，署篆⑥栖霞。道经高家庄，市井室庐，宛然如昨。因集土人而问之曰："此地曾有高小槐乎？"曰："有之，去世已历年所⑦矣。"及询其殁时月日，与士梅生辰无异。遂告之故。觅其子，一物故⑧，一他出，惟一女适人，相距里许。呼与语，语及少时膝下事，甚了了⑨。并访里中诸故老，其一尚存，皤皤⑩黄发，年九十余矣。相见道故旧，欢若平生。士梅因恍然有得，半生疑案，从此冰消。乃赋诗云："两世顿开生死路，一身曾做古今人。"遂捐资置产，厚恤其家。

后俸满量移⑪，作令吴江。吴中人士盛传其事，余初未之信也。适登州明经⑫李曰白，为余同年曰桂胞弟，便道过访，余偶言及。曰白曰："得非我登州邵峄晖先生乎？其事甚真，余所稔闻⑬。"因述邵在登时，尝以语同官李篁，篁以语曰白者，缕悉如此。余稍诠次⑭其语，为立小传。

夫高小槐一里正耳，片善之积，尚能死无宿孽，生得成名，况其他哉？

云间野史陆鸣珂⑮撰，时康熙七年五月晦日也。

（清·陆鸣珂《邵士梅传》，见张潮辑《虞初新志》⑯卷十二）

【注】

①里正：古时乡官。里长。

②病革：病势危急。《礼记·檀弓上》："夫子之病革矣。"郑玄注："革，急也。"

③第：只，但。

④就傅：从师。语出《礼记·由则》："十年，出就外傅，居宿于外，学书记。"郑玄注："外傅，教学之师也。"

⑤郡博：即郡博士，为府学学官。

⑥署篆：署印。因官印皆刻篆文，故名。

⑦年所：数年，多年。

⑧物故：去世。

⑨了了：明白，清楚。

⑩皤皤：音 pó pó，白发貌。

⑪量移：多指官吏因罪远谪，遇赦酌情调迁近处任职。泛指迁职。

⑫明经：明清对贡生的尊称。

⑬稔闻：素闻，一向听说（稔，音 rěn，熟悉）。

⑭诠次：按次序加以编排（诠，音 quán，同"铨"，衡量，鉴别）。

⑮云间：江南松江府的别称。松江府约为今上海市吴淞江以南直至海边的整个区域，府治在华亭县，即今上海市松江区。西晋文学家陆云，字士龙，华亭人，对客自称"云间陆士龙"，后人因此称松江或华亭为云间。陆鸣珂：字次山，江南华亭人。清顺治十二年（1655）进士，擢户部郎中，典试四川，康熙年间曾为山东提学佥事。

⑯《虞初新志》文末有张潮批语："张山来曰：'观里正之善者，其福报如此，其恶者，来生从可知矣！'"

邵士梅（三）

邵士梅，济宁人，自记前生为栖霞处士①，生四子。年六旬余乃卒，值四子皆出，独孙女垂涕送诀。一青衣卒引见冥王，语之曰："汝后身当复为男，登乙榜②，官至邑宰。"遂生邵家，历历皆能忆之。既领乡荐③，秉铎④青州。适栖霞广文⑤缺，往摄篆⑥，乃寻其故居。巷陌门庭，无不认识。四子并已物故⑦，惟孙女媳居，发且白矣。邵具道其故，叙前生及没时景状悉符。女甚贫悴⑧，因解俸金赒⑨之。令吴江不三月，及解组⑩归，自言冥数如此，不可久于官也。

（清·钮琇《觚賸》正编卷二）

【注】

①处士：本指有才德而隐居不仕的人，后亦泛指未做过官的士人。

②乙榜：即乙科，指举人。明清称举人为乙科，进士为甲科。

③乡荐：唐宋应试进士，由州县荐举，称"乡荐"。后世称乡试中式（中式者称"举人"）为领乡荐。

④秉铎：指担任文教之官。铎，一种大铃，古代乐器，宣布政教法令时用之。

⑤广文："广文先生"的简称，此处指县学的儒学教谕。

⑥摄篆：代理官职（摄，代理。篆，指官印）。

⑦物故：去世。

⑧贫悴：亦作"贫瘁"，贫穷困苦。

⑨赒：音 zhōu，周济，救济。

⑩解组：解除官印（组，用以系官印的丝带），指辞官。也称解绶。

梦卜

济宁陈孟修①，家关将军庙侧。崇祯时，回子数十人谋毁其庙，厚市旁屋。孟修独不售。谋复之，被殴辱，不自觉痛。旬余体平，梦周仓曰："与尔羊皮。"及起，伤目始瘳。嗣后孟修弟卧庙旁，闻将军语周仓曰："尔砺刃，我将僇②诸凶。"亡何③，诸凶以他事斗死。乙酉，清人开科，孟修梦周仓促试，果联捷④。

（清·谈迁《枣林杂俎》和集）

【注】

①陈孟修：王士禛《池北偶谈》卷二十"谈异一"篇（见本书 p.39），作"陈益修"。

②僇：音 lù，同"戮"，杀。

③亡何：没有多长时间；不久（亡，音 wú，无，没有）。

④联捷：科举考试中两科或三科接连及第。

过任城纪胜（一）

甲申。……五里新闸，元至正元年立。八里新店闸，元大德元年立。八里石佛寺闸，元延祐六年立，掘土得石佛像十二，故名。（济宁州）十里赵村闸，元至正七年立。十五里，泊济宁之南城驿。闻城南二十里郑均庄，汉时辞尚书不出，明帝东巡，幸其舍，意在赵村南。驿舍整洁，以总河杨公于城署，桥道无一遗者。

乙酉。济宁州，古任城也，城在运河北岸。泗水，源泗水县陪尾山，合魏庄等五十八泉，至曲阜会沂、雩二水，及兖之阙觉①、蒋诩七泉，至济宁又合洸水，自天井闸入运。洸水，汶之支也。

从通泗桥趋南门。明成化间，水部郎新安毕瑜，建桥坊曰济川。落成，瑜子济川适生，登弘治壬戌进士，编修，视旧名若左券②。又水部治河日，夜梦绯衣人③，称宋都魁某，云："公堤太逼④吾宫，今不为处，区区桐园，将为行路，奈何？"水部寤，索堤旁志石，得之。改筑堤，而封其故墓。匝岁⑤，又梦其人谒谢，愿为公嗣。诘朝⑥，次子济时生，登正德辛未进士，都水郎中。李太白酒楼据城上，即南门之左，翚革⑦方新，唐任城令贺知章所觞李太白者也。楼并祠二贤。宋咸淳辛巳正月壬午沈光记。雄宕可喜，篆书方石三面。

还，出南门，稍左古南池，即洸水经天井闸者。有池植荷数亩，唐杜甫与许主簿泛此，有诗："秋水通沟洫，城隅集小船。晚凉看洗马，森木乱鸣蝉。菱熟经时雨，蒲荒八月天。晨朝白露降，遥忆旧青毡。"诗见石刻。上为公馆，堂揭⑧曰"汶泗通津"。进为君子亭，荷池夹之。其后修除广堂，先朝诗若⑨文诸石刻，仍刷墨⑩。夫杨公身修之不自为德，务扬易代之烈，其人岂易及哉！南门，即吕布射戟处，有射戟台。东门外李太白浣笔泉，嘉靖五年主事白旆亭其上，今并废。南池左曰观澜桥，即龙神庙，成化己亥建。

还，入清真寺，西域人焚修⑪处。碑记云：西域人亦古丁十三家来归，徙江宁。后都人募化廪集⑫，分置各地，故济宁建寺，从其俗也。又引《一统志》：西方有圣人曰马毕□德者，生而神灵，长行其教，化导四方。其冢芬芳生辉，盖其习专事天，不像不屠。今考《一统志》，不见其说，止云：默德那国，回回祖国也。初，国王谟罕谟德生而神灵，有大德，臣服西域诸国，尊号为别谙拔尔，犹华言"天使"云。其教专以祀事天为本，而无像设。其经有三十藏，凡三千六百余卷。其书体旁行，有篆、草、楷三法，今西洋诸国皆有之。又有阴阳、星历、医药、音乐之类。隋开皇中，国人撒哈八撒阿的干的思始传其教入中国。视前说，其人各异，何也？今天主教云：出大西洋欧罗巴国，即所谓西洋诸国皆有之也，第大同小异耳。

午，过南门任城闸，元大德七年立。又西北一里天井闸，元治⑬元年立，一云唐尉迟敬德建。盖会通河元人凿以通漕，自济宁至临清凡四百里。总河尚书及水部并驻济宁。闸禁特严，此启彼闭，一蓄一泄，日不再启。又往制：十月望筑坝，吸河水于湖，以便挑浅⑭。二月十日决坝通漕，余舟毋得越进。各闸勒石具在。其后十一月不禁，正月遂开。今未审何如也。天井闸东报功祠，祀尚书宋礼、平江侯陈瑄、都督周长、尚书金纯、侍郎万恭。《重修祠记》云：唐武德中，尉迟敬德为卢龙节度使，苦北地饷道乏绝，乃开吕梁。夫吕梁者，非孔子所旧睹龙门者，尉迟公以其险类真吕梁，故藉名，如东坡赤壁者云。溯四百里而上及任，为天井闸，闸故尉迟公所建。坚致不败，底石博厚，专车刻云：大唐武德七年尉迟敬德建。今治河者误为元人分水创建，非也。

（清·谈迁《北游录·纪程》）

【注】

①阙觉：疑有误。

②左券：古时契约分为左右两片，左片称左券，由债权人收执，用为索偿的凭证。

③绯衣人：古代朝官穿红色品服（绯，音 fēi，红色），故用以借指官吏。

④逼：逼近，靠近。

⑤匝岁：满一年。

⑥诘朝：诘旦，即平明、清晨。

⑦翚革：本指鸟羽，转指檐角朝上如鸟飞的楼阁等（翚，音 huī，山雉的羽毛，亦泛指鸟羽；革，鸟的羽翼）。

⑧揭：显露，显示。

⑨若：连词，和，及。

⑩仍刷墨：频频被拓印。仍，一再，频繁。

⑪焚修：焚香修行，泛指静修。

⑫麇集：群居，聚集（麇，音 qún，成群）。

⑬元治：疑为"元至治"的脱误。至治，为元英宗硕德八剌的年号。

⑭挑浅：挑挖捞浅。即疏浚河道，捞出河中淤泥沙石，使淤浅之处加深加宽。

过任城纪胜（二）

辛酉。度天井闸，仍泊济上。数里三闸，相传下有古井，或曰天星卦德象形而名也。已过古南池，入南门。寻释迦寺铁塔，其址垒砖石，高三丈，八觚①，上置铁塔九级，高数丈。初，徐永安妻常氏造七级，明万历九年增二级，加顶焉。塔镌字不能详也，石刻多孝秀②。出寺过状元坊，为金李演立，重加修饰，非以其时耶。市逵③多夹槐。柴氏业胭脂，门外盘石高八尺，老藤穿石罅，宏覆如盖，亦可异也。济宁繁富倍于东昌。晚饮于戴氏之舟，度任城闸，八里赵村闸。

壬戌。度赵村闸，居人数百家。五里石佛寺闸，寺有玉皇阁，正德十三年敕建，意武宗南巡时也。二麦④拔秀，绿柳夹堤。登阁上，环奉石佛，高可二尺，溧水马一龙⑤勒诗于石，狂草飞动，王元美⑥所谓恶书也。晚饮来氏之舟。十八里新店闸。

癸亥。度新店闸，居人甚盛。五里新闸，亦百余家。五里仲家浅闸。登仲庙，朱门方新，殿奉子路像，冕服如上公礼。后，仲氏书室也，已废；侧室三楹，仲氏子肄业焉。族指⑦三百人，诸生十余人，贡二人，内翰林国史院世袭五经博士⑧仲于陛，则子路六十一代孙也，方贺诞入京，里阀轩鬶⑨。问子路故居，在泗水县东关，距曲阜八十里，汉季避王莽之难，徙今处。墓在开州⑩。遗裔二十余人。石刻多成、弘⑪以后，则后人无识，凡旧碑辄磨改之也。八里施家庄闸。五里羊桥镇，居人千余家。自济宁来，东北诸山，远不可望，至是，凤凰山直其左，东西凫山缀之，又东峰山最高矣。五里枣林闸。十里砚瓦沟。（俱济宁州）十里南阳镇。

（清·谈迁《北游录·后纪程》）

【注】

①觚：角，棱。

②孝秀：也作"秀孝"，即孝廉、秀才。古代州举秀才，郡举孝廉，此处泛指地方俊秀。

③逵：四通八达的道路。

④二麦：大麦、小麦。

⑤马一龙：字负图，号孟河，别号玉华子，南直隶溧阳人。明代农学家、书法家。书学怀素，善狂草。

⑥王元美：王世贞（1526—1590），字元美，号凤洲，又号弇（yǎn）州山人，南直隶苏州府太仓州（今江苏太仓）人，明代著名文学家。

⑦族指：家族人口（指，量词，用以计算人口）。

⑧五经博士：教授五经的学官，汉武帝始置。世袭五经博士：清制，翰林院五经博士由圣贤后裔世袭。孔氏及周公后裔东野氏，贤裔颜氏、曾氏、孟氏、仲氏等均置。

⑨里阀轩鬻：谓地方上的名门巨室，多有在上居官者。轩鬻：飞举，高飞（鬻，音zhù，飞举）。

⑩开州：今河南濮阳市，春秋属卫国地，金以后至清置开州。

⑪成、弘：指明宪宗朱见深的年号成化，明孝宗朱祐樘的年号弘治。

潘氏老来子

沛上潘氏，巨族也。其先世某翁，年八十无嗣。一日，佃人请求谷种，逾时①久矣。翁曰："今何时而尚下种耶？"一婢年十八，在旁趁口②曰："阿爷，不然，但③要地力盛，下种迟也得。"佃去，翁思其言有理。入，话于妪。妪亦异之，笑曰："焉知此小妮子不堪下种耶？"遂于是夕梳饰之，置之别闼，醉翁以酒，强令婚焉。果产一子，且成名，迄今缨簪④弗绝。沛人相传《翁八十一得子诗》："婢语何心似有知，果然产得老来儿。耄夫榜样留人看，地力无妨下种迟。"此老来子，千秋佳话也。

（清·金埴《不下带编》卷五）

【注】

①逾时：此指迟误种谷的农时。

②趁口：随口。

③但：只，仅。

④缨簪：缨和簪，古代显贵的冠饰。借指显贵之官。

南池谪仙女

向关生，东鲁之任城人也。弱冠善文，誉就有司，试辄高等。读书南池旁，遇一女子绝姣，与之狎。既久，人皆知，举止应对，宛然闺秀。询所从来，曰："妾天上谪仙，当与子为夫妇。"其戚友咸以妖魅疑之，请道士驱遣，绝无惧色，曰："毋逐妾，第恐缘尽分首，再合期遥矣。"几及三载，出一编授生，曰："妾与君有宿世之缘甚久，今当暂归。此编乃修炼功夫，君可习之，另图良晤。"赠以诗云：

济水流长未尽欢，小山招饮月初圆。

好留颜色重相见，再向南池续旧缘。

倏忽①不知所往。生思慕至疾，及至不起。因简习②编中功夫，渐愈。

乱后，随一武弁③客淮上，娶南氏女。视之，与前所遇无丝毫异。询以前语，则惘然。"好留颜色""再向南池"，一一皆验；"小山招饮"，应娶南氏于淮安；合卺在十五，应"月初圆"——非谪仙而何？

（清·徐岳《见闻录》卷二④，见吴震方辑《说铃》，又见乾隆五十年《济宁州志》卷三十四）

【注】

①倏忽：忽然，顷刻间（倏，音 shū）。

②简习：操练，演习。

③武弁：武官。

④该文在徐岳《见闻录》中的题目作"向关生"。徐岳，字季方，浙江嘉善人。博综经史，好游历，著《见闻录》四卷。《见闻录》卷首有张希良序，张系康熙二十四年（1685）进士，累官侍郎，督学浙江。据此可推知徐岳当生活于清康熙中期。

济宁南池

济宁州太白酒楼，下俯漕河，凭高眺远，据一州之胜，碑版林立，惟唐人沈光《记》①大篆最古，仅余数行可辨。……由夹城出小东门至南池，渊着渟泓②，芰荷被渚③，夹岸杨柳，淖约④近人，最为佳境。池上有亭有堂。沿岸东行百步许，复有一亭，亭南有碑，刻杜诗，明嘉靖间都御史詹瀚⑤所置也。唐诗人首李杜，游迹皆萃于此，楼与池又咫尺相望，游人不出跬步⑥而兼有之，亦一奇也。

（清·王士禛《带经堂诗话》卷十四）

【注】

①沈光《记》：指沈光的《李太白酒楼记》。沈光，唐懿宗、僖宗时吴兴人，曾做过侍御史。工诗文。

②渊着渟泓：深潭里水很深。着，或应作"渚"，指深潭。渟泓：积水很深的样子。

③芰荷被渚：菱、荷遮盖着水面。芰荷，指菱叶与荷叶（芰，音 jì，菱）。渚，水涯，水边。

④淖约：姿态柔美的样子。淖，同"绰"（音 chuò）。

⑤詹瀚：字汝约，明正德、嘉靖时玉山人，进士，官刑部主事、刑部侍郎等，曾以谏受杖。

⑥跬步：半步。跬，音 kuǐ，古时称人行走，举足一次为跬，举足两次为步。

朱公遣婢帖

总河尚书乂乌梅麓朱公之锡①，温然长者，以清慎受知世祖皇帝，后赍志以殁②，又无嗣子。近见公遣婢帖，真盛德事，录之以示后生，知前辈用心如此。

帖云：

前送回张氏女子，原无大过，只是娃子气，好言教导，不甚知省。诚恐声色相加，流入婢子一类。所以量给衣饰，还其父母。初时原是待年，五六日后便有遣归之意，故自后并无半语谐谑，犹然处子也。而此女临去时，哭泣甚悲，既恐人笑，又恐人不相信。不肖甚怜之，足下可将此女原无大过、完璧归赵一段缘由，向其父母、中媒昌言③明白，以便此女将来易于择婿也。

康熙中，徐、兖、淮、扬间人，盛传朱公死为河神。十一年，总河王中丞徇④民情，疏请建祠济宁，下部议，寝⑤其事。按公此事与宋张乖崖及明左都御史沂州王公事略同。王事见《西园杂记》。

（清·王士禛《池北偶谈》卷五"谈献
一"，亦见葛虚存《清代名人轶事》）

【注】

①梅麓朱公之锡：朱之锡，字孟九，号梅麓，浙江义乌人，清顺治十四年（1657）任兵部尚书兼河道总督，驻守济宁，治理河道。康熙五年（1666）因病卒于任上，享年44岁。康熙帝谕赐祭葬。雍正年间被敕封为河神，立庙祭祀。著有《河防疏略》。

②赍志以殁：谓抱着未遂的志愿而死去。赍，音 jī，持，怀着。

③昌言：直言，明说。

④徇：顺从，依从。

⑤寝：止息，废置。

僧郢子

僧澄瀚，字郢子，济宁人。工诗，有绝句云："昨宵初罢上元灯，又欲看山向秣陵①。骑马乘船都不会，飘然谁识六朝僧。"为时所称。

（清·王士禛《池北偶谈》卷八"谈献四"）

【注】

①秣陵：南京的旧称。

陈益修

济宁陈益修，字玉笥，恂恂①君子也。明崇祯末，济宁有回回杨生花等，素豪猾，武断乡里，一旦，欲毁关壮缪②祠庙，拓其居廛③。陈号召诸生，鸣于官，惩首事者，庙得以存。及鼎革之际，生花挟旧憾，帅其党，邀陈于天井闸，箠之濒死，仍以刀刓④其睛啖之，以矿灰实目眶，弃诸野外。家人舁归，谓必无生理矣。至夜，陈昏愦中见绿衣神人强之以酒，外青内白，痛稍差⑤。次夜，复见一神人，以手击其脑后，目中血出如注，痛良已。又次夜，见一老妪，食以杏李，又以羊眼盈把，令口吸之。比觉，双瞳炯然矣。生花及其侄朴，乘乱为盗，族诛，去陈事才八月也。陈乙酉与弟尚谦同举省试，丙戌登第，官贵池知县，仕至户部主事，予在京师见之。

（清·王士禛《池北偶谈》卷二十"谈异一"）

【注】

①恂恂：温顺恭谨的样子。《论语·乡党》："孔子于乡党，恂恂如也，似不能言者。"

②关壮缪：关羽死后，蜀汉后主刘禅追谥其为"壮缪侯"。

③居廛：居所，住宅。廛：音 chán，古代百姓在城邑中所占的房地，后泛指民居、市宅。

④刓：音 wán，剜，挖去。

⑤差：音 chài，同"瘥"，病除，痊愈。

邵士梅（四）

同年济宁邵峰辉〔他处作"晖"〕士梅，自记前生为宁海州①

人，纤细不爽。后以己亥登进士，为登州教官，亲至所居里，访其子，得之，为谋生事，且教之读书，为诸生。又自知官止县令，及迁吴江县知县，遂辞疾归。又其妻早卒，邵知其再生馆陶②某氏，俟其髫③而聘之，复为夫妇。

（清·王士禛《池北偶谈》卷二十"谈异一"）

【注】

①宁海州：今烟台市牟平区。

②馆陶：县名。今属河北省。明清时馆陶属山东省东昌府。

③髫：音 tiáo，儿童下垂之发。此处意为幼年。

邵士梅（五）

同年济宁邵士梅，字峄晖，顺治辛卯举人，登己亥进士。自记前生为栖霞人，姓高，名东海。又其妻某氏，死时自言，当三世为夫妇，再世当生馆陶董家，所居滨河河曲第三家。君异时官罢后，独寓萧寺翻佛经时，访我于此。后谒选得登州府教授，一日檄署栖霞教谕，暇日访东海故居，已不存。求得其孙某，为置田宅。已而迁吴江知县，谢病归，殊无聊赖。有同年知馆陶县，因访之，馆于萧寺。寺有藏经一部，寂寥中取阅之，忽忆妻语，随沿河觅之，果得董姓者于河曲第三家。家有女未字，邵告以故，且求县宰纵臾①，遂娶焉。后十余年，董病且死，与邵诀曰：此去当生襄阳王氏，所居滨江门前有二柳树，君几年后访我于此，与君当再合，生二子。邵记其言，康熙己未在京师时，屡为予及同年傅侍御彤臣（傅宸）、潘吏部陈伏（口言）言之。

（清·王士禛《池北偶谈》卷二十四"谈异五"）

【注】

①纵臾：亦作"纵踊"，即"怂恿"。撺掇，鼓动别人做某事。

女化男

山东济宁有妇人，年四十余，寡数年矣，忽生阳道①，日与其子妇狎。久之，其子鸣于官，以事属怪异，律无明文，乃令闭置空室中，给其饮食。戊午年事也。

（清·王士禛《池北偶谈》卷二十五"谈异六"）

【注】

①阳道：指男性生殖器。

济宁妇人

康熙丙寅岁，济宁南池侧居人王姓者，与众约会武当山进香。既再往矣，归为其妻述崟岳①奇丽之状，妻亦欲往，夫以道远艰费难之，妻恚而自经②。夫归惊懊，言于众，众为置梌③殓之，遂行。比至河南某邑，忽见其妻在路旁大树下坐憩，以为鬼也，曰："若死矣，胡为在此？"妻曰："吾未尝死。昨以需众，行期稍迟，故先行至此相候。不谓君辈濡滞④，吾候且数日矣，今当同行，胡谓鬼耶？"其夫疑惧不知所出。众曰："吾等百余人，渠⑤即魅，何怯之有？"遂偕行。途中起居饮食皆无他异，事竣，归家登堂，夫指梌示之曰："尔既不死，前日殓者何人？"妻曰："吾实不死，曷⑥开视之。"及开视，乃空棺耳。今妻尚在。

（清·王士禛《池北偶谈》卷二十六"谈异七"）

【注】

①崟岳：指高山。崟，音 cēn，崟峨，高峻的样子。

②恚而自经：生气上吊死去。恚，音 huì，愤恨，恼怒。

③梌：音 chèn。棺材。

④濡滞：停留，迟延，迟滞。

⑤渠：代词，他。

⑥曷：音 hé，副词，表示反问，何不。

白毫

济宁人某，充总河承舍①，畜一驴，日行五百里，往返京师仅五日。二耳中有白毫，各长五六寸，行驶则挺出。一日拔去，鞭策不复前矣。

（清·王士禛《池北偶谈》卷二十六"谈异七"）

【注】

①承舍：传递公文信件的差役。

任民育（一）

任民育，山东济宁人。中甲子乙榜，为扬州知府，亦不屈死。志皆轶之。

（清·王士禛《池北偶谈》卷七"谈献三"）

任民育（二）

任民育，字厚生，济宁州人。冯元扬署济宁道①，事城守，雅知民育，引赞军事。壬午，满兵再下山东，及济宁，民育城守益力。当路②知民育有将帅才，授颍州知州。金陵建国③，史可法以阁部督师扬州，乃举民育知府事。亡何④，满兵大至，民育乘城守御，日夜綦⑤严。会天雨城圮⑥，满兵遂破城而入。民育绯衣坐堂皇⑦，满兵执之。谕令薙⑧发降，民育曰："大丈夫宁可全发而死，不可薙发而生！"遂被害。

（清·胡蕴玉《发史》）

【注】

①冯元扬：一作"冯元飏"。见本卷《冯元扬署济宁道》注。

②当路：指执政者，掌权者。也作"当道"。

③金陵建国：指崇祯帝殉国后福王朱由崧在南京即位建立的弘光小朝廷，维持不足一年而亡。

④亡何：即"无何"，没有多久。

⑤綦：音 qí，极，甚。

⑥城圮：城墙坍塌。

⑦绯衣坐堂皇：穿着红色的官服端坐在大堂之上。绯衣，古代朝官的红色品服。堂皇，大堂，特指官吏治事的厅堂。

⑧薙：同"剃"。

狂生

刘学师言：济宁有狂生某，善饮；家无儋石①，而得钱辄沽，殊不以穷厄为意。值新刺史莅任，善饮无对，闻生名，招与饮而悦之，时共谈宴。生恃其狎，凡有小讼求直②者，辄受薄贿为之缓颊③；刺史每可其请。生习为常，刺史心厌之。

一日早衙，持刺④登堂，刺史览之微笑。生厉声曰："公如所请，可之；不如所请，否之。何笑也！闻之'士可杀而不可辱'，他固不能相报，岂一笑不能报耶？"言已大笑，声震堂壁。刺史怒曰："何敢无礼！宁不闻'灭门令尹'⑤耶！"生掉臂竟下，大声曰："生员无门之可灭！"刺史益怒，执之。访其家居，则并无田宅，惟携妻在城堞上住。刺史闻而释之，但逐不令居城垣。朋友怜其狂，为买数尺地，购斗室焉。入而居之，叹曰："今而后，畏令尹矣！"

异史氏曰："士君子奉法守礼，不敢劫人于市，南面者奈我何哉！然仇之犹得而加者，徒以有门在耳；夫至无门可灭，则怒者更无以加之矣。噫嘻！此所谓'贫贱骄人'者耶！独是君子虽贫，不轻干人，乃以口腹之累，喋喋公堂，亦品斯下矣。虽然，其狂不可及也。"

（清·蒲松龄《聊斋志异》卷十一，据二十四卷抄本）

【注】

①儋石：音 dàn shí，指少量的粮食。儋，可容纳一石谷物的容器，故称"儋石"。或以为一石为石，二石为儋，指一人能担的粮食。

②直：胜诉。

③缓颊：替人讲情。

④刺：名片，名帖。

⑤灭门令尹：指横暴的地方官。明·敖英《东谷赘言》上："人有恒言：破家县令，灭门刺史。"按，令尹、刺史均为州、县地方长官的别称。

药僧

济宁某，偶于野寺外，见一游僧向阳扪虱①，杖挂葫芦，似卖药者。因戏曰："和尚亦卖房中丹否？"僧曰："有。弱者可强，微者可巨，立刻见效，不俟经宿。"某喜，求之。僧解衲②角，出药一丸，如黍大，令吞之。约半炊时，下部暴长；逾刻自扪，增于旧者三之一。心犹未足，窥僧起遗③，窃解衲，拈二三丸并吞之。俄觉肤若裂，筋若抽，项缩腰橐④，而阳长不已。大惧，无术。僧返，见其状，惊曰："子必窃吾药矣！"急与一丸，始觉休止。解衣自视，则几与两股鼎足而三矣。缩颈蹒跚而归，父母皆不能识。从此为废物，日卧街上，多见之者。

（清·蒲松龄《聊斋志异》卷十二，据二十四卷抄本）

【注】

①扪虱：捉虱子（扪，音 mén，执持，按住）。

②衲：即衲衣，指僧衣。

③遗：如厕。

④腰橐：谓腰部鼓起来。橐，音 tuó，橐囊，盛东西的袋子，此处用作动词，意为鼓起、突出。

邵士梅（六）

邵进士士梅，济宁人。初授登州教授，有二老秀才投刺，睹其名，似甚熟识；凝思良久，忽悟前身。便问斋夫①："某生居某村否？"又言其丰范，一一吻合。俄两生入，执手倾语，欢若平生。谈次，问高东海况。二生曰："瘐死②二十余年矣，今一子尚存。此乡中细民，何以见知？"邵笑曰："我旧戚也。"先是，高东海素无赖，然性豪爽，轻财好义。有负租而鬻女者，倾囊代赎之。私一娼，娼坐③隐盗，官捕甚急，逃匿高家。官知之，收高，备极搒掠④，终不服，寻死狱中。其死之日，即邵生辰。后邵至某村，恤其妻子，远近皆知其异。此高少宰言之，即高公子冀良同年也。

（清·蒲松龄《聊斋志异》卷十一，据二十四卷抄本⑤）

【注】

①斋夫：学舍中的仆役。

②瘐死：囚犯在狱中因受刑、饥寒或疾病而死（瘐，音 yǔ）。

③坐：因为，由于。

④搒掠：杖击，拷打（搒，音 péng，拷打）。

⑤抄本文末有王阮亭（王士禛）批语，曰："邵前生为栖霞人，与其妻三世为夫妇，事更奇也。高东海以病死，非瘐死，邵自述甚详。"

邵士梅三世姻缘

邵士梅，字峄晖，济宁人。初生时能言，邵父母以为怪，灌以辰砂，邵遂不能言。及长而慧，读书能记。娶妻岳氏，合卺①之夕，其嫂夜潜听之，小夫妇絮絮叨叨，如远年久别，枕边话旧云。两人最相昵爱，余视之皆客寄也。

顺治辛卯举于乡，癸巳进士，谒选得登州教授。一日，檄署栖霞教谕。甫入署，有二老秀才来谒，便问斋夫："二生居某村否？"又言其丰范吻合，相与握手道故。问曰："贵庄之高东海犹在乎？"二生愕然，曰："瘐死二十余年，止有一子。先生何以知之？"邵曰："故人也。"先是，东海为里正，素无赖，然性豪爽，好义轻财，有负租而卖女者，高即倾囊代赎。又尝私一娼，娼坐隐盗，官捕甚急，逃匿高家。官知之，收高，备极拷掠；高不服，寻狱归②。高死之日，即邵生之年。邵夫妇在登，尝恤其子，为之置田宅焉。后，邵妻病笃，告邵曰："又将别矣。死当生馆陶董家，所居滨河河曲第三家。君异时官罢后，萧寺翻③经，尚当重结丝萝④也。"

已而迁吴江知县，谢病归。家居无聊，有同年某为馆陶令，因访之。出游郊外，至宝相寺，寺中有藏经，邵忆妻语，翻阅良久。忽闻人曰："寺后河水清泚可玩。"邵即至寺后门，见隔水盈盈，河滨篱落可指数。视第三门顿启，一垂髫女约十五六，对邵若有低徊⑤之意。问之，果董姓。邵归告宰，且自述其异，遂访之。董姓云："其女知前生事，年十五，不字人，惟待济宁邵进士来。"遂娶焉。亲面⑥时，邵犹不敢一见如故，而董氏视邵之斑苍⑦，更欢若忘年交。岳氏未育，今董氏生二子。又十余年，董病，又欲死，复与邵诀曰："襄阳城王氏，门前有两柳树者，君来访我于此，当再作夫妇。"邵抚之恸曰："一再至三，从古罕有。今我年逾半百，人寿几何？行将就朽，纵使余喘尚存，齿豁发落，何以为情？且月老红丝，岂真尔我如意珠⑧耶？"妻不谓然，固盟而逝。邵后自都中返，六十五岁，无疾终。

后，襄阳王氏有女及笄⑨，求婚者日盈于门，父母欲许，而女严拒之。城中亦有邵姓，楚世家，其小公子随父母游岘山归，姬仆群从，过王氏门。见二柳树，公子伫立，攀条泫然⑩，且欲入其家。姬携之入，王姓见之，啖以果馅。咸因公子幼稚，呼女出见，公子曰："卿怎不似馆陶重会时乎？"女惊泣曰："不料郎君已再世矣！"相与痛哭，家人异焉。由是公子日夜号泣，思念王氏。父母以王氏长七岁，不愿婚，公子欲之，父母不得已从焉。公子十五而娶，女已年二十有二。王氏言邵三世性情微有不同，今生独贪曲蘖⑪。酒后，人尝问邵前世事，邵每言至夫妇重聚之故，其言即止。至一日大醉，告人曰："冥曹姻缘簿载我夫妇一节，因装砌时钉入夹缝，曹掾翻检忙迫，往往遗漏，故由我两人自为之也。"王氏于屏后窃闻。及邵归，大咎之；邵亦悔之不及。邵夫妇自此常相厮守，唯恐他生不卜，再聚良难。遂绝意功名，蓬蒿终老。王氏享寿八十二岁，邵享年七十四岁，二子六孙。计此生完聚以来，六十年中，未尝一日相离。即济宁之故地，亦不若栖霞之再到矣。

余在郧阳守恒德⑫伩署，客有襄人徐子，为余言，因取留仙、渔洋、竹垞⑬所记，总而成之，更增补其说。

（清·曾衍东《小豆棚》卷十六）

【注】

①合卺：古代婚礼中的一种仪式。剖一瓠为两瓢，新婚夫妇各执一瓢，斟酒以饮。后多以"合卺"代指成婚。卺，音 jǐn，古代婚礼中新婚男女饮酒用的瓢。

②寻狱归：不久，死于狱中。归，归宿，指死亡。

③翻：翻检，翻阅。

④丝萝：菟丝与女萝。两者皆为蔓生，缠绕于草木不易分开，故常用"结丝萝"比喻结为婚姻。

⑤低徊：徘徊，留恋不舍。

⑥觌面：见面（觌，音 dí，见，相见）。

⑦斑苍：指花白的毛发。

⑧如意珠：佛珠。相传用佛舍利（佛骨）制成，实际多是用檀香木或红木、玉石等做成的有孔圆形珠子，用线串连起来而成，作为佛或者菩萨手持的宝物。佛教认为，它能够满足人的任何希望和要求，故名如意珠。

⑨及笄：《礼记·内则》："〔女子〕十有五年而笄。"后因称女子年满十五为及笄（笄，音 jī，发簪）。

⑩泫然：流泪的样子，亦指流泪（泫，音 xuàn）。

⑪曲糵：亦作"曲蘖"。本指酒曲，代指酒。

⑫恒德：曾恒德，清朝福建惠安人，祖籍山东嘉祥。曾官工部主事、刑部郎中，乾隆四十六年（1781）授郧阳（今属湖北省）知府。

⑬留仙、渔洋、竹垞：即蒲松龄、王士禛、朱彝尊，三人均为清初文人，均撰有关于邵士梅的文章。

书王勤还金事

济宁靳子宗者，为余说王勤还金事，甚长①者。勤少丧父，家贫落，父乃遗负倪氏五百金。倪氏未尝言也，然勤微知之，亦未知其如干券数②者。久之，勤家稍稍振，因戚友求倪券验，议还其金。倪氏恚曰："王君乃不长者我耶？我岂向王君索负者！客且大饮啖③，勿复言王券事。"后王氏客抵倪门，如索债者数辈，倪悉大饮以醇酒，且纵博极欢，终不得开说券验事，以为常。最后请靳子等三人抵倪氏，靳子大言曰："今日为王券事来，今日不博不饮啖，君速检王债目示我，无则不出君门。"倪为靳所持，强登楼，检债籍，得王氏负目败尘中。出以示三人，则累五百金也。

初，靳子不意王负多若是，及是，微色龃④。三人者瞠目视，而倪氏曰："我初无意索王君负，君三人固劫我，我不出此，无以谢君。此惟王君若何耳！我何知有五百金？"靳子因过语⑤勤，且致倪氏言。勤仰面视靳子："君等乃以我为偿金而求让金者耶？"因泫然曰："此我亡父负也，幸谢倪及诸君，孰能起亡父受让负者？纵少复一金，如吾父地下反侧⑥何？"居二日，卒满致倪氏五百金，而为词以告其父，更招戚友与知其事者大饮啖，极欢而罢。

牛子运震⑦曰："勤诚长者哉！靳子尝强余论序其事，余官西陲十年，而不有囊一钱，致无以归。归乃从同官丐贷数百金，迄今不能偿也。于戏⑧！余乃惭王勤，余复何言哉！"

（清·牛运震《书王勤还金事》，见《旧小说》己集）

【注】

①长：音 zhǎng，本指老，年高，此处指人品高尚。

②如干券数：犹多少钱。如干，若干，表示不定数。券数，指

金钱的数量（券，契据，亦指币钞）。

③啖：食，吃。

④微色龃：谓脸色有些不对，略显尴尬。龃，音 jǔ，龃龉。

⑤过语：传话。

⑥反侧：犹不得安宁，不安。

⑦牛子运震：即牛运震，清朝兖州府滋阳县人，雍正十一年（1733）进士，乾隆三年至十三年（1748）任甘肃秦安、平番等地知县，故下文有"余官西陲"云云。

⑧于戏：音 wū hū，同"呜呼"，感叹词。

绳拉云

山东济宁州有役王廷贞，术能求雨。尝醉酒高坐本官案桌上，自称天师。刺史①怒之，笞二十板。未几，州大旱，祷雨不下。合州绅士都言其神，刺史不得已，召而谢②之。良久许诺，令闭城南门，开城北门，选属龙者童子八名待差使，搓绳索五十二丈待用。已乃与童子斋戒三日，登坛持咒。自辰至午，云果从东起，重叠如铺绵。王以绳掷空中，似上有持之者，竟不坠落。待绳掷尽，呼八童子曰："速拉！速拉！"八童子竭力拉之，若有千钧之重。云在西则拉之来东，云在南则拉之来北，使绳如使风然。已而大雨滂沱，水深一尺，乃牵绳而下。每雷击其首，辄以羽扇遮拦，雷亦远去。

嗣后邻县苦旱，必来相延③。王但索饮，不受币，且曰："一丝之受，法便不灵。"每求雨一次，则家中亲丁必有损伤，故亦不乐为也。刺史即蓝芷林亲家。芷林为余言。

（清·袁枚《子不语》卷十二）

【注】

①刺史：清代用为知州的别称。

②谢：道歉。

③延：延聘，邀请。

王都司

山东王某，作济宁都司①。忽一日，梦南门外关帝庙周仓来曰："汝肯修帝庙，可获五千金。"王不信。次夜，又梦关平将军来曰："我家周仓最诚实，非诳人者，所许五千金，现在帝君香案脚下。汝须黑夜秉烛来，五千金可得。"王喜且惊，心疑香案下地有藏金，分应我得者，乃率其子持皮口袋往，以便装载。

及至庙中，天已黎明，见香案下睡一狐，黑而毛，两目金光闪闪。王悟曰："得毋②关神命我驱除此妖耶？"即与其子持绳索捆缚之，装放口袋中，负之归家。口袋中作人语曰："我狐仙也，昨日偶醉，呕唾圣帝庙中，触怒神明，故托梦于君，教来收拾我。我原有罪，但念我修炼千年，此罪尚小，君不如放我出袋，彼此有益。"王戏问："何以见谢？"曰："以五千金为寿。"王心记周仓、关平两将军之言验矣，即释放之。

顷刻变成一白须翁，唐巾③飘带，言词温雅，蔼然可亲。王乃置酒设席，与谈过去未来事，且问："都司穷官，如何能得五千金？"狐曰："济宁富户甚多，俱非行仁义者，我择其尤不肖者，竟往彼家抛砖打瓦，使他头疼发热，心惊胆战。自然彼必寻求符箓④，延请道士。君往说'我能驱邪'，但书花押一个，向空焚之，我即心照而去，又闹别家。如此一月，则君之五千得矣。但君官爵止于都司，财量亦止五千金。过此以往，不必妄求。吾报君后，亦从此逝矣。"

未几，济宁城内外疫疠大作，鸡犬不宁，但王都司一到，便即安宁，遂得五千金。舍二百金修圣庙，祭奠周、关两将军。乞病归里，至今小康。

（清·袁枚《子不语》卷十五）

【注】

①都司：都指挥使司的简称。清朝都司为正四品，位于参将与游击之下，守备官之上。

②得毋：亦作"得无"。莫不，岂非。

③唐巾：本为唐代帝王的一种便帽，后来士人多戴这种帽子。明时进士巾也叫"唐巾"。

④符箓：道士、巫师所画的一种图形或线条，相传可以役鬼神，驱病邪。

一童子为狐所昵

即墨杨槐亭前辈言：济宁一童子为狐所昵，夜必同衾枕，至年二十余，犹无虚夕。或教之留须，须稍长，辄睡中为狐剃去，更为傅脂粉。屡以符箓驱遣，皆不能制。后正乙真人①舟过济宁，投词乞劾治②；真人牒③于城隍，狐乃诣真人自诉，不睹其形，然旁人皆闻其语。自言过去生中为女子，此童为僧，夜过寺门，被劫闭窟室中，隐忍受辱者十七载，郁郁而终。诉于地下主者④，判是僧地狱受罪毕，仍来生偿债。会⑤我以他罪堕狐身，窜伏山林百余年，未能相遇。今炼形成道，适逢僧后身为此童，因得相报；十七年满，自当去，不烦驱遣也。真人竟无如之何。后不知期满果去否。然据其所言，足知人有所负，虽隔数世犹偿也。

（清·纪昀《阅微草堂笔记》卷八"如是我闻"二）

【注】

①正乙真人：即正一真人，道教封号，全称龙虎山正一真人。

明清时朝廷册封的掌道教者，领龙虎山上清宫道众。

②劾治：降服治罪。劾，谓以符咒等降伏鬼魅。

③牒：发文，行文。

④地下：指阴间。地下主者：指阎王爷。

⑤会：适逢，正巧。

范式碑

济宁州近得范式碑，又得残碑一段，有阴①。历城郭敏盘曾得旧拓本，无阴。案：《魏书·地形志》："高平郡金乡县有范巨卿冢碑。"高平即汉之山阳郡，神龟元年②，分高平置任城郡。

（清·桂馥《札朴》卷九"乡里旧闻"）

【注】

①阴：指碑阴，碑的背面。此处指碑后面的文字。

②神龟：北魏孝明帝元诩的年号。神龟元年为 518 年。

贾秀才

鲁南歉岁之余，疫流氓户，济宁、鱼台尤甚。宁之西乡，贾氏聚族而居，曰"贾家海"。有贾文学者，伒于庠①。会疫行，其族靡有孑遗，而贾生亦染疫死。

当贾生之死也，单、曹②亦无传染。有曹邑之青堌集耿姓庄户，夫妻半百，一女名改姑，字③同里岳家作媳，家皆殷富。时改姑忽遘④疫，举家张惶，旬日之间，百医罔效，至夜奄息已绝。夫妇痛切娇生，岳姓亦来吊唁。其母抚其胸，有微热，守之而哭。至更阑，忽闻女腹作格格声，其母惊视，则目睫已若转动，四肢皆温。父母喜出望外，阖家环视。母掖之坐，女左右顾，作呻吟声。忽跃起曰："我贾相公也，何绐⑤至此？诸男女恶混沓为⑥？"其母曰："儿勿劳，初苏⑦，语迷谵⑧，尚不认父母。"女曰："谓他人父、谓他人母耶？我将返。"其母灌以汤，女泼而不食。强而起，行动俨如男子。而自顾足缠发挽，不觉诧异，因复坐，默默思想。终夜之间，母娣姊妹交床叠枕，不胜厌烦。继欲溺，起亦不似初，因大悟其前身借壳也。晨兴，衾事皆不能办。诸娣姊为之，习以为常。

女一日告父母曰："母若⑨父非我父母也。今我实借女身以为身，敢不以女之父母为父母乎？"言讫呜呜。父母异之，曰："然乎，信乎？始吾女也，今更有子道焉，不庸愈乎？第尔已委禽⑩于人矣。此曹邑也，去汝家三百里耳。予家耿姓。"女曰："前身以疫死，而家之病疫者殆尽。天命至此，复何可言？"事父母颇醇谨达礼，无前女娇养之习，渐经家务，耿赖之。岳姓知其事，尤喜，催就瓜期⑪，而女转多难色。既而缔姻合卺，虽女其形，实男其心，床第⑫之间，并不解裙带味，无一点脂粉态。往往搦管呫哔⑬，酸措大⑭气却有时流露。

夫婿青年，女代塾师教之，而变化之权更自易易，盖自善诱者深矣。三年，其婿游于泮⑮。后为婿纳妾，生一子。二十年，婿贡满⑯，秉铎⑰莱属，携眷往。道经沛上，而贾生已半老佳人。入其乡，寻式里居，遍问故人，街衢井巷悉所旧识，曰："我故庠生贾文学后身也。"里之中黄发台背⑱，是当时征逐聚首者，尚一二在。言及己事，一毫不爽，因竞传其事。

七如曰："两世之事，古亦志之，独异乎贾生以巾帼师儒，能成儒子之名耳。岂偶然哉！"

（清·曾衍东《小豆棚》卷十六）

【注】

①饩于庠：由学校提供俸禄。饩，音 xì，廪给，俸禄。庠，音

xiáng，古代的学校，科举时代指府、州、县学。

②单、曹：指单县、曹县（下文称"曹邑"），今属山东省菏泽市。

③字：女子许配，出嫁。

④遘：音 gòu，遇，遭遇。

⑤绐：音 dài，欺骗。

⑥男女恶混沓为：意为这么些男女聚集在一起做什么。混沓，混杂繁多的样子（沓，音 tà，纷多聚积）。为，助词，用在句末，表疑问或反诘。

⑦苏：音 sū，苏醒，复活。

⑧迷谵：神志昏迷，胡言乱语（谵，音 zhān，多言）。

⑨若：连词，和，与。

⑩委禽：下聘礼，订婚。古代婚礼纳采用雁，故称。

⑪瓜期：《左传·庄公八年》："齐侯使连称、管至父戍葵丘。瓜时而往，曰：'及瓜而代。'期戍，公问不至。"原指戍守一年期满，后用以指官吏任期届满。此处指女子出嫁之期。

⑫床笫：床和垫在床上的竹席（笫，音 zǐ，竹席），泛指床铺或闺房。

⑬搦管：握笔，执笔为文（搦，音 nuò）。呫哔：意为经师不解经义，只视简上文字诵读以教人。后泛称诵读（呫，音 tiè）。亦作"占哔""占毕"。

⑭酸：寒酸，迂腐。措大：指贫寒失意的读书人。

⑮游于泮：明清科举制度，经州县考试录取为生员者就读于学宫，称游泮，亦称入泮。泮，音 pàn，即泮宫，原为西周诸侯所设的学宫名，宋以后府、州、县皆置，仍沿用此名。

⑯贡：指贡生，科举时代指府、州、县学的生员（秀才）被送到国子监（太学）修习课业者。贡满：指贡生在国子监修业期满。

⑰秉铎：担任文教之官，如县学教谕等。

⑱黄发：谓年老，亦指老年人。台背：指老人。台，同"鲐"，代指老年人。《方言》第一："鲐，老也……秦晋之郊、陈兖之会曰耇鲐。"郭璞注："鲐背，言背皮如鲐鱼。"

张二棱

张姓行二，济上人。性凶悍，故以"棱"名，书法①也。为州小捕，乡人怖之。

值岁奇荒，人相食，流亡遍野，民不聊生，而张乃安享丰裕，自鸣其得意。张尝在道旁俟往来行车，有推载小男女四五人者，知其为贩，截路而呼曰："何处私来人口，敢从官道扬鞭耶？随我官廨报验方出境。"贩者恐，贿之如所愿，乃释。时，垂毙乞儿载满道路，张掖之，投乡中大户家。无何，乞死，张必诈索尽致，方舁去。又或至乡中，与大户无故口角，或以石自破其颅，血横渍，得金以供十日醉。

城中有张姓商人，张思得其钞，觅一妓候之城隅。俟商过，妓肩挤之而喊，张诬商白昼戏良家妇。继②之当官，用数百缗赎免，以所获半入官衙。所以官知不治，反倚为鹯③，且任其蠹也。前村有乡甲买一妾，张知其为远来逃亡者，携其夫往。初念无非索几缗以为快，遂排而入曰："尔何恃娶活汉妻耶？"其妻闻之出，与其夫抱头哭，甚惨。张怜之，纵其夫妇。甲不敢声，复解囊，令其圆聚而去。张乃醉饱于乡甲之家，以防其袭。乡甲固畏其悍，莫之何。尝剥牛卖诸市，识者不敢指证。其局吓④乡愚等事，张谓之"配药"，而破颅舁尸等事，张谓之为"打锅"，皆实录也。

一日午醉，休后园柳树下。忽二皂衣至，腰间出铁索，套其项。张曰："二位何事？我即有罪，曷缓此小青龙⑤，为我留一线光？狐兔相怜，何太逼耶？"二皂曰："吾非阳世役隶，尔恶贯满盈，冥府察之，来勾尔魂，尚梦梦作呓何为？"张自思："我出入衙门，数十年间，不怯官长，撞成把势，岂冥地阴曹便打不开去？况阴阳并无二理，吾将试之。"曰："去固易易，但二位远来，曷少作浆水以劳困乏，可乎？"二皂许之。张如厨，先取灶灰，于前后门铺散满地，复持长鞭而入曰："何物⑥鬼魅，敢来恐吓老张？"遂挥鞭按迹而捶。二皂号嗥万状，夺门，不敢履灰上，从窗隙中逸走，如人狼狈鼠窜去。张计得。嗣后，尝⑦以灰围其寝所。

越数日，如厕，一昂首，见马面者，捉之竟去。张欲言不得，至官廨，见南面⑧怒容狰狞像，颇不似世间笑面官。曰："汝即拒捕者？罪恶累累，不自悛⑨改，害人横暴，合置油铛。"南面笔判油单百斤，镬焉。众鬼牵至铛前，烈焰，鬼担油入。张曰："诸位，一言奉赠：镬一人，奚事百斤油？半用之，余者诸公携归，可以代膏灯半月。"众喜。张又曰："相煎略缓，假我一见阎君，返即就死，甘心也。"众以其减油，牵之堂下。王曰："复有何言？"张曰："油镬二棱，定以百斤，贵爪牙私吞其半。四体肥，入鼎不完其肤，乞赐灭顶之凶，较甚涸辙⑩之苦，感德无既。"王大怒，众鬼慑然。令以蒺藜挝其鬼卒，流血满庭。一判稽簿进曰："此人尚有两善，合不当休，所以哓哓⑪于鼎镬间也。"王阅簿，稍霁⑫，点首曰："囚固狡狯，亦挝四十，始放还阳。"众按之阶下，棰楚交加。张固常受杖，鬼力尽而张亦不甚惫。杖毕，数十鬼呵逐之。张曰："何所见而拘诸幽？何所见而还诸阳？望明示我。"判乃指簿示云："张某生平无一淫行，为第一善。又于某年月日救人夫妻完聚，亦一善事。有此二条，准上百恶。但当痛改前非，否则重愆俱罚也。"张亦骇异。出，众鬼拦之，索讨钱文。张曰："我张二棱纵横一世，门中朋党未有不拜下风者，一文钱真不费，尔等游魂饿鬼亦敢手中讨生活乎？"众恐其嘶喊，任其去。张苏时，而鸡亦咿喔鸣矣。身热，两肘青肿，三十日痛苦不起床。

张自此颇能改悔，誓行善事，以赎前愆⑬。有人向张谈及往事，则自批其颊，赤赪⑭不自容。后竟以寿终焉。

（清·曾衍东《小豆棚》卷三）

【注】

①书法：指古代史官修史时对史料处理、史事评论、人物褒贬等所持的原则或体例。

②绁：音 xiè，拴，缚。

③鹯：音 zhān，一种似鹞鹰的猛禽，以鸠鸽、燕雀为食。此处用如"鹰犬"，比喻受指使而纵威逞虐的人。

④局吓：设圈套吓唬（局，骗局，圈套）。

⑤小青龙：指代前文"铁索"。

⑥何物：什么，哪一个。

⑦尝：同"常"。

⑧南面：古代以坐北朝南为尊位，故帝王诸侯见群臣皆面向南而坐，因用以指居帝王或诸侯之位。此处指阎王。

⑨悛：音 quān，悔改，停止。

⑩涸辙："涸辙之鲋"的省略，本指干涸的车辙中奄奄待毙的鲫鱼。典出《庄子·外物》，喻指处于困境的人或物。

⑪哓哓：音 xiāo xiāo，争辩，吵嚷。

⑫霁：音 jì，本指雨止天晴，喻指威怒之貌敛而和悦之色生。

⑬愆：音 qiān，罪过，过失。

⑭赪：音 chēng，颜色变红。

李五

济宁三井闸，为运河蓄洪水而筑。粮艘至，起板迎溜以上①，千夫牵挽，声振断流，如闻鼙鼓②。行而引者，谓之"短纤"；止而提者，谓之"排夫"。饿鬼道③中，往往托生于此。（下略一首集唐诗）

有纤夫而又作排夫李五者，满面斑大于钱，一目，鼻两孔如突黔④，唇齿皆随意布置，如今水墨画中写意人。余从⑤沛水之旁往往见之，未尝不曰："此不全于天者也。"李曰："人为之也。"问其故，李曰：我河内人，家有薄产，耽于赌，故种麦一年，供骰一钳；种秫一秋，打叶一周⑥。岁将暮，家家办酒果，而李冰釜冷灶，若度寒食禁烟。妻詈曰："酒肉，朋友也；柴米，夫妻也。我自嫁汝家，终岁操作，不曾换得一餐饱。今岁将尽，尔其与之俱尽乎？"李绐之曰："我将觅自尽。"妻指窗前一小树曰："尽在树间！"李愤然，取厨刀断其树，睨而视之，窃有所喜，以为可以制梃，而御人于国门之外⑦矣。乃芟⑧繁柯，伐碎叶，应手而去。妻亦不知其所之。出官道，伏柳树下。夜，北风凛凛，一人负行李踉跄来。意其为岁暮遄⑨归者，棒喝之。其人惧，遗所负以逸。李喜，固利在物，不在人。归，启视，钱物新衣，颇足办五辛盘⑩。夫妻皆欣欣度乐岁。

第倘来物⑪不甚爱惜，曾几何时，瓶罍告匮。李复技痒。妇谏曰："得意不宜再往。"不听，复要⑫于路。月朦胧上，见驴背大囊，一老叟盹而骑。去三步击之，不中。叟下，撤梃前步，提李发立起，曰："若是谁?"李不答。复问，李亦不答。叟以足略拨，李仆地仰，叟踏李胸曰："汝不言，且试汝梃!"一梃而齿牙落，再梃而鼻梁折，三梃而眉飞目去，如荠辛曰⑬，千锤百捣，至无口、无耳、无鼻舌身意，更幻出一切不可思议诸般色相。叟兴尽，复跨蹇迢迢而去。

李死而复苏，血与泪迸，曰："我复有何面目返家门、对妻子耶?"遂流于今，盖二十年。余异其状，故备书之。

（清·曾衍东《小豆棚》卷三）

【注】

①起板迎溜以上：提起闸板，迎着湍急的水流往上行驶。板，闸板，闸门。溜，急流。以，连词，而。

②鼟鼓：大鼓。古代用于役事。鼟，音 gāo，大鼓。

③饿鬼道：佛教六道（众生轮回的六个去处）之一。谓人生前做了坏事，死后要堕入饿鬼道，常受饥渴之苦。

④突黔：被烟熏黑的烟道；黑烟囱。突，烟囱。黔，谓举炊时被烟熏黑。

⑤从：方言，相当于"在"。

⑥种麦一年，供骰一钳；种秋一秋，打叶一周：谓耕种一年，只够一次赌博之用。骰、叶，即骰子（也叫色子）、叶子（也叫叶子格、叶子戏），皆为赌具。

⑦御人于国门之外：语出《孟子·万章下》，指强盗在国都郊野拦路抢劫杀人。国门，都城之门。

⑧芟：音 shān，刈除，除去。

⑨遄：音 chuán，急速。

⑩五辛盘：即五辛菜。旧俗，春节用葱、蒜、韭、蓼蒿、芥五种辛辣菜蔬做成的菜肴，谐音取迎新之意。

⑪倘来物：不应得而得或无意中得到之物。倘，多作"傥"，音 tǎng，侥幸，偶然。

⑫要：拦阻，截击。《孟子·公孙丑下》："〔孟仲子〕使数人要于路。"

⑬荠：疑为"齑"，音 jī，粉，粉碎。如荠（齑）辛白：谓像在蒜白子里捣蒜、椒等辛辣物品一样。

鬼头王

正统间，金陵指挥王敏，无子，以运粮把总至京，过济宁买一妾，极美。未几，生一子。夫与正室相继死，妾治家抚子。既而子袭官，复为把总。部运北上，恳请其外家①所在，但言嫁时年幼，已忘之矣。

归王氏三十年，早起梳沐，必于榻上帷幕中，至老愈严肃。子妇晨省②，立于户外，俟其自出，然后敢前。近侍有二婢，亦未尝见其梳沐也。一日，晨兴甫晏③，二婢立榻前。忽风动帐开，乃见一无头人，持髑髅置膝上，妆饰未完。见二婢，仓皇举头加颈不及，身首俱仆。婢惊呼，子妇入观，一枯骨也。人因呼其子为"鬼头王"。

（清·曾衍东《小豆棚》卷十一，又见乾隆五十年《济宁直隶州志》卷三十四）

【注】

①外家：此指母亲的娘家，即外婆家。

②晨省：早晨向父母问安（省，音 xǐng，问候，探望）。

③晏：晚，迟。

曾广

曾广，济宁人。幼孤贫，懒读书，不务生产，空空然终日若无事者。人或忓之，则答之以笑。年二十，婚贫家女，貌甚寝①，而曾视之喜。

每游败寺旷野，逾日不返。一日，遇一黄冠道人，白须如银，头高耸，而肩盎若，且长不满三尺。负葫芦十余个，累累而行，休道旁大树下，枕葫芦而睡。顷，酣息雷鸣。曾潜近，揭其塞，倾之无物。乃以目视口觑，觉冷气自眶中透心膈，泪潸潸出。道人惊醒，曰："汝放我一葫芦空青走矣，奈何？"曾对之拭目而憨笑。道人曰："幸汝至诚人，亦汝缘也。否，当抉汝睛。慎勿妄为！"遂起，依旧负葫芦去。曾由是一目如电，视地下如琉璃，皆洞彻无翳。后每闭此目，不轻开视。人问之，曾曰："恐一顾盼，则见其肺肝矣！"

会东门有掘井者，深不及泉，曾谓曰："再掘一尺，即得。"如其言，泉涌，今呼为"曾广井"云。曾尝入深山，见危岩下有石函，畲②，启视，中有丹书数卷。习之，遂悟吐纳铅汞术。曾以口涎丸足间，漫令人服，人初不肯，后渐信之。

其妻莲船③盈尺，偶过碗肆，肆人泼水于道，故令其妻蹇涩以过，良久乃去。肆人大笑，以其如船而杯渡④也。妻惭，归告曾，以为大辱。觅一大兔，令翌日袖之，复往其处，挥犬逐兔入肆，大毁其碗，不可禁。知曾之为也，求而收之。回视其碗，皆无碎损。

此人先从祖时庵公犹见之，以其邪惑，不与之序宗族。《州志》载其"本增广生，弃去，因以为号"，非是。曾于康熙戊子己丑间⑤尚在也。

按《坚瓠集》亦载一曾广，是徐鸿儒遗党以妖术称者，非济宁人，当是同名又一人。存参。

（清·曾衍东《小豆棚》卷十三）

【注】

①寝：丑陋。

②畚：音 běn，用草绳或竹篾编织的盛物器具，如簸箕、土筐之类。此处用动词，谓用畚箕装载。

③莲船：比喻旧时女子的鞋过大，或讥讽女子未裹足，脚大。

④杯渡：比喻行走困难。语出《庄子·逍遥游》："覆杯水于坳堂之上，则芥为之舟；置杯焉则胶，水浅而舟大也。"

⑤康熙戊子己丑间：即康熙四十七至四十八年（1708—1709）。

驴市雷

己酉六月三日，济宁驴市李绅家，雷击一仆，又一击一仆妇。余友王惺斋曾言其状，盖惺斋之从叔李氏至戚也。是年馆其家，其仆固尝奔走伺候于斋中。

先一日，有仆妇浣于庭，忽见一豕首鳞身者入，唇反，丹目如镜，毛角崭新，手执一小旗插妇首。妇惊叫，人皆不见。次日晦，午正，雷轰轰起。王危坐①变色以待。逾时，不辨昏暮，其仆方进晚餐，挈壶觞绕廊而入，将为王生进一爵。雨忽大注，冥冥四合，手不见掌，虓②如裂瓮，霹雳挺出。王惊愕，顿见满室通彻红焰如火，却惶惶不见一物。其家昨插旗之妇方立门桄限，见火光绕之，出院中，举室莫敢救。院中水顿溢尺许。既乃霆鞭渐杀，连鼓方停。李家人群视所击之妇，跪阶泥中，头髻尽秃，面目黪黑若炙。众掖扶之，尚有油气。至书舍，携酒之仆则面壁长跪廊下，双足如刖③，二筋已无。又如剪其背上衣，直割见肤。满背黑烟旋绕，如云龙篆书，或曰"雷篆"也，不能辨识。身软，如无骨者。其二厅屏、四槅皆粉齑，两旁框木有鳞甲锉文。东西柱旧有赵子昂刻联一对，如以爪扣其字。大厅亦有屏，四楣中则开一小孔，方碗口粗。又自左柱上透一线瓦缝以出。

噫，雷之类乎龙也。龙之灵即鼓乎雷之灵，故其为变为化，能大能小，幻异而不可测。闻其仆于旱岁自饱逸而饿其父，故有此一击。其仆妇非是。仆之妇夜苏云："即昨日执帜者，有肉翅，舒爪攫我，掷院中，便不知也。"尝诟詈其姑焉。翌日亦死。

七如氏曰："余作此记时，李幕亭家正豪富，佥④以为震来虩虩，不丧匕鬯⑤。今其家落，始悟一震之威有自来矣。"

（清·曾衍东《小豆棚·补遗》）

【注】

①危坐：古人以两膝着地，耸起上身为"危坐"，即正身而跪，表示严肃恭敬。

②虩，音 xì，恐惧。

③刖：音 yuè，砍掉脚或脚趾，古代酷刑。

④佥：音 qiān，都，皆。

⑤震来虩虩，不丧匕鬯：语出《易·震》，谓雷震让人惊惧，却不至于影响宗庙祭祀，家业兴旺。虩虩，恐惧的样子。匕，羹匙；鬯，音 chàng，一种祭祀用的香酒。匕鬯皆为祭祀宗庙用物，借指宗庙祭祀或家传祖业。

陈旭窗卜居

臧子彦曰：旭窗，陈先生祖，南阳人，与高姓祖同来卜居①。至济州关南，则百物聚处，南北通衢，不分昼夜，高氏祖遂居之。先生之祖曰："此地可致富，非吾志也。"于是入城。观东南隅多有子弟效梨园者，曰："后日子弟必有度曲忘学者。"去之。观西南隅多有子弟聚赌博者，曰："后日子孙必有博簺②废学者。"又去之。至东北隅多有子弟乐酣饮者，曰："后日子孙必有沉湎荒学者。"又去之。至西北隅，见其地人罕，曰："此可以居矣。"遂卜居焉。

（清乾隆五十年《济宁直隶州志》卷二）

【注】

①卜居：择地居住。

②博簺：赌博（簺，音 sài，古代一种赌博性游戏，亦称"格五"）。

朱皓工绘事

朱皓，济宁人，自称一尘山人。博学嗜古，落拓不羁①，工绘事。常折花灯下，摹其形；以发系羽虫，观其羽飞之势。又尝卧东篱下累日，图名菊百种。观者无不称绝。

（清乾隆五十年《济宁直隶州志》卷二十八）

【注】

①落拓不羁：放浪不受拘束。

刘接骨

刘永彩，顺治初人。家贫，为妇家所侮，怒而归。途遇怪风，眯目忽坠，得素书一卷。而①不识字，属②他人诵之，时即了了。盖接骨法也。治无不效。富以饶，子孙世传之，人号"刘接骨"云。

（清乾隆五十年《济宁直隶州志》卷二十八）

【注】

①而：连词。表转折，犹然而。

②属：音 zhǔ，委托，嘱咐。

吕洞宾

吕庶常①显祖，一夕欲请仙，无符法，即作一启焚之，而仙至矣。云："艾姓，原居济宁，南乡一秀士耳。"遂书一词云："醉逐东风飘，云水茫茫千水遥。离山岛，过溪桥，幽斋将到。清露显梧桐，明月惊宿鸟。一更静，万籁俱消，谈心不觉天将晓。"自后屡至。一夕同鬼谷子来，遍推诸生命造②。又一日，吕洞宾至，其词云："蓬莱院，风景萧疏。花自开，鸟自呼叹，人生何自误!"由是闻风问道者甚众。独喜先生与邵峄晖二人驾卟③，否则不至。问其故，曰："二子天真洒落，无凡心尘虑，可与忘机矣。"

（清乾隆五十年《济宁直隶州志》卷三十四）

【注】

①庶常：庶吉士的代称，明清官名。选进士文学优等及善书者为之。

②命造：迷信者认为决定命运好坏的八字。

③驾卟：即"扶乩"（卟，音jī，同"乩"）。迷信者求神降示的一种方法：由二人架着吊有一木棍儿的架子，木棍儿就在下面的沙盘上画出字句，以此预示吉凶。

对对子

徐鹤洲先生，一日在塾，师他出，先生向城外浴。师归，见众童子戏水滨，衣皆挂一古桑上。师出一对云："千年老树当衣架。"对者免责。先生曰："万里长江作浴盆。"师大异之。

又靳西城先生，随父道遇一长者曰："学生能作三字对乎?"西城云："何不五字?"长者曰："强成五字对。"即应声曰："愿上万言书。"长者抚其臂曰："天上石麒麟也。"

（清乾隆五十年《济宁直隶州志》卷三十四）

陶姑庵

济州城南卧佛寺之南陶姑庵，有尼僧，自幼父母令出家，刻苦自治。每一念非礼，即引锥自刺，血流，以败絮拭之。

临终，召其弟侄付以后事。群见一箧，封镵①甚密，以为尚有私财。及发之，则盈箧悉血絮也。遂语其故，且曰："出家甚不易，人有子女，切勿轻令出家也。"言毕而卒。

尼俗姓陶，人遂名其庵云。

（清乾隆五十年《济宁直隶州志》卷三十四，又见盛百二《柚堂续笔谈》）

【注】

①封镵：密封；封闭上锁（镵，音 jué，锁，上锁）。

城下有南池

山东济宁州城下有南池，因《杜少陵集》有《与任城许主簿游南池》诗而得名也。故今东偏小室中，塑一工部像，而以许主簿配之。城上有太白酒楼，前工部尚书和公①为巡漕御史时重建。嘉庆庚申四月，余由水路入京，泊南池，是时灵石何兰士②亦为巡漕御史，钱塘黄小松③为运河司马，同在南池会饮者三日。小松出示所藏金石图书，与州人李铁桥④、山西刘镜古⑤、吴江陆古愚⑥同观，为一时佳会云。

（清·钱泳《履园丛话》卷十八"古迹"）

【注】

①工部尚书和公：和琳（1754—1796），字希斋，钮祜禄氏，满洲正红旗人，清朝权臣和珅之弟。历任兵部侍郎、运河漕运使、工部尚书等职。

②灵石何兰士：何道生（1766—1806），字立之，号兰士，山西灵石人。乾隆五十二年（1787）进士。历工部主事、郎中，迁御史，出知江西九江府。著有《双藤书屋诗集》等。

③黄小松：黄易（1744—1802），字大易，号小松，浙江钱塘人，工篆隶，通金石。曾官济宁运河同知（清代府州及盐运使、巡漕使置同知，别称司马）。

④李铁桥：李东琪，字铁桥，山东济宁人。喜金石，与黄易友善。

⑤山西刘镜古：陕西盐商，久居济宁，喜收藏金石。

⑥陆古愚：陆绳，字直之，号古愚，嘉庆年间江苏吴江人，善篆刻，喜金石。与桂馥为金石之交，是集资建济南潭西精舍者之一。

任城太白酒楼诗

任城太白酒楼诗多矣，余最爱大兴舒铁云①先生七古一篇。云：

结客须结贺知章，相士须相郭汾阳。

此诗当浮三大白②，天地中间一酒国。

公不必饮酒楼上眠，楼不必因公被酒传。

但道公曾饮此处，至今往往有酒气。

七尺之躯百尺楼，出亦愁，入亦愁，

作诗尚有杜工部，上书安得韩荆州？

除非天津桥南董糟邱，为公屈注庐山瀑，横卷沧海流，汉江三百绿鸭头，黄河之水天上不再收。

感公痛饮日，惜公狂吟身，

读公古乐府，知公谪仙人。

一斗亦醉一石醉，万古长愁无价卖。

海上钓鳌鳌无竿，江上骑鲸鲸无鞍。

身不愿封万户侯，但愿一脱千金裘。

飞上凤凰台，踢翻鹦鹉洲。

沉香亭，花见羞；夜郎国，鬼与谋。

须臾汤泉火城貉一丘，惟有青莲花开千万秋。

我欲醉折花枝当酒筹，而乃眼前突兀见此楼。

奇气郁勃，读之可下酒一斗。

（清·梁绍壬《两般秋雨盦随笔》卷八）

【注】

①舒铁云：舒位，字立人，号铁云，清乾隆、嘉庆年间人。著有《瓶水斋诗集》等。

②浮三大白：谓满饮或畅饮三大杯酒。浮，指满饮。白，指罚酒的杯，后亦泛指酒或酒杯。

任民育（三）

任公民育，字厚生，济宁州人，居泗水上。与家涧溯公①同举天启甲子乡试。俶傥②好奇计。大兵下山东至济宁，与官守城甚力，卒不克而去。当路③知公有将帅才，皆欲招致其军，史公可法④尤重之。后守颍州，流寇大至，凤督马士英⑤逃，公舆榇⑥于庭，誓众死守。史阁部督师扬州，举公知府事。高杰⑦被害，其兵来归，劝史纳之："外可拒敌，内可制四镇。"不听。阁部昼夜理军事不遑寐，除夜犒赏军士毕，举酒自酌，沉醉坐睡。天晓，文武员弁集辕门，史公未起。公探知其故，曰："督师此睡不易得也！"命司更鼓者勿息。史醒大怒，问："谁乱吾军法者？"公以情告。史素重公，得解。及大兵破城，公裋衣坐堂皇⑧，谕之降，不屈，饮刃死。二女皆自缢。先一夜，大星坠署中，枥马皆惊，公自分必死，无悔意。与阁部并垂千秋，不负鲁国男子。

（清·王培荀《乡园忆旧录》卷一）

【注】

①家涧溯公：指王鳌永，字克巩，号蘅皋，又号涧溯，山东临淄人。天启乙丑进士，官宜城县令、通州巡抚，后降清。王鳌永系王培荀的本家长辈，故称"家涧溯公"。

②俶傥：同"倜傥"，卓异不凡（俶，音 tì）。

③当路：指掌握政权的人；政要。

④史公可法：史可法（1602—1645），字宪之，号道邻，河南祥符人，明末抗清名将。北京城被攻陷、崇祯自尽后，史可法在南京拥立福王朱由崧为帝，继续与清军作战。官兵部尚书，督师扬州城，城破后拒降遇害。

⑤凤督马士英：马士英，字瑶草，贵阳人。明万历己未进士，崇祯末任凤阳总督等职。

⑥舆榇：用车载着棺木（以示必死的决心）。

⑦高杰：字英吾，陕西米脂人。原为李自成部将，后投降明廷，升任总兵官，明朝灭亡后在江南拥立福王朱由崧登基，被封为兴平伯，与刘良佐、刘泽清、黄得功并称江北四镇。弘光元年（1645）在睢州被打算投清的许定国诱杀。

⑧裋衣坐堂皇：见本卷《任民育（二）》注。裋，疑应为"绯"。

徐标殉难

徐标，字准明，济宁人。巡抚保定，贼使人谕降，毁檄，戮其使。方谋据守，中军鼓众杀之降贼。朱廷焕，单县人。分巡大名，贼传檄入城，怒而碎之。城陷被执，不屈死。皆甲申三月事。

（清·王培荀《乡园忆旧录》卷一）

于若瀛

于若瀛，字子步，济宁卫人。万历癸未进士，除户部主事，历官右金都御史，巡抚陕西卒，赠右副都御史。有《弗告堂集》。朱竹垞①云："子步诗格未超，然不屑作软熟②语。"《晚投清江浦》云：

> 淮水吞江浦，孤帆晚复开。
>
> 树移沙岸转，波逆海潮回。
>
> 人语迎村杂，渔灯拂棹来。
>
> 系舟犹未稳，寒漏已频催。

《雨宿潼关》云：

> 明灯虚馆凄清夜，细雨萧萧乱客肠。
>
> 秋入关门悲鼓角，年来驿路老星霜。
>
> 家临济水菰芦白，垄接南山黍谷黄。
>
> 千里故园愁阻绝，梦还京国亦他乡。

自注云："时寄家京坻③。"

《清泉寺》云：

> 满谷西风椒叶稀，穿林片片冻云飞。
>
> 荒原车马应无数，闲杀山僧坐翠微。

（清·王培荀《乡园忆旧录》卷三）

【注】

①朱竹垞：朱彝尊（1629—1709），字锡鬯，号竹垞，浙江秀水（今嘉兴市）人。康熙十八年（1679）举博学鸿词科，博通经史。工诗词，诗与王士禛称南北两大宗，词风清丽，为浙西词派的创始人，与陈维崧并称"朱陈"。精金石，喜藏书。

②软熟：柔和圆熟。

③坻：疑当为"邸"，客舍，旅店。京邸：即京都的邸舍。

山东善画者

张浦山《画征录》载山东善画者……焦秉贞，济宁人，钦天监五官正。人物位置，自远而近，由大而小，不爽毫发，盖西洋画法也。《御制耕织图》，秉贞奉诏作，村落风景，田家作苦，曲尽其致。镂版以赐臣僚。冷枚，即焦秉贞弟子也，胶州人，尤工仕女。

（清·王培荀《乡园忆旧录》卷三）

荆红叶

荆先生，无名，不知何许人，客济宁。人有持白团扇扑蝇，为血所渍，因绘为红叶，题诗云："新霜枫叶醉殷红，记得题诗出后宫。绕遍御沟寻不见，被风吹入月轮中。"人遂目之为"荆红叶"。

（清·王培荀《乡园忆旧录》卷三）

许芝仙

许琼鹤芝仙，山东济宁州人，诸生许夔臣侄女。《灯花》云："静夜垂帘坐，灯花艳小窗。秾华辉绣帨，春色上兰缸。结蕊环联九，连枝镜映双。为谁占喜事，坐待晓钟撞。"按：夔臣，字山臞，以诗名，曾辑录女史诗为《雕华集》待梓。翁绣君女史①以寄他氏增损刻之，别立集名，夔臣抑抑病殁。文人好名之弊如此。

（清·王培荀《乡园忆旧录》卷三，亦见《然脂余韵》卷一）

【注】

①翁绣君女史：清江宁人，能诗善画。

孙玉庭

孙协揆寄圃总制江南①时，仁宗皇帝②万寿，进端砚等物，无珍奇玩好之贡，上深嘉奖，以为有古大臣风。及林下优游，筑小园，凿池种莲。尤爱菊，岁养千百盆，所居阁五楹，堆菊为山，各种悬牌记名，约百种。厅事间亦列菊山，灿若云霞。足迹不入城市，门庭清寂无杂宾，惟旧交东河总督③惺甫颜公检④，春秋两汛验工回，便道造庐，谈燕⑤终日。家多藏书，缥缃插架⑥，满堂满室。督孙、曾读书，课程严密。桐江殿撰毓桂，年三十余，兄四十余，皆举孝廉，犹从汶上周先生百顺⑦受业，驯至大成，贻谋远矣。公乾隆乙未进士，济宁人，名玉庭，两江总督加东阁大学士。

（清·王培荀《乡园忆旧录》卷三）

【注】

①孙协揆寄圃：即孙玉庭（1752—1834），号寄圃，清山东济宁人，乾隆四十年（1775）进士。嘉庆间历任广西、广东巡抚，擢两江总督，整顿江南漕、盐、河诸务。道光初授协办大学士，擢体仁阁大学士。按，两江总督总管江苏（含今上海市）、安徽和江西三省的军民政务，故称"总制江南"。

②仁宗皇帝：即清仁宗颙琰，年号嘉庆。

③东河总督：全称河南、山东河道总督，专管山东和河南段黄河水道及运河水务。总督驻地原在兖州，后移至济宁。

④惺甫颜公检：颜检（1757—1832），字惺甫，号岱山，又号岱云、槎客，广东连平县人。历官江西吉安知府、江西按察使、河南布政使、直隶总督、漕运总督等职。

⑤谈燕：同"谈宴"，谓边宴饮边叙谈。

⑥缥缃插架：指书卷。缥，淡青色；缃，浅黄色。古时常用淡青、浅黄色的丝帛作书囊书衣，因以指代书卷。插架是悬于壁间可以放置书卷等的架子，转指书籍。

⑦汶上周先生百顺：周百顺，字备堂，山东宁阳县石碣集人。清嘉庆二十二年（1817）进士。历官河南林县、江苏金山、湖南耒阳等地知县，并任河南、湖南乡试同考官，遴选人才。74岁致仕，教授诸生。著有《更事良言》等。王培荀谓周为汶上人，或记忆有误。

李东琪与江秬香

李铁桥东琪①有金石癖。乾隆乙未夏，从济宁学宫松根下，得汉胶东王君庙门碑，黄小松②为作《得石图》。江秬香孝廉③游新甫，草莽中得晋任城太守孙夫人碑，黄小松为作《新甫得石图》。适阮芸台学使④辑《山东金石志》采入，孙渊如观察⑤题曰"小宝晋斋"。秬香在济以示刘寄庵，寄庵题诗中有云："天下神物终不朽，西晋隶书世尚存。新甫古柏供樵苏，孙夫人碑鬼为守。"末云："不能考据徒多言，黄图孙额愧相谢。"

（清·王培荀《乡园忆旧录》卷三）

【注】

①李铁桥东琪：见本卷《城下有南池》注。

②黄小松：见本卷《城下有南池》注。

③江秬香孝廉：即江凤彝，浙江杭县人，字秬香，号盥道老人。嘉庆三年（1798）举人。兼善篆、隶、楷书，笃嗜金石，蓄藏丰厚。与黄易齐名，清钱泳《履园丛话》曰："浙江有黄小松司马及江秬香孝廉，皆能以汉法自命者。"

④阮芸台学使：阮元（1764—1849），字伯元，号芸台，南直隶仪征人。乾隆五十四年（1789）进士，曾于乾隆五十八年至乾隆六十年（1795）提督山东学政，其间广交山东及寓鲁金石学家，遍访山东金石文物，在山东巡抚毕沅主持下撰成《山左金石志》24卷（王培荀误作"《山东金石志》"），对山东乾嘉之际金石学的兴盛贡献颇巨。

⑤孙渊如观察：孙星衍（1753—1818），字渊如，号伯渊，南直隶阳湖县（今常州市区）人。清乾隆五十二年（1787）进士（榜眼），乾隆六十年（1795）授山东充沂曹济道，次年补山东督粮道。嘉庆十二年（1807）任山东布政使。博极群书，勤于著述。观察，官名，清代作为对道员的尊称。

郑与侨

济宁郑确庵与侨，与家苑卿公从侄讳成己者，同举崇祯丙子乡试。主司为凌忠节公义渠①。凌公工制艺，天下传颂，是科所取，多知名士，家孝廉公则亚元②也。闱墨醇雅，不染明季习气。时流寇充斥，聚众数万，确庵倡议，与绅士杀贼守城。著有《确庵稿》《济宁遗事记》《济上名园记》，其余有关经济书尚多。子鹭墀，亦孝廉。徐电发③《舟过济宁悼确庵》云：

龙卧江湖岁月迁，思君泪落酒垆边。

每怜漂泊三千里，曾话沧桑四十年。

折戟沉沙驹隙过，题襟着屐草如烟。

几回同到南池路，愁杀难逢老郑虔。

凌公以大理寺卿殉节。确庵丁丑会试对策，极言时政得失，房官奇之，拟第一，主司以触忌讳，不录。避兵扬州，还老济上，养母不出。家孝廉公，亦守田园不仕。皆可谓无愧师门矣！

（清·王培荀《乡园忆旧录》卷七）

【注】

①凌忠节公义渠：凌义渠，字骏甫，号茗柯，浙江乌程（今湖州市）人。明天启五年（1625）进士。曾官福建按察使、山东右布政使、大理寺卿等职。甲申之变自缢殉国。清廷赐谥忠介。有《凌忠介公集》等。

②亚元：谓名列第二。

③徐电发：清吴江（今属苏州市）人，康熙时曾任翰林院检讨，工诗词，陈廷焯《白雨斋词话》卷三："徐电发词，当时盛负重名，至于流传海外，可谓荣矣。"

孝妇之室

济宁连界村，夜大火。有妇与老姑、幼子共处茅庐，夫外出未归。火势已迫，妇负姑①出避。姑念幼子，令妇救儿，身年衰勿顾也。妇不听，姑怒，在背上抓妇肉，摘妇发。妇径负姑出，不返顾。当是时，合村救火，共见妇屋上卓②黑旗，白字大书"孝妇之室"。火竟不焚一茅，幼子得全。

（清·王培荀《乡园忆旧录》卷六）

【注】

①姑：丈夫的母亲；婆婆。

②卓：谓一物穿插在另一直立之物上；竖立。

济宁杜文贞祠

沈椒园①先生新建杜文贞公祠，以许主簿配。江南盛庭坚②作诗云：

> 浣花游迹寄南池，洗马鸣蝉感昔时。
>
> 遇主名高《三礼赋》，怀人心折《八哀诗》。
>
> 铸同贾岛应呼佛，绣比平原合买丝。
>
> 玉貌仰瞻如旧识，忆曾亲拜草堂祠。

（清·王培荀《乡园忆旧录》卷四）

【注】

①沈椒园：沈廷芳，字畹叔，号椒园，浙江仁和（今杭州）人。乾隆元年（1736）举博学鸿词，官山东按察使。著有《隐拙斋集》等。

②江南盛庭坚：盛锦，清代诗人。字庭坚，又字青嵝，吴县人。康熙间诸生。为人淡泊，不屑于科名仕宦。平生游踪遍于南北，当世贤达咸折节与之订交。著有《青嵝遗稿》。

钱陈群咏南池与太白楼诗

济宁，唐为济州，有南池。杜诗"晚凉看洗马，森木乱鸣蝉"，自此遂为胜地立祠，游客多有题咏。钱香树①先生壬申孟冬舟过任城，观察抑堂使君②招饮于南池，得瞻杜文贞遗像，即事一首：

> 西风吹归船，着我南池下。
>
> 衰柳无鸣蝉，浅水堪洗马。③
>
> 少陵东游日，篷羽④振大雅。

平生丁诗穷，遂不辞轕轲⑤。

谁知千载后，宗祐⑥此尊社。

风义入人深，相感不能舍。

簿公一何幸，竟与同龛坐。

骚坛归总持，骥尾附香火。

予昔曾来游，期许亦颇颇。

遭逢明圣君，出入依青琐。

惭无补衮才，庶几拾遗可。

乞身非怀安，腹疾方成痕⑦。

故人重怜惜，延我寄潇洒。

宾从列儿孙⑧，盘盂杂肴果。

夜凉复清眺，星烂云气赭。

扶藜且别去，墙灯烛已炧⑨。

南池东偏百余步，有楼踞城闉⑩岿然而起者，相传为太白楼，云是贺监与谪仙饮酒处也。因题一首，兼寄朝右所知：

季真具慧眼，识此谪仙人。

灵官握手日，遂解金龟纫。

白也感知己，平生重离群。

身殁且如此，何况相主宾？

薄游滞齐鲁，一笑逢令君。

登楼邈远睇，意气凌层云。

踪迹忽散去，归卧鉴湖滨。

长安鼙鼓动，台沼非荣身。

迁客走夜郎，有眉不得信。

对酒便相忆，能勿怆吾神。（用李诗意）

予亦负伦鉴，大雅为扶轮。

往往辱赏识，后先持衡钧。

即今以病免，所喜主德醇。

虽无一曲胜，而见四海均。

古今不相及，古语信有云。

溯往悲其遇，举杯问星辰。

其气势之纵恣，不及顾、赵二君，要亦升平雅音。

（清·王培荀《乡园忆旧录》卷四）

【注】

①钱香树：钱陈群，字主敬，号香树，浙江嘉兴人，清朝雍正、乾隆时大臣。

②观察：官名，清代作为对道员（省以下、府以上一级的官员，主管范围有按地区分者如济东道，有按职务分者如河务道）的尊称。使君：尊称奉命出使的人，此处指"抑堂"。

③衰柳无鸣蝉，浅水堪洗马：化用杜甫《与任城许主簿游南池》诗句："秋水通沟洫，城隅进小船。晚凉看洗马，森木乱鸣蝉。"

④簋羽：排列齐整，若飞鸟的羽翅（簋，音 zào，排列，汇集）。比喻古代百官朝见时仪仗行列整齐。

⑤轗轲：音 kǎn kě，指困顿，不得志。

⑥宗祏：庙中藏神主的石盒或石室，亦借指宗庙、宗祠。祏，音 shí，宗庙中藏神主的石盒。

⑦瘕：音 jiǎ，腹中结块的病。

⑧宾从列儿孙：此句下有自注云："时大儿汝诚奉旨随侍，次儿汝恭、四儿汝随、五儿汝丰、孙端，皆在座，任人羡之。"

⑨炧：音 xiè，谓火烛熄灭。

⑩城闉：城内重门，亦泛指城墙（闉，音 yīn，瓮城的城门）。

钱陈群济宁落水

钱香树先生出济宁，立船头为霜所滑，失足入水，家人救之，得不死。笑谓宾客曰："吾闻坠水死者，必有鬼物凭之；倘昨夜遇李白，便当把臂去矣！"明日过李白楼，题云：

> 昨夜未曾逢李白，今朝乘兴一登楼。
>
> 楼中人已骑鲸去，楼影当空占优游。

或传楼为贺知章官任城主簿时为太白筑。贺监未尝官任城，此附会之说，祠中祀三贤有知章，谬也。

（清·王培荀《乡园忆旧录》卷四）

咏浣笔泉诗

山左任城东关外有泉，相传太白浣笔处也。上有祠堂，祀太白及贺监、少陵三贤。乾隆辛亥，沈青斋观察启震①葺而新之，土中得诗碣，署"木兰山人刘浦题"，不知何时人。其词曰：

> 藓蚀残碑枕废池，开元吟客剩荒祠。
>
> 空庭古柏吹风处，秋草寒泉落日时。
>
> 谁采涧毛②修冷寺，我沽村酒读遗诗。
>
> 唐宫汉寝无人记，独有才名到处知。

未几，巡漕使者和希斋琳阁学③入都，河帅④李香林尚书祖饯⑤于祠中。希斋和云：

> 太白楼临杜老池，此间合祀有专祠。
>
> 林泉竟属先生地，风雅刚逢我辈时。
>
> 梁绕骊歌《将进酒》，壁留鸿爪共题诗。
>
> 他年重过应相访，直与三公作旧知。

香林云：

当年浣笔有清池，此日名泉葺旧祠。

花竹新栽游赏地，歌筵初敞饯行时。

标题不亚羲之序（重修浣笔泉，和希斋作记），赓韵如吟

白也诗。

水文堂前风月好，几人惆怅为心知？

漕帅管公干珍⑥云：

谪仙人去剩空池，剔藓疏泉认古祠。

宦迹已沉灵武后，笔花犹及盛唐时。

入门合进临波酒，立石重摹出土诗。

拊景漫增兴废感，好将觞咏记新知。

中丞惠公龄云：

女墙东处甓⑦方池，上有云烟罩⑧古祠。

偶向寒泉谈旧迹，空余文藻忆旧时。

低徊不少飞觞饮，感慨争留过客诗。

拍槛欲狂呼太白，要从旷世结心知。

进士顾礼琥⑨云：

仙在高楼月在池，池光千载抱遗祠。

幸逢元老重开宴，转惜先生不并时。

绿水澜回沉彩笔，旧碑林立待新诗。

吴都狂客今初到，未要寻常贺令知。

转运阿公林保⑩云：

谪仙遗迹剩荒池，合祀于今拜古祠。

盖世才名犹在耳，新人重聚复何时。

难寻缥缈神仙路，谁补苍茫客恨诗。

愧我毫端尘未浣，空凭流水寄心知。

沈公启震云：

源分泗水辟方池，座列三贤茸旧祠。

人地兴废原有数，主宾今古宛同时。

新移竹影亭前画，细辨苔痕壁上诗。

樽酒落成兼送别，高情留与后来知。

诸诗俱各清妙，辑而存之，后世想见盛世清平、公卿风雅矣！

（清·王培荀《乡园忆旧录》卷四，

亦见袁枚《随园诗话·补遗》卷三）

【注】

①沈青斋观察启震：沈启震，字位东，号青斋，桐乡乌镇人，乾隆二十五年（1760）举人，历官山东运河道。有《慎一斋诗集》。

②涧毛：指山涧中的草木。

③巡漕使者和希斋琳阁学：即和琳，字希斋，历任兵部侍郎、运河漕运使、工部尚书等职。详见本卷《城下有南池》注。阁学：明清时对内阁大学士的称呼。

④河帅：河道总督的别称。

⑤祖饯：饯行。

⑥漕帅管公干珍：管干珍，字阳复，号松崖，江苏武进人。乾隆三十一年（1766）进士，授编修。乾隆五十三年（1788）由内阁学士升工部右侍郎，五十四年（1789）改漕运总督。

⑦甃：音 zhòu，砌井筑池。

⑧罩：袁枚《随园诗话·补遗》卷三作"罦"。

⑨顾礼琥：清吴县人，进士。乾隆中久居河督幕府，尝以进士

授职而不就。

⑩转运阿公林保：阿林保，满洲正白旗人，舒穆禄氏，字雨窗。乾隆中由吏部笔帖式（清代于衙署中的低级官，掌理翻译满汉章奏文书）累迁山东按察使，历官长芦盐运使、湖南巡抚、闽浙总督、两江总督等。

沈启震

山东运河各官皆驻济宁。沈青斋观察启震，任河道十年。工诗，善书画古玩，与同知黄小松善，一切皆经其鉴定。告归后，嘉庆四年因河工急，特旨起用。任事尽瘁，自备食物，昼夜巡查，至连日不归寝，以劳卒。自作联云："动关百万生灵命，不用分毫造孽钱。"殁后，相传为河神。当家居时，忽接五百里急递，惊骇不知何事，启封，乃和希斋琳索和诗也。希斋为巡漕运使时，素相唱酬。公刻有诗集四册。子官山西知县，孙现任山西合阳令。

（清·王培荀《乡园忆旧录》卷八）

黄易博通金石

黄易，字小松，钱塘监生，官运河同知。工画，善隶书，博通金石。在济宁，凡金乡、鱼台间汉碑悉搜出，武氏石室画像尤多。《送客南归》诗云：

> 踏雪送君去，江南笋正肥。
>
> 花随春雨霁，帆逐乱云飞。
>
> 归兴浓于酒，波光绿上衣。
>
> 官闲贫亦好，来往总忘机。

与博山令武虚谷①善。虚谷博古，同有金石之好。偕游嵩少②，寻碑选胜，作图纪事。孙渊如观察③为题篆字于首。何道生④赠诗有云：

> 仙扃森沉蓄灵秘，从傔包括携堆毡。
>
> 瓦棺篆鼎遍搜索，断钩蚀画争摹填。
>
> 攸绪早存丘壑志，鲁直惯注虫鱼篇。

盖纪实也。

（清·王培荀《乡园忆旧录》卷八）

【注】

①武虚谷：武亿，字虚谷，又字授堂，清河南偃师人，乾隆庚子（1780）进士。任博山知县，有德声。创办范泉书院，亲自讲授。治经史，精金石。著作颇丰。

②嵩少：嵩山与少室山的并称，亦用为嵩山的别称。

③孙渊如观察：见本卷《李东琪与江秬香》注。

④何道生：见本卷《城下有南池》注。以下何所赠诗似缺首联。

任城景君碑（二则）

汉北海相任城景君碑，在济宁州学。全谢山①有拓本三，各有碑阴一通，洪文惠公适②未之见。谢山云："碑文以'糜'为'眉'，以'仓'为'苍'，以'渘'为'柔'，以'醳'为'释'，以'軵'为'拂'，皆古字通用。其以'衙'为'御'，则古字音之通也。碑末有谇又有乱，亦唐以后碑所希。"其碑阴，见于赵明诚③《金石录》。

济宁儒学孔子庙，门列汉碑五，其制各殊，汉北海相景君碑其一也。地志④不载何年所立。朱竹垞⑤谓："元天历间，幽州梁有，字九思，曾奉敕历河南北⑥，录金石刻三万余通上进，录其副本为二百卷，曰《文海英澜》。于济得汉刻九于泗水中，葛逻禄乃贤⑦寄以诗云：'泗水中流寻汉刻，泰山绝顶得秦碑。'阅欧阳、赵氏所著录，斯碑本在任城，其移置于学，必天历间矣。""题名有'督邮督盗贼议史、书佐、骑吏，吏行义修行，午小吏竖'。其云'午'者，不载于《续汉书·百官志》，即赵氏亦不知也。"

（清·王培荀《乡园忆旧录》卷一、卷八）

【注】

①全谢山：全祖望，字绍衣，号谢山，浙江鄞县（今宁波市鄞州区）人。清代学者、文学家。乾隆元年（1736）荐举博学鸿词，同年中进士，选翰林院庶吉士。次年即返故里，后未出仕，专事著述。曾主讲于浙江蕺山书院、广东端溪书院。尤好搜罗古典文献及金石旧拓。其著作颇丰，有《鲒埼亭集》等。

②洪文惠公适：洪适，初名造，入仕后改名适，饶州鄱阳（今江西省鄱阳县）人。南宋金石学家、诗人、词人。累官至尚书右仆射、同中书门下平章事兼枢密使，封魏国公，卒谥文惠。喜金石，与欧阳修、赵明诚并称宋代金石三大家。

③赵明诚（1081—1129），字德甫，山东诸城人，南宋初年官员、学者，女词人李清照的丈夫。赵明诚一生官宦坎坷，酷爱金石之学，《金石录》乃其传世不朽之作。

④地志：地方志，方志。

⑤朱竹垞：即朱彝尊，详见本卷《于若瀛》注。

⑥河南北：指黄河南北。

⑦葛逻禄乃贤：元末诗人，姓葛逻禄，名乃贤，字易之，别号河朔外史。

史梅叔（梅裳）诗

济宁史梅叔，或云梅裳①，以拔贡得县令。少好为诗，初自阮公②《咏怀》入，继喜新奇，力矫平庸之习，字句未尽妥帖，后乃趋步少陵。天资既高，功力亦邃，虽未脱尽面目，是吾东一作手也。《送别》云：

我意如春柳，前条复万条。
井君过雷泽，带雨出蓝桥。
若见天南水，应知东海潮。
便应挂归席，千里不为遥。

《咏草》云：

啼鸟一声晓，碧云千里沉。
青过戍楼去，乱向远山侵。
迟暮伤春意，更番损客心。
年华叹芳草，冉冉不能禁。

《落叶》云：

秋雨满江城，秋风木叶声。
并将摇落意，入此夜深情。
况我沧江远，何堪魂梦惊。
一灯照四壁，窗白不成明。

《咏西事》云：

岂足劳戈马，腥膻合扫除。
势殊追鄯善，命可制康居。
但慎花门破，行思绝域初。
相安廉耻将，清静复何如？

前三首似屈翁山③，后一首未免学杜似杜，亦未知其指何时事也。

（清·王培荀《乡园忆旧录》卷七）

【注】

①史梅叔，或云梅裳：史密，初名襄龄，字梅叔，号梅裳，济宁人。清嘉庆癸酉（1813）拔贡，历官淡水同知、台湾府知府。有《史梅叔诗选》十二卷（道光十五年刻本，文康评选并序）。

②阮公：指阮籍（210—263），字嗣宗，陈留尉氏（今河南开封）人。三国时魏国诗人，竹林七贤之一。曾任步兵校尉，世称阮步兵。著有《咏怀》八十余首、《大人先生传》等，其著作收录在《阮籍集》中。

③屈翁山：屈大均（1630—1696），字介子，又字翁山，广东番禺人。清初著名学者、诗人，诗有李白、屈原遗风，著作多毁于雍正、乾隆两朝，后人辑有《翁山诗外》《翁山文外》《广东新语》等。

史梅裳《登望江楼》诗

山左史梅裳，有《登望江楼》诗。诗云：

> 万树争夔阁，千山急剑州。
>
> 我来八月节，登此百年楼。
>
> 地逼巴渝尽，天包楚邓流。
>
> 何堪复吹笛，风雨及深秋。

梅裳，济宁州拔贡，今就县令。山左诗，乾隆间推高密三李①，第取径郊、岛。梅裳后起，力追少陵。五律浩浩落落，苍浑健举，有万夫莫当之概。此诗足见一斑。或云楼去夔②六七里，

阅《通志》无之，味诗意似于夔为切，而梅裳未悉其曾入川否也。

（清·王培荀《听雨楼随笔》卷五，齐鲁书社本）

【注】

①高密三李：清代乾隆、嘉庆年间由高密人李怀民、李宪暠、李宪乔三兄弟所创立的高密诗派，是"寒士诗"的代表性诗派。

②夔：夔州，今之重庆市奉节县。城雄踞瞿塘峡口，控巴渝门户，形势险要。

嘉定郡守邵莲溪

嘉定①郡守邵莲溪先生勷，山东济宁人。辛巳、壬午联捷进士，分发湖北，以同知升补四川嘉定。署故有宋梅生修筑池亭，地迫狭，乃于东偏凿大池，种莲建亭，以小艇通来往，旁筑土山，临水建高阁，作记甚详。《咏小山》云："全无依傍自成势，不要孤高太绝人。"《赠吕彦臣》云："旧雨只宜才子伴，新山不借古人名。"又云："载酒船归残照外，放衙客话白云间。"风流足继梅生矣。前后游凌云山，有诗二首：

> 东坡不作汉嘉守，留下凌云待我游。
>
> 溜急汇为三峡险，地高阅尽九州秋。
>
> 夕阳入水翻岩背，岚翠过江拥郡楼。
>
> 却喜民安官事少，清风满抱缓归舟。
>
>
> 讼庭花落鸟声幽，劝我凌云作后游。
>
> 酒好还同诸客醉，年丰喜见七城②秋。
>
> 呼僧遍觅竹间路，抱鹤闲眠水上楼。

灯火万家江一线，满上明月送归舟。

（清·王培荀《听雨楼随笔》卷五，齐鲁书社本）

【注】

①嘉定：嘉定府，地处四川省中部偏南。

②七城：嘉定府下辖七个县，即乐山、峨眉、洪雅、夹江、犍为、威远、荣县。

孙适斋先生

幼时读《聊斋志异》所纪毛文简事，末附任城孙公扩图①跋语，不知孙公为何人也。洎官京师，与驾航前辈（楫）②同直薇省③，乃悉公为寄圃节相④之父，实驾航之高祖。而软红⑤驰逐中，亦未尝询公仕履及其著述。后十余年，予与驾航复同官粤东。丙子，同事秋闱。公暇，驾航出公家传并其遗稿见示，然后公之生平始了然于心目间。亟录之以识高山仰止之思。

按：公字充之，号适斋，举乾隆元年丙辰科乡榜。初官掖县教谕，巡抚杨应琚特疏保荐。历浙江乌程、缙云、嘉兴、钱塘等县知县，发奸摘伏⑥，人莫敢欺。秉性方耿，不曲承上官意旨，为忌者所中，以微事落职。辛卯入都祝嘏⑦，蒙赏还职衔。公宦情素淡，自是绝意仕进，主莱州北海、温州东山两书院讲席，门下士多所成就。为古文辞，下笔泉涌，法律一归严谨。著《莱游草》《东山吟草》《于京集》《钓雪集》《秋柳集》《田园杂诗》《一松斋古文》。年七十一卒。

集中五言如《渡河》云："刷黄诚善策，顺性岂陈言。"《晚泊》云："雨声秋晚叶，灯影夜深船。"《正月初二日雨》云："江梅方笑靥，塞雁总归心。"《京口怀太白》云："第一江山景，无双诗酒人。"七言如《枫桥晚泊》云："邻舟歌尽《懊侬曲》，夜雨滴残孤客心。"《咏蜡梅》云:"美人迟暮曾非病,名士风流可带酸?"《秋柳》云:"金堤月细双蛾敛,玉帐风高一箭新。""未许风流随逝水,可堪摇落倚残阳。"皆息胎⑧王、孟、韦、柳诸家,别具一种悱恻缠绵怀抱。闻诸稿遗失过半,见凤一毛,殊可惜也。公又有《秋柳诗》,用上下平韵三十首,自序云:

少陵《柳边》一首,独步千古,仅称"叶叶自开春"一句,着题精刻,自难多耳。逮刘宾客、白太傅、温方城⑨之属,好为《柳枝辞》,动至如干首,大概以柳为缘起,如医家饮剂,庖人羹汤,凡朝市、村园、江山、楼店,一切风景之地,无不可借端设措者。于人则主言情,虽不专在别离,总以哀艳为宗。余衍为三十首,亦犹渔洋衍《柳枝》为长律⑩耳。予生平无一适意,感悼伤怀,复不减于昔人,诗中亦间及之,非专咏一物核切为主者。

云云。诗多不具录。其后章有云:"仆本恨人无好况,更逢楚客话江潭。"极牢骚语,却以蕴藉出之,尤不愧风人之旨矣。

(清·方浚师《蕉轩续录》卷一)

【注】

①孙公扩图:孙扩图(1718—1789),字充之,号适斋,山东济宁人。孙玉庭的父亲,孙毓淮(号称"玉堂孙状元")的曾祖。初官莱州教谕,历任浙江乌程、钱塘等县知县,主莱州书院、温州书院。著作颇丰,其词:"温州好,水土甲东南。游遍千山无瘴疠,汲来千井尽清甘,久住使人贪。"颇为人称道。

②驾航前辈(楫):孙楫(1827—1899),字济川,号驾航,山东济宁人。兵部尚书孙毓汶之侄,户部尚书孙瑞珍之孙。咸丰二年(1852)进士,选庶吉士,散馆授内阁中书。官至顺天府府尹。

③薇省："紫薇省"（中书省）的简称，为中枢机要官署。

④寄圃节相：见《孔玉庭》注①。

⑤软红：犹言软红尘，飞扬的尘土，谓繁华热闹。

⑥发奸：揭发坏人坏事。摘伏：揭发隐秘的坏人坏事（摘，音tī，揭发）。

⑦祝嘏：祝寿（嘏，音gǔ，寿辰）。

⑧息胎：犹脱胎，谓诗文等取法前人而化为己出。息：滋息，生长。

⑨刘宾客、白太傅、温方城：指刘禹锡、白居易、温庭筠，均为唐代著名诗人。

⑩渔洋衍《柳枝》为长律：指王士禛七言律诗《秋柳诗》，凡三十二韵。

一松斋随笔（节选）

济宁孙适斋先生扩图有《一松斋随笔》，卷帙不多，予为择录二十四条于此①。先生平生品诣②，亦可略见一斑也。

太白楼在济宁州南城上，下瞰杜工部南池。登此楼者，题句如林。本朝陆复佳灵萃，以一弱女郎题廿八字云："南池池水足清涟，池上酒楼高插天。鸥鹭相呼楼下过，纷纷残雪扑秋烟。"一时为之搁笔。

童时家君课对句甚严，一日以"云气香流水"为问，盖唐句之孤行者。终日不能成，求教于湘姝陆灵萃，笑答云："诸郎念书不熟，何不对'烟光紫暮山'耶？"

湘姝陆复佳最善对句，应声即得，不烦叉手举步。故是天然妙境，非由思致。《纳凉》对句云："轻轻团扇翻花影，剪剪宵衣缀露纹。""梧叶惊风喧急雨，竹梢带月剪轻烟。""萤火飞来帘似水，鸦黄描就鬓垂青。"与成句工力悉敌，且有意外巧妙，岂非宿慧？

昔白香山久游江、浙，作《江南好》词三首，所谓"风景旧曾谙"者是也。余于乾隆戊寅春，以缙云令因公一至温州，是冬外艰③去官。庚辰岁，复应太守李公之招，主东山书院讲席，孟夏莅止，冬杪北归，瓯江舟中回忆所谙风景，有不释然于怀者。爰用香山词调，谱作十阕，寄温之相知者。调名因白词一名《忆江南》，又名《望江南》，或衍为双调。云：

温州好，丰乐太平时。海有鱼盐无寇盗，民安耕织保妻儿。帝力少人知。

温州好，别是一乾坤。宜雨宜晴天较远，不寒不燠气恒温。风色异朝昏。

温州好，地势旧称雄。山接天台来雁宕，地连甬上控闽中。胜据浙西东。

温州好，水土甲东南。游遍千山无瘴疠，汲来千井尽清甘。久住使人贪。

温州好，城郭画图间。渠引千街同一水，精临九斗孕群山。潇洒出尘寰。

温州好，火艳有杨梅。蜜橘垂枝怜色嫩，黄柑带露擘香开。冰雪荔枝来。

温州好，士女太缤纷。净履鲜衣来个个，观灯竞渡一群群。香气晚氤氲。

温州好，贾客五方民。吴会洋船经宿到，福清土物逐时新。直北是天津。

温州好，官长政清闲。入郭江鱼烹石首，跻堂春酒醉华颠。幕府俨神仙。

温州好，书院讲堂开。邹鲁当年曾媲美，山川何地不生才。小别惜追陪。

（清·方浚师《蕉轩续录》卷二）

【注】

①"予为"句：此处仅摘录其中四条。

②品诣：品行。

刘鲁田《六流》

《六流》一首，济宁刘鲁田孝廉撰。其文云：

盖闻射必有的，行必有归，志倡于前，行与之随。志之所趋，不勉而习，习之所熟，不期而开。譬犹决拾①将施，中否未判，轮蹄②初发，南北可之。终谬千里，始差毫厘，及乎已误，虽悔何追！农工力作，商贾负贩，良苦纵殊，相去非远。唯清门绪余③，儒林苗裔，成则登天，败则入地，睹之生悯，言之斯畏。用是品骘履行，章别流辈，总其阡陌，区为六格④，贻彼童蒙，使自择执⑤。

一曰圣贤之流。昭事上穹，同胞下民，洗心致知，修辞检身。穷十三经，涉廿一史，旁究百氏，折衷孔子。访畎亩之利病，明廊庙之张弛，得志则膏泽⑥大行，处约⑦则著书乐志。桑枢绳床⑧不为绌，衮衣华毂⑨不为侈。斯其上也。

二曰英彦之流。细行出入，大节确然，古人可作，吾何畏焉。文事则祖圣宗贤，滋条沃根，迁、固、董、贾为之师，扬、马、崔、蔡为之邻。武略则太公、孙、吴，寝处揣摩，驱万众如疾风，摧强敌若朽株。譬鸾凤之羽毛，貔虎之爪牙，或御侮于疆场，或为仪于天家。斯其次也。

三曰方伎之流。聚精殚思，执艺不迁，心愤而通，巧生于专。是以虢国起死，成都下帘，弄丸解纷，调弓泣猿，鼓琴飘瓦，画龙御天。与没世而无称，宁小道之可观。抑亦为次，此其选也。

四曰温饱之流。与俗浮沉，随世唯诺，盘簋愿丰，衣服耻恶。利田宅则钩考锱铢，贪仕宦则依违台阁。同草木而甘心，唯富贵之是乐。是古之所谓凡庸，而今之所谓卓荦也。

五曰樗栎⑩之流。长爪丰肌，啜茗熏香，牙签饰架，素琴挂墙。微舆马不出郊，非庆吊不下堂。生事雪消于几筵，精神蚁漏⑪于姬姜⑫。此犹禽息与鸟视，形虽存而若亡也。

六曰粪壤之流。正人则疏，宵小是比。仇雠篇翰，诋讪术艺。鹌鹑促织，华灯纸鸢，走狗斗鸡，挟弹持竿，性命与依，忘眠废餐。又或品竹弄丝，乞灵贱优，掷骰斗叶，摩肩厮流，追欢曲巷，金尽床头。九陌前行，十手后指⑬。曳履顶冠，植发含齿⑭，彼丈夫也，奚如至此？

凡此六流，何地蔑有⑮？三益三损，唯人所取。若乃父兄据津，亲戚当涂，承庇嘉荫，容容于于，食客仰其膏光，窭子⑯希其吹嘘，谁不投以甘饴，而肯进之苦茶哉？于是日削月剥，时流岁迁，及乎景暮而市空，水涸而鱼穷，身名瓦裂，凭藉荡然，受恩者付之太息，而他人坐视而不怜。非后事之失图，乃初志之已愆⑰也。《诗》不云乎"言念君子，载寝载兴"？《易林》有言："跬步不已，跛鳖千里。"夫寝兴念之，跬步斯勉，不良之足，可以致远，而况驽马与骐骥，固绝尘而追电者乎？

按：鲁田名汶，号叔子，父毓秀从何姓[18]，顺治间副榜，官至山东按察使，卒，留葬济宁，遂家焉。鲁田以复州卫籍中山东乡举，旋隶旗籍，蒙圣祖恩复原姓，归济宁守墓。世祖在潜邸[19]时，特见优礼，多所咨询，赐其读书室曰"士林芝蕙"。鲁田又著有《原命》《原性》及《诚者圣人之本论》，惜皆未之见也。

（清·方浚师《蕉轩续录》卷一）

【注】

①决拾：决，同"抉"，扳指，多以骨制，套在右手拇指上，用以钩弦；拾，套袖，革制，套在左臂上，用以护臂。均为古代射箭用具，此处谓射箭。

②轮蹄：车轮与马蹄，代指车马。

③清门绪余：寒素之家或书香门第的后代。

④格：规格，品类。

⑤择执：选择善事而执着行之。语出《礼记·中庸》："诚之者，择善而固执之者也。"

⑥膏泽：比喻恩惠。

⑦处约：不得志，处于穷困之中（约，穷困）。

⑧桑枢绳床：代指贫寒穷困的生活。桑枢，以桑木为门的转轴。绳床，用绳穿织而成的轻便卧具。

⑨衮衣华毂：代指富贵奢侈的生活。衮衣：古代帝王及上公穿的绘有卷龙的礼服（衮，音 gǔn）。华毂：饰有华丽文采的车子（毂，音 gǔ，车毂，用以代车）。

⑩樗栎：樗，音 chū，臭椿树；栎，音 lì，麻栎，也称橡树，

古人认为是"恶木"或"不材之木"，没有用处。后因以"樗栎"比喻才能低下。

⑪蚁漏：《韩非子·喻老》："千丈之堤，以蝼蚁之穴溃；百尺之室，以突隙之烟焚。"后以"蚁漏"比喻因细微不慎而酿成大祸。

⑫姬姜：春秋时，周王室姓姬，齐国姓姜，二姓常通婚姻，因以"姬姜"为贵族妇女之称。此处指美女。

⑬九陌前行，十手后指：谓此类人在街上前边走，后边有很多人指戳议论。九陌：本指汉长安城中的九条大道，泛指都城大道和繁华闹市。

⑭植发含齿：长着头发，口中有齿。指人类。

⑮蔑有：没有（蔑，无）。

⑯窭子：穷小子（窭，音 jù，贫穷）。

⑰愆：音 qiān，违背，违失。

⑱父毓秀从何姓：何毓秀，刘鲁田的父亲，辽东前屯卫人，顺治间贡生，官山东学政、按察司佥事等职。

⑲潜邸：指皇帝即位前的住所，借指太子尚未即位。

邬生艳遇

邬荣典，字少华，任城儒家子，年十七，尚未婚。时正夏五①，移枕席置小斋，一老仆作伴，喜岑寂也。一夕溽暑②，令人思褋襫③，因遣仆宿外舍，自起拂榻拭几，剪烛烹茶，视皓月一窗，不禁遐想，背灯危坐，口吟一绝云："明月此时好，美人何处来？相怜唯有影，绮户为谁开？"诗就，曼声吟咏。忽一丽人冉冉至，年约十五六，广袖长裙，乌鬓翠黛，目盈盈若秋水，裙下露莲瓣，翘翘若解结之锥，殆画中人也。邬惊询曰："卿鬼耶？"曰："否。"

"人耶？"曰："否。""然则狐耶？"笑曰："郎志在美妇，妾志在情郎，偶听高吟，知情之所钟，故冒嫌学私奔之红拂④，郎何必哓哓⑤询踪迹耶？"曰："卿有名乎？"对曰："宾奴。""有字乎？"曰："樊稚。"邬不甚了了，第握纤纤手，则柔胜于荑⑥，令人魄荡。相与谈论，慧舌生香，旁及词章，藻思耀采，邬爱且服。听玉漏丁丁⑦，墙外之柝⑧四下，促其解衣，则飞红上颊，约以明宵。野鸡四啼，仓皇遽遁。

翌果挑灯自携衾枕至，备极华丽，人世所无。遂与绸缪，而痛楚莫胜。女曰："妾身犹不雕璞也，乞郎徐徐，幸勿狂暴。"事已，视清簟落红，真犹处子。邬益怜爱，因以臂代枕，口吟一词，云："郎可怜，妾可怜，一对鸳鸯一对鹣⑨，今宵那世缘？莫流连，且流连，生怕钟鸣欲曙天，情人隔一边。"女喜曰："郎真有情也。妾虽自荐，然得此错爱，死可不憾也！"即和其词云："风谁家，月谁家，妾岂当门卖笑娃？情深念转差。香辟邪，玉辟邪，夜雨摧残一树花，郎君郑重些。"天晓，自摘耳上两金环赠邬，曰："以此作定情物，然慎勿示人，恐飞短流长，彼此不利。"自此来无虚夕。

一夜，正偎拥，忽有斑白叟破门入，面靛裂，发蓬飞，霜髯如戟，叱女曰："小妮子，太不识羞耻！"既而指邬曰："污人清白，风狂儿不当杀却耶！"邬惊怛⑩无地，以被蒙首，口噤不能言，唯齿牙震击作奇响，自被隙微窥女郎，则俯首却立，觳觫⑪可怜。正疑惧间，老人呵斥益厉。忽仆在外舍反侧⑫，匡床间声扎扎，二人遂渺。

次夜，邬扃户，眠不熟，而女已袅娜在床侧，娇羞惨淡，默无一言。邬执其手，问："昨宵老叟属卿何人？"曰："老父也。"曰："卿家大人，险将小生惊煞，然我两人之情分，岂即尽于此乎？匜月恩爱，已逾寻常，某愿为卿死，不悔也。"女嗟叹久之，始云："郎何痴也！以郎表表，何难得玉台⑬艳偶，而乃犯险阻、争异类哉？且家君素严，翌即迁他郡，妾来永辞，愿郎自爱，毋以妾为念！"邬失声大哭，女以袖中红巾拭泪，已亦泣曰："妾原图永好耳。不意怒触高堂，殃及君子。义难复聚，请以所赠赐还；非重物也，恐郎他日触目伤心耳。天如鉴怜，则镜可圆而剑可合。妾去矣，千万保重！"言已顿杳。听户外修竹风敲，如摇环佩，举簏视金环，已不知于何时携去。

然邬由此玉体羸败⑭，念念不忘玉人。有女巫阿翠，目能见狐，且知狐所在。邬因邀而问之。曰："若其好着淡黄帔⑮薄罗衫，面团团如月，一笑两颊上生微涡者耶？"曰："然。"曰："是非他，骆氏小素也。"邬始恍然悟，昔告之名字，乃暗切而不肯明言者。阿翠请生作简，愿任作寄书邮。数日来报云："小素匆促，不及裁笺，着传语奉复郎君，前实缘尽，恐径自别去，苦郎相思，故幻此形状，俾郎君心死。乘便寄丹砂一粒，可以却病痛。"邬视药，小而红，香甚，一服，疾果瘳⑯，而思女之心亦释。

懊侬氏⑰曰：情之所在，父母师保不能止，天地鬼神不能禁，山川河海不能隔。顾为情而来，情未尽，虽麾之不去；情既尽，即招之不来。且不以余情害情人，复能以幻相警痴子，是非真深于情者乎？否则，朝伐夕戕，非髓竭神枯而不已；又或洁身而退，令人魂销气结不能忘，直冤且孽矣，尚得谓之情乎？如小素者，方可与言情。

（清·宣鼎《夜雨秋灯录》卷三，据时代文艺出版社 1987 年版）

【注】

①夏五：三伏天。一说夏季五月。

②溽暑：指盛夏气候潮湿闷热（溽，音 rù，湿热）。《礼记·月令》："〔季夏之月〕土润溽暑，大雨时行。"

③褦襶：音 nài dài，神志不清，迷迷糊糊。

④红拂：据唐·杜光庭《虬髯客传》，隋末，宰相杨素有一张姓侍妾，名出尘，常手执红拂。一次，李靖谒杨素，红拂女见李气宇轩昂，遂与李私奔，赴太原辅佐李世民起兵。后因以"红拂私奔"为女子争取恋爱自由之典故。

⑤哓哓：音 xiāo xiāo，话多，唠叨。

⑥柔胜于荑：语出《诗·卫风·硕人》："手如柔荑，肤如凝脂。"荑，音 tí，茅的嫩芽。柔胜于荑，谓（女子之手）比茅的嫩芽还柔润。

⑦玉漏丁丁：漏壶滴答滴答的滴水声。玉漏：古代计时漏壶的美称。

⑧柝：音 tuò，古代巡夜人敲打报更的木梆。

⑨鹣：音 jiān。即鹣鹣，比翼鸟。

⑩怛：音 dá，畏惧，惊恐。

⑪觳觫：音 hú sù，恐惧战栗的样子。

⑫反侧：翻身，翻转身体。

⑬玉台："玉镜台"的省称。据《世说新语·假谲》，晋时温峤北征刘聪，获玉镜台一枚。从姑有女，嘱代觅婿，温有自婚意，因下玉镜台为定。后引申作婚娶聘礼的代称。

⑭羸败：此处指身体瘦弱衰败。羸，音 léi，瘦弱，衰弱。

⑮帔：音 pèi，古代妇女披在肩上的衣饰。

⑯瘳：音 chōu，病愈。

⑰懊侬氏：作者宣鼎的自称。

香妮儿

任城某夫人，为金乡世家女。偶归宁，遇一农家妇，年廿余，裙布荆钗，貌修洁，依依膝下，坚乞携之返任城，任洒扫炊爨诸事，不计佣值也。夫人允其请。归则勤厥职，得人怜。唯卓午①后，必怀两蒸饼②，贸贸焉、皇皇焉③出走于城厢内外，日下舂④始回，月余无间。夫人诧而问之，默无以应，涕涔涔。坚询之，始怆然自陈云："儿夫家颇充裕，非佣而后食者，顷随夫人来，为寻老母消息耳。"因而泣下。曰："妮子殊懵懂！妇人出嫁，非襁褓间物，岂有自家门户一转瞬而茫然者耶？北堂⑤所居，循途即得，何若是之难寻？"曰："非也。儿家本赤贫，年五龄，父病卒，母尽售茅棚长物，始购薄桐棺，携儿送葬北邙⑥。后自度万不能守，道至一处，有桥有河，河有船，岸有行旅，宛目前南关风景⑦，当日不识也。正行时，一男两女自东来，与儿母刺刺⑧言。母涕不能仰，旋解襟上五文钱，买一炊饼，置儿手。瞥眼间，母不见，滚地哀号，亦无人问。因茕茕入一城门，沿街行铺，趋就乞食。三四日，忽遇一莽男子，凝睇多时，问我踪迹，具告之。渠诡云儿戚，且云：'汝母改嫁，汝将何依？曷依我为活？'不得已，涕泣随之。行二日，达一村墅，即今金乡之乡，其家一翁、一妪、一童男，与渠语多时，渠书一纸与翁，翁以两贯钱与渠，渠去，儿遂留。翁妪即今之舅姑也，童男即今之良人也。幸舅姑爱儿若己出，年十六即配为儿妇。家务农，频年有秋⑨。唯儿背人时号恸，蓄求母之志且坚。舅姑得其情，怜而许可，始承夫人携带至此。不得母，誓不还耳！"夫人急抚其背，曰："孝女也，孝女也！向几皮相⑩子矣。然而茫茫道途，从何踪迹？别已十数年，汝母之声音笑貌尚记其仿佛耶？"曰：

"吾母齿虽迈，服虽更，而面庞固无日不嵌儿心曲。见可得其似，问可得其详，只虑求不面，不虑面不识耳。"夫人嗟赏，听其出游，且命臧获⑪代物色。

时正首夏，农功正忙，村姑老少妍媸，咸作苦于绿荫深处。女瞰钗笄⑫多处，必趋与攀话，说当日别母事。人俱爱怜，然罔知母耗，唯代为扼腕而已。一日行倦，视路口有尼庵，内外岑寂，灵帷不卷，炉篆⑬犹温，龛内肖⑭一女像，水仙也。女对之叩拜，默祷喃喃，即就蒲团憩而假寐⑮。甫交睫，突一美女子风裳月帔，环佩姗姗，自外至，呼女曰："汝寻母者耶？"曰："然。"曰："惨惨乌私⑯，思之不得。于何求之？石佛之侧。"言已，指内曰："汝母来矣。"女一回首，则美女顿杳。而己亦顿悟，乃牢牢记"石佛"二字。适优婆⑰来，问："庵有石佛否？"曰："无。"问："郊有石佛否？"曰："东去数里，良有石佛闸，祠则未闻也。"女恍然若有所悟，视庭前松影正覆槐，日尚高，急望东狂奔。少顷至闸，果有石佛古迹。然鸦奴龙媪，谁示指南？一老妪满面鸡皮皱者，神情居然似母，心急不辨真赝，遽抱而呼之曰"娘"，声泪遽进。妪大惊，自云："从未生女，谁家女子来此戏弄老身？"女颇自惭，旁观者莫不击鼓以为孟浪。忽一斑白妇瞠视良久，遽呼女曰："汝是香妮儿耶？"女破涕急应曰："儿是香妮。"曰："是香妮，当是吾女。"女悲号云："识香妮者，当是吾母。"母云："且缓，真香妮耶，其左胁小，有小瘤，如龙眼大。"女跃起自承而大呼曰："儿有瘤，儿真有瘤！"与母摸索，果不诬，乃相持痛哭。既而母又疑非是，且辍哭间，忽两少年闻声坌至⑱，曰："母何悲？"曰："汝姊来，汝姊来寻我矣。"少年错愕，盖母再醮⑲所生之两子也。后夫故家小康，因从未言当日有女，故惊骇莫比。哭已，携至家，互述遭遇，两弟叩以女兄礼,哭啼并作,邻人来观。秉烛夜阑,相对若梦,问女何以至此,以邑绅夫人对。

翌携礼物谢夫人,并以冥锱麦饭[20]寻女父葬处。至则万冢攒攒,惊禽骇兽相飞逐,一抔黄土久已模糊。日暮始痛哭而返。然而两家姻娅,则由此始通。某夫人矜其孝,嘱文人作传以传之,因循[21]未果。黄君近午为我言,故笔其梗概。又云:女初遇母时,匆促三四语,即跪进怀中蒸饼。母云:"我此时固未尝饥也。"曰:"母虽不饥,然儿之寸心固无日不愁母饥,每一闭目,即见母当日啼饥情状。"是语也,即愚人耳[22],亦当泪涟。

懊侬氏曰:香妮由弃而行乞,由乞而遭拐,而为人家妇,迢迢十数载,艰苦备尝。其心中只知有母,不知有他,卒也孺慕[23]之思酬于一旦,其某夫人之慈惠与?抑水仙神之灵感与?盖一腔至性,百折不回,早已格鬼神而达帝天矣。彼席丰履厚而不能事其亲者,须眉耶?非须眉耶?如香妮儿者,巾帼耶?非巾帼耶?

(清·宣鼎《夜雨秋灯录》卷四,时代文艺出版社1987年版)

【注】

①卓午:中午。

②蒸饼:馒头,也叫"炊饼"。

③贸贸焉、皇皇焉:无方向无目的地(贸,音móu,目眩),惶惶不安地(皇,同"惶")。

④下春:称日落之时。

⑤北堂:古指居室东房的后部,为妇女洗涤之所,也指母亲。

⑥北邙:山名。即邙山,因在洛阳之北,故名。东汉、魏、晋的王侯公卿多葬于此,故借指墓地或坟墓。

⑦风景:景况,情景。

⑧刺刺：多言貌，犹絮絮。

⑨频年有秋：连年丰收。有秋，有收成，丰年。

⑩皮相：只从外表上看；只看表面。

⑪臧获：仆役，奴婢。

⑫钗笄：钗子和簪子，都是妇女头发上的饰物。此处代指妇女。

⑬炉篆：指香炉中的烟缕。因其缭绕如篆书，故称。

⑭肖：刻画。此处指雕塑人像。

⑮假寐：谓和衣打盹。

⑯惨惨：忧闷，忧愁。乌私：即"乌鸟私情"，古人认为乌鸦反哺，因以喻孝亲之人子。

⑰优婆：梵语，指僧尼。

⑱坌至：并至；一起到来（坌，音 bèn，聚合）。

⑲再醮：再嫁；改嫁（醮，音 jiào，指女子嫁人）。

⑳冥镪：指烧给死人用的纸钱（镪，音 qiǎng，成串的钱）。麦饭：祭祀用的饭食。

㉑因循：延宕，拖延。

㉒耳：听到，听见。

㉓孺慕：对父母的孝敬。

槐相公碑

沛宁①官路之侧，植古槐一株，枝柯铁铸，绿荫团团，千年物也。明初开国大帅某驻兵于此，将剪伐作薪，树下住黄妪，老且媭②，又无子。时烽火载道，斧斤在门，妪抱树而悲，涕下成血，将士怜而止。夜梦一角巾③少年拜谢曰："感荷大德，愿为姥子，衔环结草，报有日也。"妪每抚树而悲曰："是即我之香火裔。"

金陵有药肆，主人李公，仅生娇女，名婉姑，貌淡雅，性贞静，韦布荆钗，不殊仙遇，年十七矣，待字深闺而未得良匹。忽有秀才至，操鲁音，颇倜傥，自云槐姓，从者呼为相公，殷殷具羔雁④谒，愿依宇下为悬壶⑤计。公始审相公青囊，非仅事黄卷也，允之，而医术颇神，膏肓之疾，斟酌辄愈，赘疣之碍，摩挲立除。远近无贫富无老稚贵贱，咸呼为相公，盖越人有替身也⑥。年余，获谢资千余斤，遂与公合肆而利乃倍。

相公缝纫浆洗，饮食调摄，咸赖婉姑，心德之。公偶置酒饮相公曰："君年冠矣，宜婚娶。仆有爱女，君所习见者，愿媒而赘之，老夫亦可以骸骨相托。"相公再拜曰："蒙公兰蕙下匹萧艾⑦，翁德诚厚矣哉！惭非玉润，愧侍冰清耳⑧。"邻有柏孝廉，愿为月老，遂诹吉⑨行合卺礼，由是居甥馆⑩。三载，内外无间言，伉俪亦殊得。翁遽捐馆⑪，相公以半子为嗣，缞绖⑫执杖，躄踊⑬哀恸，逾于孝子。葬事毕，遂独有其肆。明年，李生子二，锦挑对褓，玉刻双璋，其乐无极。

又九年，忽谓婉姑曰："仆，鲁之沛宁人也，几谓为此间乐，不思故山矣。家有老亲，草露风烟，行将束装归，以慰依闾望⑭。卿有子，不为寡；有家，不为贫。如三年不回，卿自适，毋轻化望夫石也。"婉姑恋恋，继之以泣曰："夫君居沛何处？如春水方生而安舻⑮不至，妾当携儿子访君耳。"曰："沛之城闉⑯南，官道左，有黄妪结草为巢者，是吾庐也。"乃匆匆话别，柳枝遽唱，萍梗遂飘，烟树迷离，神伤不已。三年，黄犬⑰之音终乖，青蛾⑱之愁愈剧，灯花夜卜，鹊语神占，彼藁砧⑲兮，竟不唱大刀环⑳也。

其时，黄妪已年逾古稀，龙钟衰朽，行将乞食，是夜忽梦前角巾少年来，稽首膝下曰："儿远游有年，翌即报母恩，幸勿交臂失。"明日，婉果携两子买舟舰二，载什物运重资，来寻夫主。走讯于沛之市上，咸云此间茂才文士向无姓槐者。倏忽间，已至妪门首，问："此间有黄阿姥否？"曰："老身是也。谁家娘子下顾蓬门？至此若何？"曰："吾夫槐相公临别时嘱云，家在姥侧，乞指南耳。"妪笑指槐树曰："此即便是尔夫。"言已，树孔中掷出衣冠靴袜，婉视衣犹有己之针线迹，盖相公已仙蜕矣。乃抱树大哭，泪几成斑，如潇湘竹云。妪又告之梦中朕兆㉑，婉收泪再拜曰："姥乃吾夫之母，即儿之姑也，顾依姑为活。"呼其子拜妪以王母㉒礼。遂解囊出万金，即于树旁购华屋，奉妪以居。二年，有客自长安来，寄一箧至，云："相公在彼处作医士，活人甚众，顷随赤松子游王屋山去，托寄回茯苓一斤，丹药一粒。"婉与妪悲且喜，始知相公尚在人间也。分服之，妪发白转黑，婉姑光泽愈妍，二子倍聪颖善读。妪寿百有二岁始殂㉓，尚亲见两假孙掇巍科，登仕版，为门闾光。二子即冒妪姓为黄，世其家。

余游东鲁，方到沛，遇芙蓉生邀游市廛，见古槐尚在，生指示曰："此槐相公也。"余流连瞻眺，见树外护以朱阑，砌㉔以碧石，有丰碑屹然立上，镌擘窠书㉕曰"槐相公"。余意此往来蛩蛩㉖者，所公睹耳。比到兖郡，与诸幕府偶话及此，曰："树既苍古，碑字亦佳。"众大诧，以为诬。坚执为有，咸非笑之。翌又履沛而诣故处，则树在而碑杳然，红阑碧石亦复乌有。回思曩迹，如在梦中。或云：相公有灵，将索子椽笔，始示此幻相与？是耶？非耶？

懊侬氏曰：霜柯铁干，无情物也，乃沛上依黄，则申乌养，白门㉗婿李，获订鸾俦，固不待抛角巾寄丹药，而已知其为情种矣。迹虽近妖，然得情之正，故河山更易，而岿然独存，卒能享上寿，获令名，固也，何其幻哉？

（清·宣鼎《夜雨秋灯续录》卷一，时代文艺出版社1987年版）

【注】

①沛宁：即济宁。沛，同"济"。古水名，四渎之一。

②嫠：音lí，丧夫，寡居。

③角巾：方巾，有棱角的头巾。为古代隐士冠饰。

④羔雁：小羊和大雁，用作晋谒拜见的礼物。

⑤悬壶：谓行医卖药。语出《后汉书·方术列传下》："费长房者，汝南人也，曾为市掾。市中有老翁卖药，悬一壶于肆头，及市罢，辄跳入壶中。市人莫之见，唯长房于楼上睹之，异焉，因往再拜……遂能医疗众病。"

⑥越人有替身也：谓扁鹊后继有人了。此乃称赞相公的话。越人：战国时名医扁鹊姓秦名越人。

⑦"蒙公"句：承蒙老爹将爱女匹配给在下。兰蕙：兰和蕙，皆香草，多喻指贤者，此指婉姑。萧艾：艾蒿，臭草，常比喻品质不好的人，此处自指。

⑧"惭非"句：意为作为您的女婿很感惭愧，生恐侍奉不好岳父大人。语出《晋书·卫玠传》："[卫玠]总角乘羊车入市，见者皆以为玉人……玠妻父乐广，有海内重名，议者以为'妇公冰清，女婿玉润'。"后因以"玉润""冰清"作女婿、岳父的美称。

⑨诹吉：选择吉日（诹，音zōu，咨询，商议）。

⑩甥馆：指赘婿的住处或女婿家。语出《孟子·万章下》："舜尚见帝。帝馆甥于贰室。"赵岐注："贰室，副宫也……《礼》谓妻父曰外舅，谓我舅者，吾谓之甥。尧以女妻舜，故谓舜甥。"

⑪捐馆：亦作"捐馆舍"。抛弃馆舍，死亡的婉辞。

⑫缞绖：音 cuī dié，此处指服丧服。缞，丧服，用麻布条披于胸前；绖，服丧时扎在头上或缠在腰间的麻带。

⑬躄踊：捶胸顿足。形容哀痛的样子。躄，同"擗"，音 bì，捶胸。

⑭依闾望：即依闾望归之人，指家中老母。

⑮舻：音 lú，指船。

⑯闉：音 yīn，城门外的瓮城。

⑰黄犬：指晋陆机的黄耳犬。据晋祖冲之《述异记》，陆机有犬曰黄耳，曾为自己长途传递书信。后遂以"黄犬"为信使的代称。

⑱青蛾：青黛画的眉毛，美人的眉毛。借指美人。

⑲薰砧：古代处死刑，罪人席薰（禾秆）伏于砧上，用铁（音 fū，铡刀）斩之。"铁"谐音"夫"，后因以"薰砧"为妇女称丈夫的隐语。

⑳大刀环：据《汉书·李陵传》，汉武帝时李陵败降匈奴，昭帝即位，遣陵故人任立政等三人至匈奴招陵。单于置酒赐汉使者，"立政等见陵，未得私语，即目视陵，而数数自循其刀环，握其足，阴谕之，言可还归汉也"。后即以"大刀环"作为"还"字的隐语。

㉑朕兆：征兆，预兆（朕，预兆，迹象）。

㉒王母：祖母。

㉓殂：音 cú，死。

㉔甃：音 zhòu，砌垒砖石。

㉕擘窠：写字、篆刻时为求字体大小匀整，以横直界线划分方格，谓之"擘窠"（擘，音 bò，划分；窠，框格）。擘窠书：亦称

"擘窠字"，指大字。

㉖蚩蚩：纷扰的样子。

㉗白门：南京市的别名。六朝皆都建康（今南京市），其正南门为宣阳门，俗称白门，故名。

王母阁

沛水之隈①，长湖之曲，半村半郭，风景绝佳。有高阁枕清流，中祀王母像，风裳月佩，品质幽妍，不作虎齿戴胜恶状②。旁列侍者如许飞琼、王子登、魏寒簧③之流，亦极姣好。游沛上者，咸登眺，助吟咏也。水鼠之年④，湖边渔人夜起撒网，见有一蓬发男子执竿挂笼灯前驱，一戴花妇人持叉中行，一白须老人曳杖随之行。且行且呼曰："一人两只眼。"行入阁下杳矣。

邑有李氏，富室也。楼阁百椽，多旷而扃钥⑤。太夫人次夕正礼佛，跏趺⑥学观音坐禅，突一老夫人掀幕至其室，向之敛衽曰："寒家眷属颇夥，侨沛有年，旧居将遭祝融⑦，闻瀛第⑧多闲室，愿假十二小红楼，权为寄顿，乞母也怜察。"太夫人视妇顾⑨而长，鬈发如银，绿纱韬⑩髻，锦裙绣袄，举止大家，唯裙下莲钩如男足，尺一朱履，风味灼然⑪。曰："夫人下降，非比皋家庑可草草赁春者，乞缓须臾，遣仆洒扫，再迓莲舆⑫。"妇又下拜曰："但乞请季允，即孟迁矣，事等燃眉，如何可缓？"已而哀祈不已。太夫人笑，颔以首曰："可耳。"妇即飘然不见。正惊讶间，听门外钲⑬声铛鞳，人声鼎沸，老妪来报：王母阁火起，成煨烬矣。遣视园中，则燕语莺声，嘈嘈然若举室而来者。楼窗自开，依稀挂秀帏，焚香篆，沸茶铛，弹烛焰，灵迹颇多，然罕与人见。唯老妪鬼目，时至其家，藉通款曲，云仙人帏薄颇修⑭，起居亦富。其家大姑名雨中花，闺秀也，貌艳丽，性贞静，善读工吟。一日视绣帏畔有一叶小碧笺，玉台新咏，墨汁犹鲜，袖出示人，盖有怀故居也。句云：

> 高阁枕湖湄，朝朝暮暮云。
>
> 魂销青鸟使，气接紫虹文。
>
> 雷雨地中出，笙歌上界闻。
>
> 至今余断础，脂粉迹犹存。

噫，仙人当流离琐尾之时，犹知地有主者，必告而后迁，唯仓卒，始从容尚礼极矣。宜其家有女学士哉！何世之人安富尊荣，动以豪夺、阴窃为计。《诗》云："维鹊有巢，维鸠居之。"可怜拙鸟，不若灵狐，令我掷笔三叹。

（清·宣鼎《夜雨秋灯续录》卷三，时代文艺出版社 1987 年版）

【注】

①隈：音 wēi，山水弯曲隐蔽处。

②"不作"句：意为阁中的王母像没有传说中的"虎齿戴胜"那副凶恶形状。按《山海经·西山经》云："西王母其状如人，豹尾虎齿而善啸，蓬发戴胜。"戴胜，即戴玉琢之华胜，为古神话人物西王母的服饰。

③许飞琼、王子登、魏寒簧：许飞琼、王子登为西王母侍者，均有传说，唯魏寒簧不见记载，但明末清初作家尤侗所撰传奇《钧天乐》中，女主角为魏寒簧。

④水鼠之年：即鼠年。壬子年为水鼠。

⑤扃钥：门户紧锁着（扃，音 jiōng，门闩；钥，锁）。

⑥跏趺：音 jiā fū，"结跏趺坐"的略称。佛教徒坐禅法，即交叠左右足背于左右股上而坐。亦泛指静坐，端坐。

⑦祝融：神名。帝喾时的火官，后尊为火神。亦代称火或火灾。

⑧瀛第：指水旁的房舍。

⑨颀：音 qí，修长的样子。

⑩韬：音 tāo，包扎，敛束。

⑪凤咮灼然：显然像凤鸟的嘴。咮，音 zhòu，禽鸟嘴。灼然，明显的样子。

⑫再迓莲舆：然后欢迎您光降。迓，迎。莲舆：喻指女子的脚。

⑬钲：古代乐器。

⑭帷薄颇修：意为家门作风正派。本有"帷薄不修"一语，意为家门淫乱，此处反其意而用之。帷薄，帷幕和帘子，借指内室。

马头生角

滕人张小八，其父能以木削胡饼短杖，极滑腻，饼师争购之。小八初入塾，颇识之无①。继习其业，而嗜博殊甚，父鞭挞而逐之。走任城，从剃发匠乞食，遂授以业，久之，操寸许短刀薄如纸者，得师传。时有嘉祥农人王老，客游登州，爱海边文石莹润，光彩陆离，潮退，择其有文理者，累累置腰缠中，拟归而清玩。道出任城，憩路旁店，索剃发。适师也他去，小八守门，盥栉既毕，殷勤按摩，私摸腰下橐，觉有物沉重，疑为朱提②。拟以薄刃毕其命，河畔行人夥，恐难逃，心志之。王老与以资，诡不肯，曰："一举手之劳耳，何足值！"因固辞，王颇以为德，揖谢而去。小八见其西行，潜尾之。须臾夕阳落，王正恐有伏莽③，突见小八，曰："君何至此？"曰："仆有戚在嘉祥，往投之。顷与长者遇，可偕行也。"王大欣喜。甫转深林，小八突自后腾右足蓦击其背，王倒，正欲狂呼，而薄刃已在颈上，喉断，血喷出。急解腰际，睨之，大惊悔，盖零星块垒皆石也。知误杀，不敢遄④回，急委石路边溪水中，拾树叶溅血⑤，袒王臂，书之曰："你也错，我也错，我往江南卖踢囊。若要此案破，除非马头生了角。"仓皇东走，旋南窜。

王见杀后，其子银儿闻邻人自任城归，述路见王老尸。奔视之，良确，痛哭，鸣于宰。宰验而后殓，实无处觅杀人贼。玩其所书，亦不知"踢囊"为何物。越三载，银儿控大府⑥，而案终悬。会豸宪⑦某谒曲阜，银儿又拦马跪控，声情激越，宪勒限捕贼。又年余，乃削宰职，更庖代者。于是捕人四出，怀牒唱莲花⑧，觅食走通都肆，搜寻矣。唱云：

踢囊复踢囊，劝君为善莫为恶。祥云拥护好人安，凶曜来时险奴缚。碧翁赏瘅岂无权，善恶到头终有着。时未到兮可奈何，哩哩莲花莲花落。

踢囊复踢囊，主人日日开东阁。羊肉千斤酒万樽，裙屐冠簪来赴约。酒杯在手易肺肝，酒杯去手颜面薄。不及吾侪走郊郭，今日相逢今日酌。

他时车笠再逢君，殷勤为解千斤囊。箜篌不复弹，胡笳不再拍，男儿重义气，生死情方确。萍花萍花随风泊，哩哩莲花莲花落。

且唱且乞，走三千里，终不能得其耗。曰："我辈归休，拚受老公杖，免作他乡鬼也。"

厥后任城新贵冯姓者，甫莅任，见案牍广置，如束牛腰⑨，检阅至王老事，玩其辞，怜之，祷于邑神庙，夜梦一人授以饼杖。推枕而起，私招捕人入内寝，讯云："若辈曾至江南乎？"捕人跪，应之曰："小人辈固已北走燕，南走越，晋豫之郊亦尝履其壤，惜盗无主名，如大海捞针耳。"曰："第往江南求之。"因耳语，授神机。

捕人敬诺，明日裹糇⑩之梁溪⑪界。入一大村堡，会里人报赛⑫，捕伪作货药者，摇双铃，鼓唇舌，观者如堵墙。适一卖饼杖者亦杂傅人⑬中，看排场⑭。捕见其面有凶纹，紫黑入卧蚕下，蓦击其背云："伧⑮来江南卖踢槖者乎？"其人色遽变，将逸，捕骤步揪其辫发，略声张，伙伴纷至，擒询之，乃张小八。盖当日逃至此，弃匠传，习父业，已娶妇生子矣。问任城宰何姓，曰："冯令君。"嘿⑯曰："此即马头生角者耶。"捕以牒呈梁溪令，置小八木笼中，械之归。至公庭，不假敲拍，历历述王老事无隐，涸溪水求之，石尚在。翌日，斩小八于市。银儿以石归，殉父葬。

懊侬氏曰：王老臂上字，读之颇似古歌谣，牧竖子何有此伎俩？当是神书也。三鼓升堂，如同木偶，首隶鹄立⑰，无不舞文，即不贪婪而木毅痴蠢，已足贻误苍生，安得处处皆得此冯令君耶？噫！七品官岂是等闲三尺法⑱，何可轻假⑲？

（清·宣鼎《夜雨秋灯续录》卷五，时代文艺出版社 1987 年版）

【注】

①之无："之"字和"无"字，借指简单易识之字。

②朱提：山名。在今云南省昭通县境，盛产白银，世称朱提银（朱，音 shú）。亦用作银的代称。

③伏莽：指潜伏的军士或寇盗。语出《易·同人》："九三，伏戎于莽。"莽，丛生的草木。

④遄：音 chuán，疾速，立即。

⑤湔血：蘸血。

⑥大府：泛指上级官府。此处当指兖州府。

⑦豸：指獬豸冠。獬豸（豸，音 zhì），古代传说中的神兽，一

角，能辨曲直，因此古时法官戴的帽子称獬豸冠。豸宪：即监察御史，古时称御史为宪台。

⑧莲花：指莲花落，一种民间说唱曲艺。

⑨牛腰：牛的腰部。比喻文卷数量之大。唐李白《醉后赠王历阳》诗："书秃千兔毫，诗裁两牛腰。"王琦注："言其卷大如牛腰也。"

⑩裹糇：携带干粮（糇，音 hóu，干粮）。

⑪梁溪：江苏无锡的古称，今无锡市有梁溪区。

⑫报赛：古时农事完毕后举行谢神的祭祀，也泛指谢神。

⑬俦人：众人（俦，音 chóu）。

⑭排场：表演。

⑮伧：音 cāng，古时南人对北人或南渡北人的蔑称。

⑯嚄：音 huò，表示惊愕的样子。

⑰鹄立：像鹄（音 hú，天鹅）一样引颈而立。形容直立。

⑱三尺法：指法律。古代以三尺竹简书写法律，故称。

⑲轻假：宽恕；宽容。

陆朗夫镇静有方略

吴江陆朗夫中丞①官运河道时，寿张逆匪啸聚，距济宁州才二百里。良民生长太平，猝惊骇，公严禁诸官所，毋或②远行，滋民疑。乡人争入城，虑良奸莫辨，议闭门。公曰："贼未至，何示怯耶？且忍拒吾民，使散逸被贼害或胁诱耶？"洞开重闉③，身坐其间，稽察容纳，民心以安。未几，而天兵歼贼。人皆重公镇静有方略，预识为封疆大器云。

（清·陈康祺《郎潜纪闻二笔》卷十一）

【注】

①陆朗夫中丞：陆耀（1723—1785），江苏吴江人，字朗夫。乾隆十九年（1754）中会试明通榜，授内阁中书。历户部郎中、登州知府、山东运河道、布政使，官至湖南巡抚。

②毋或：不可。

③阇：音 yīn，瓮城的门。

名画

康熙朝刻《耕织图》，系焦秉贞①画；《万寿盛典》，冷枚②画。秉贞，济宁人，钦天监五官正。冷枚，胶州人。

（清·陈康祺《郎潜纪闻二笔》卷十二）

【注】

①焦秉贞：字尔正，山东济宁人，康熙时官钦天监五官正，宫廷画家。绘有《仕女图》《耕织图》等。

②冷枚：字吉臣，号金门画史，山东胶州人。清代宫廷画家，系焦秉贞弟子。

张清恪申辩擅动仓谷

张清恪公①初官济宁道，值岁荒，倾家财运谷以振②并载钱及棉衣数船，分给冻馁者。俄有旨振济，公奉檄振汶上、阳谷等县，以擅动仓谷数万石，将挂弹章③。公上书申辩，其略曰："振济奉恩旨，非擅动也；动仓谷以广皇仁，非邀誉也；饥民户口皆可考，非肥己也。使上有特恩，坐视各州县之流离死亡而不救，官有余粟，野有饿莩，本道之罪，其可逭④乎？汉汲黯过河内，以便宜⑤发粟，武帝释之；今已擅动仓谷，题参理应顺受。第恐将来山东各官，皆以为戒，视仓谷重、民命轻，害不可言矣。"事得寝⑥。此亦遭逢圣明，得行其志也。今晋豫奇荒，二省官吏，岂无一二志清恪之志者，其能毅然为清恪之所为否邪？

（清·陈康祺《郎潜纪闻三笔》卷十二）

【注】

①张清恪公：张伯行（1651—1725），字孝先，号恕斋，晚号敬庵，河南仪封（今河南兰考）人。清康熙二十四年（1685）进士，累官至礼部尚书。为官清廉刚直，学宗程朱理学。卒谥清恪。

②振：救济，赈济。后多写作"赈"。

③挂弹章：谓因触犯法令而遭弹劾。挂，触犯。弹章，弹劾官吏的奏章。

④逭，音 huàn，逃避，免除。

⑤便宜：谓斟酌事宜，不拘陈规，自行决断处理（便，音 biàn）。

⑥寝：止息，废置。

玉堂酱园

吾乡丰厚之家，近年多半凋零。先是济宁州孙文定公①家，仕宦相继，田亩连阡，开设玉堂酱园，酱菹②及酒，驰名遐方。予在济宁时，吾师莱山先生③丁母忧忧居，时偕友登城上太白楼宴饮，饮量甚豪，无能敌者。至腹不能容，以指探喉，出而哇之，入座再饮。玉堂所蓄之百斤五十分大坛绍酒，多有过十年者，浓厚如胶，甘润香洌。吾师服阕④后，以船由运河载至京。每食席前方丈⑤，饮酒数大觥。年老湿气下注，两腿作疼。时直枢密，幸赐有坐舆，可至景运门。及下舆，至直房，二三十弓之地，步履已觉艰难。日日延医针治。数年后，两腿针孔密如撒粟。夜不能卧床，躺于大洋椅之上，腿垂于下，方得交睫。花甲甫周，即告逝。有二子，仲子蚤死无后，长子仕京数年亦故，无后。闻玉堂一肆，业经易主，孤寡度日，不免为强奴侵蚀也。

（清·陈恒庆《谏书稀庵笔记》）

【注】

①孙文定公：孙瑞珍，道光三年（1823）进士，由翰林官至户部尚书，谥文定。其父孙玉庭（字佳树，号寄圃）、其子孙毓汶、侄孙毓浩、孙孙楫等也皆为进士，祖孙三代官至一品，富甲一方。济宁玉堂酱园自嘉庆九年（1804）起为其家族所经营，并将其产品进贡入官。

②菹：音 zū，腌菜。

③莱山先生：孙毓汶（1834—1899），字莱山（一作来杉），山东济宁人，尚书瑞珍子。清咸丰六年（1856）进士，授编修，历任工部左侍郎、刑部左侍郎、刑部尚书、兵部尚书等职。死后谥文恪。

④服阕：守丧期满除服（阕，终了）。

⑤方丈：指方丈之食。极言肴馔之丰盛。语出《孟子·尽心下》："食前方丈，侍妾数百人，我得志弗为也。"赵岐注："极五味之馔食，列于前，方一丈。"

郑炳炜行商讲信义

郑炳炜，字焕然，性廉介。设药肆于济上，每拣药辄弃其伪。尝买舟自江南归，与一鬻姜者同行数日，客忽病，苍黄①为觅医药。客自知不起，以货簿付炳炜，曰："吾货颇不赀②，今以付君，为吾置棺衾，归骨故里足矣。"方骇辞，而客已瞑。收簿，为之敛③，暂厝江干④。运姜归济上，值昂，得息数倍。挈赀⑤载枢，往江南询得其家，叩门，有少妇偕幼子出。语之故，泣谢不能起。畀以簿与赀，坚不受，曰："君诚长者，然未亡人携三尺藐孤⑥，骤拥千金，祇⑦益祸耳。且君挈此去，此子成立，再拜君赐可也。"不得已，以赀还。逾五年，获息又倍原赀，亲往悉付客家。其妻弱子益感泣，仅受其半，而以其半付炳炜。坚辞不能却，乃取其息之一以归。此康熙间事，济上人犹有能言之者。

（清·周元英《滋阳县乡土志》卷一）

【注】

①苍黄：匆促，慌张。

②不赀：不可估量；不可计数（赀，音 zī，估量，计算）。

③敛：同"殓"。给死者穿衣，入棺。

④暂厝江干：临时将灵枢安置在江岸上（厝，音 cuò，停枢待葬）。

⑤赀：同"资"。货物，钱财。

⑥藐孤：幼弱的孤儿。

⑦祇：音 zhǐ，正，恰。《史记·项羽本纪》："虽杀之无益，祇益祸耳！"

济上旧闻辑注

兖州（滋阳）卷

鲁义姑姊

鲁义姑姊者，鲁野之妇人也①。齐攻鲁至郊，望见一妇人，抱一儿、携一儿而行；军且及之，弃其所抱、抱其所携而走于山。儿随而啼，妇人遂行不顾。齐将问儿曰："走者尔母耶?"曰："是也。""母所抱者谁也?"曰："不知也。"齐将乃追之，军士引弓将射之，曰："止。不止，吾将射尔。"妇人乃还。齐将问："所抱者谁也? 所弃者谁也?"对曰："所抱者妾兄之子也，所弃者妾之子也。见军之至，力不能两护，故弃妾之子。"齐将曰："子之于母，其亲爱也，痛甚于心。今释之，而反抱兄之子，何也?"妇人曰："己之子，私爱也；兄之子，公义也。夫背公义而向私爱，亡兄子而存妾子，幸而得幸，则鲁君不吾畜，大夫不吾养，庶民国人不吾与也。夫如是，则胁肩无所容，而累足无所履②也。子虽痛乎，独谓义何? 故忍弃子而行义，不能无义而视鲁国。"于是齐将按兵而止，使人言于齐君曰："鲁未可伐也。乃至于境，山泽之妇人耳，犹知持节行义，不以私害公，而况于朝臣士大夫乎! 请还。"齐君许之。鲁君闻之，赐妇人束帛百端，号曰"义姑姊"。公正诚信，果于行义。夫义，其大哉! 虽在匹妇，国犹赖之，况以礼义治国乎! 诗云："有觉德行，四国顺之。"此之谓也。

颂曰：齐君攻鲁，义姑有节，见军走山，弃子抱侄，齐将问之，贤其推理，一妇为义，齐兵遂止。

（汉·刘向《列女传》卷五）

【注】

①"鲁义姑姊"句：传说鲁义姑为兖州北乡人，白家店古有庙祀之。清周元英《滋阳县乡土志》卷四："鲁义姑祠，在白家店，

今半倾圮。"

②"胁肩无所容"句：意为无容身立足之地。胁肩：耸起肩膀。累足：犹重足，两足相叠。

有神出河东

袁本初①时，有神出河东，号度索君，人共立庙。兖州苏氏母病，往祷，见一人着白布，单衣高冠，冠似鱼头，谓度索君曰："昔临庐山下，共食白李，未久已三千年。日月易得，使人怅然！"去后，度索君曰："此南海君也。"

（三国魏·曹丕《列异传》）

【注】

①袁本初：袁绍（？—202），字本初，汝南汝阳（今河南省商水县）人。汉末群雄之一，统一河北，势力达到顶点。在官渡之战中大败于曹操。

鸡作人语

晋兖州刺史沛国宋处宗，尝买得一长鸣鸡，爱养甚至，恒笼置窗间。鸡遂作人语，与处宗谈论，极有言致①，终日不辍。处宗由此玄言大进。

（南朝宋·刘敬叔《异苑》卷三，亦见刘义庆《幽明录》与欧阳询、令狐德棻《艺文类聚》卷九一）

【注】

①言致：言语的情趣。

董慎

隋大业元年，兖州佐史董慎，性公直，明法理。自都督以下，用法有不直，必起犯颜而谏之，虽加削责亦不惧，必俟刑正而后退。尝因事暇偶归家，出州门，逢一黄衣使者曰："太山府君①呼君为录事，知之乎？"因出怀中牒②示慎，牒曰："董慎名称茂实③，案牒精练，将分疑狱，必俟良能，权差知右曹录事者。"印处分明，及后署曰"倨"。慎谓使者曰："府君呼我，岂有不行，然不识府君名谓何？"使者曰："录事勿言，到府即知矣。"因持大布囊，内④慎于中，负之趋，出兖州郭。致囊于路左，汲水为泥，封慎两目。

慎目既无所睹，都不知经过远近，忽闻大唱曰："范慎追董慎到。"使者曰："诺。"趋入。府君曰："所追录事，今复何在？"使者曰："冥司幽秘，恐或漏泄，向请左曹匿影布囊盛之。"府君大笑曰："使一范慎追一董慎，取左曹布囊盛一右曹录事，可谓能防慎矣。"便令写⑤出，抉去目泥，便赐青缣衣、鱼须笏、豹皮靴，文甚斑驳。邀登副阶，命左右取榻令坐，曰："藉⑥君公正，故有是请。今有闽州司马令狐寔等六人，置无间狱⑦。承天曹符，以寔是太元夫人三等亲，准令递减三等。昨罪人程翥一百二十人引例，喧讼纷纭，不可止遏。已具名申天曹。天曹以为罚疑唯轻，亦令量减二等。余恐后人引例多矣，君谓宜如何？"慎曰："夫水照妍蚩⑧而人不怒者，以其至清无情，况于天地刑法，岂宜恩贷奸慝⑨。然慎一胥吏尔，素无文字，虽知不可，终语无条贯。当州府秀才张审通，辞彩隽拔，足得备君管记。"府君令帖召之。

俄顷审通至，曰："此易耳，当为判以状申。"府君曰："君善为我辞。"即补左曹录事，仍赐衣服如董慎，各给一玄狐，每出即乘之。审通判曰："天本无私，法宜画一，苟从恩贷，是恣奸行。令狐寔前命减刑，已同私请；程翥后申簿诉，且异罪疑。倘开递减之科，实失公家之论。请依前付无间狱，仍录状申天曹者。"即有黄衫人持状而往。少顷，复持天符曰："所申文状，多起异端。奉主之宜，但合遵守。《周礼》八议，一曰议亲，又《元化匮》中《释冲符》，亦曰无不亲。是则典章昭然，有何不可！岂可使太元功德，不能庇三等之亲！仍敢愆违⑩，须有惩谪。府君可罚不衣紫六十甲子，余依前处分者。"府君大怒审通曰："君为判辞，使我受谴。"即命左右取方寸肉，塞却一耳，遂无闻。审通诉曰："乞更为判申，不允，则甘罪再罚。"府君曰："君为我去罪，即更与君一耳。"审通又判曰："天大地大，本以无亲；若使奉主，何由得一？苟欲因情变法，实将生伪丧真。太古以前，人犹至朴，中古之降，方闻各亲。岂可使太古育物之心，生仲尼观蜡之叹⑪。无不亲，是非公也，何必引之。请宽逆耳之辜⑫，敢荐沃心⑬之药。庶其阅实，用得平均。令狐寔等乞请依正法。仍录状申天曹者。"黄衣人又持往，须臾又有天符来曰："再省所申，甚为允当。府君可加六天副正使，令狐寔、程翥等并正法处置者。"府君悦，即谓审通曰："非君不可以正此狱。"因命左右割下耳中肉，令一小儿擘⑭之为一耳，安于审通额上，曰："塞君一耳，与君三耳，何如？"又谓慎曰："甚赖君荐贤以成我美，然不可久留君，当加寿一周年相报耳。君兼本寿，得二十一年矣。"即促送归家。

使者复以泥封二人，布囊各送至宅。欻如⑮写出，而顾问妻子。妻子云："君亡精魂已十余日矣。"慎自此果二十一年而卒。审通数日额角痒，遂踊出一耳，通前三耳，而踊出者尤聪。时人笑曰：

"天有九头鸟，地有三耳秀才。"亦呼为鸡冠秀才者。慎初见府君称"邻"，后方知"倨"乃邻家也。

（唐·牛僧孺《玄怪录》卷二，亦见《太平广记》卷二九六，文字稍异）

【注】

①府君：对郡相、太守的尊称。亦为对神的敬称。

②牒：文牒，凭证。

③茂实：盛美的德业。

④内："纳"的古字。使进入，放入。

⑤写：移置，移放。

⑥藉：连词，因，因为。

⑦无间狱：即无间地狱，为佛教传说中八大地狱中最下、最苦之处（无间，意为痛苦无有间断）。

⑧妍蚩：美好和丑恶。

⑨恩贷奸慝：恩惠施与奸恶之人（贷，施与，给予；慝，音 tè，邪恶）。

⑩愆违：违背，违失（愆，音 qiān，罪过，过失）。

⑪仲尼观蜡之叹：谓孔子参加完鲁国蜡祭之后在官观上慨叹自己未曾赶得上夏商周三代英明君主。事见《礼记·礼运》："昔者仲尼与于蜡宾，事毕，出游于观之上，喟然而叹……曰：'大道之行也，与三代之英，丘未之逮也，而有志焉。'"亦省作"叹蜡"，指感慨时间流逝，理想不能实现。蜡，音 zhà，蜡祭在古代为年终大祭。

⑫宽：宽恕。辜：罪过。

⑬沃心：谓使内心受启发（沃，浇，灌）。多指以治国之道开导帝王。

⑭擘：音 bāi，分开，剖开。

⑮欻如：轻轻地（欻，音 xū，轻举的样子）。

榆荚化为金钱

卢县①东有金榆山，昔朗法师②令弟子至此采榆荚，诣③瑕丘市易，皆化为金钱。

（唐·段成式《酉阳杂俎》卷三）

【注】

①卢县：古县名，治地在今济南市长清区西南。

②朗法师：竺僧朗，《高僧传》卷五有传。是东晋时期北方最有名的高僧。

③诣：到，前往。

郑神佐女（一）

大中五年，兖州瑕丘县人郑神佐女，年二十四，先许适骁雄牙官李玄庆。神佐亦为官健，戍庆州①，时党项②叛，神佐战死。其母先亡，无子。女以父战殁边城，无由得还，乃剪发坏形，自往庆州，护父丧还。至瑕丘县进贤乡马青村，与母合葬。便庐于坟所，手植松桧，誓不适人。节度使萧俶以状奏之，曰："伏以闾里之中罕知礼教，女子之性，尤昧义方③。郑氏女痛结穷泉，哀深陟岵④，投身沙碛⑤，归父遗骸。远自边陲，得还闾里。感蓼莪⑥以积恨，守丘墓以誓心。克彰孝理之仁，足励贞方之节。"诏旌表门闾。

赞曰："政教隆平，男忠女贞。礼以自防，义不苟生。彤管有炜，兰闺振声。关雎合雅，始号文明。"

（《旧唐书》卷一四三"列女传"）

【注】

①庆州：今甘肃省庆阳市有庆州区。

②党项：我国古代北方少数民族之一，属西羌族的一支，北宋时曾在我国西北一带建立大夏国（俗称西夏）。

③义方：行事应该遵守的规范和道理。

④陟岵：《诗·魏风·陟岵》："陟彼岵兮，瞻望父兮。"后因以"陟岵"为思念父亲之典。陟，音 zhì，由低处向高处走；岵，音 hù，山多草木。

⑤沙碛：沙漠（碛，音 qì）。

⑥蓼莪：音 liǎo é，本为植物名。《诗·小雅》用作篇名。此诗表达了子女追慕双亲抚养之德的情思。后因以"蓼莪"指对亡亲的悼念。

郑神佐女（二）

唐大中年，兖州奏："先差赴庆州行营押官郑神佐阵没①，其室女②年二十四，先亡父未行营已前，许嫁右骁雄军健李玄庆，未受财礼。阿郑知父神佐阵没，遂与李玄庆休亲，截发，往庆州北怀安镇收亡父遗骸，到兖州瑕丘县进贤乡，与亡母合葬讫，便于茔内筑庐。"识者曰：女子适边，取父遗骸合葬。烈而且孝，诚可嘉也。庐墓习于近俗，国不能禁，非也。广引《礼经》而证之。

（宋·孙光宪《北梦琐言》卷一）

【注】

①阵没：阵亡。

②室女：未出嫁的女子。

兖州军将

乾符①中，兖州节度使崔尚书法令严峻，尝有一军校衙参不到，崔大怒，令就衙门处斩。其军将就戮后，颜色不变，众咸惧之。是夜三更归家，妻子惊骇，谓是鬼物。军将曰："初遭斩决时，一如醉睡，无诸痛苦；中夜，觉身倒街中，因尔还家。"妻子罔知其由。明旦入谢，崔惊曰："尔有何幻术能致？"参将曰："素无幻术，自少读《金刚经》，日三遍。昨日诵经，所以过期②。"崔问记得斩时③否，云："初领到戟门外，便如沉醉，都不记斩时。"崔又问所读经何在，云："在家，锁函子④内。"及取到，锁如故。毁锁，见经已为两断。崔大惊自悔，慰安军将，仍赐衣一袭，命写《金刚经》一百卷供养⑤。今兖州延寿寺门外，盖将军衙门，就法并斩断经之像，至今尚存。

（《太平广记》卷一零八，出《报应记》）

【注】

①乾符：唐僖宗李儇（xuān）的年号（874—879）。

②过期：逾期。此处指耽误了衙参点卯的时间。

③时：情势，情景。

④函子：匣子，盒子。

⑤供养：供奉，佛教称以香花、明灯、饮食等资养佛、法、僧三宝为"供养"。

龙兴寺之白衣叟

兖州龙兴寺西南廊第一院有经藏。有法宝大师者，常于灵神佛堂前见一白衣叟。如此者数日，怪而诘之。叟曰："余非人，乃杨书记宅之土地。"僧曰："何为至此？"叟曰："彼公愎戾①，兴造不辍，致其无容身之处。"僧曰："何不祸之？"答曰："彼福寿未衰，无奈之何。"言毕不见。后数年，朱瑾②弃城而遁，军乱。一家皆遇害。杨名瑊，累举不第，为朱瑾书记。

（《太平广记》卷三五四"杨瑊"，出五代王仁裕《玉堂闲话》）

【注】

①愎戾：执拗乖僻（愎，任性；戾，乖张）。

②朱瑾：晚唐时泰宁军节度使，驻兖州瑕丘。

孙明复妻李相国女

孙明复①先生，退居太山之阳，枯槁憔悴，鬓发皓白，著《春秋尊王发微》十五篇，为春秋学者未有过之者也。故相李文定公②守兖，就见之，叹曰："先生年五十，一室独居，谁侍左右？不幸风雨饮食生疾，奈何？吾弟之女贤，可以奉箕帚。"先生固辞。文定曰："吾女不妻先生，不过为一小官人妻。先生德高天下，幸婿李氏，荣贵莫大于此。"先生曰："宰相女，不以妻公侯贵戚，而因以嫁山谷衰老藜藿之人。相国之贤，古无有也。不可不成相国之贤。"遂妻之。其女亦甘淡薄，尽妇道。士大夫莫不贤之。

（宋·王辟之《渑水燕谈录》）

【注】

①孙明复：孙复（992—1057），字明复，晋州平阳（今山西临汾）人，北宋初学者。曾隐居泰山之南并讲学授徒近二十年，人称"泰山先生"。以继承儒家道统自居，开宋代以义理解经的风气。

②李文定公：李迪（971—1047），字复古，河北赞皇人，后迁濮州（今山东鄄城）。北宋大臣，曾两度官至宰相。谥文定。

兖州石

兖州出石如褐色，谓之栗玉。有巉岩峰峦势，无穿眼。其质甚坚润，扣之有声。堪为器，颇费镌砻[1]，土人贵重之。与北房所产栗玉颇相类，但见峰峦一律耳。

（宋·杜绾《云林石谱》）

【注】

①镌砻：雕琢磨砺（砻，音 lóng）。

储光羲

光羲，兖州人，开元十四年严迪榜进士，有诏中书试文章，尝为监察御史。值安禄山陷长安，辄受伪署。贼平后，自归，贬死岭南。工诗，格高调逸，趣远情深，削尽常言，挟风雅之道，养浩然之气。览者犹聆《韶濩》[1]音，先洗桑濮[2]耳，庶几乎赏音也。有集七十卷，《正论》十五卷，《九经分义疏》二十卷，并传。

（元·辛文房《唐才子传》卷一）

【注】

①《韶濩》：韶，虞舜时乐名；濩，同"护"，音 hù，商汤时乐名。后亦以《韶濩》指庙堂、宫廷之乐，或泛指雅正的古乐。

②桑濮："桑间濮上"的省辞。《礼记·乐记》："桑间濮上之音，亡国之音也。其政散，其民流，诬上行私而不可止也。"郑玄注："濮水之上，地有桑间者，亡国之音于此之水出也。昔殷纣使师延作靡靡之乐，已而自沉于濮水，后师涓过焉，夜闻而写之，为晋平公鼓之。"后因以"桑间濮上"指淫靡之音。

鲁府二事

鲁荒王，太祖第十子，生一岁而王①，王二十年而卒。以卒之岁生一子，曰"靖王"，有贤名，在位六十四年，寿七十九。嘉靖末，郡王见在十余位，将军以下至中尉及未名者四百余位，王女亦数百人，此一奇也。

荒王聪敏好学，蚤卒②。高帝以其好内服丹，而谥之"荒"。最后端王，名丽丹书，其淫虐之状闻天下③，而谥之"端"，此亦奇也。

（明·王世贞《皇明奇事述》卷一）

【注】

①王：意为被封为鲁王。下一句"王"意为在鲁王位上。

②蚤卒：据《弇山堂别集》卷十六。蚤，同"早"。鲁荒王朱檀好黄老，服食金丹，二十岁时毒发伤目而死，故曰"蚤（早）卒"。他本或作"蚕卒"，当误。

③其淫虐之状闻天下：史载，鲁端王朱观㷴，与典膳秦信等狎昵，游戏无度，挟娼淫乐；左右有忤者，锥斧立毙，或加以炮烙。

兖州府狱庙素著灵迹

兖州府狱庙①素著灵迹。弘治中，吾苏龚元之②知府事，尝于中夜闻有鞭扑声，以问左右。左右有知者，具言庙之灵异，元之弗信也。凌晨往谒庙，无所睹，乃召言者责之。其人言："但须至诚，乃得召见。"明日斋沐更衣，以夜往，祭祷良久。门启而入，见五人冕服如王者出迎，延坐宾位。元之辞让，王者曰："公阳官，予阴官也，于职事无统摄，请坐。"已而进茶，元之未敢饮，神曰："此斋筵中茶也，饮之无害。"元之请曰："闻有十王，彼五位安在？"曰："已赴斋矣。"求观狱，辞曰："狱禁严，不得入，有一事当以奉观③耳。"命舁一僧至，炽炭炙其背，曰："是此地某寺僧也。平日募缘所得，皆供酒食费，不修殿宇，故受罚如此。"问曰："犹有解乎？"曰："今改过则可免也。"遂辞出。既归，使人密访，其僧正患背疽且④死。告以所见，僧悔惧，倾赀修建，病即愈。

（明·陆粲《庚巳编》卷一）

【注】

①狱庙：旧时官署例有牢狱，牢狱例有狱神庙，据说狱神为皋陶。宋·方勺《泊宅编》："今州县狱皆立皋陶庙，以时祀之，盖自汉已然。"今诸流行本"狱庙"多误作"岳（嶽）庙"，按嶽（岳）庙是祭祀东岳泰山的神庙，岳神不专司牢狱之事，专司牢狱之责的乃是狱神。

②龚元之：龚弘（1450—1526），字元之，一字蒲川，南直隶苏州府嘉定（今属上海市）人。明成化十四年（1478）进士，曾任严州推官、刑部主事及郎中等职，弘治间出任兖州知府，多善政。官至工部尚书。

③奉观：奉请参观。奉，奉请，恭请，有表示恭敬之意。

④且：副词，将，将要。

兖州城隍检勘阳间事

嘉定龚公弘，由郎署擢兖州知府。将之任，舟阻，北河旁近舣①。有官舰，询之，答曰："兖州新知府赴任也。"公惊曰："岂有一府除两知府者？或假冒以害人者也。"使人通问，舰中冠袍贵人即造公舟拜谒。公怪之，答曰："知府虽同，幽明则异。"公曰："得非城隍之神乎？"曰："然。"公曰："鄙人何德，获与神遇？"曰："以公正直，故相见也。"公曰："到任后可许再见乎？"曰："公入庙时，第②止驺从③于门外，公独登堂，则相见矣。"他日公谒庙，果如教，辄相见。

一日，公入，语案牍之劳。答曰："吾检勘阳间事更劳也。"公曰："神所司可使鄙人见之乎？"曰："公第闭目，即见矣。"公因闭目，果见堂下囚徒纷纭，哀苦百状。有一妇人，乃公同寮推官妻也，以铁钉钉一指，望见公，哀鸣乞救。公询于神，且为营救。神曰："此妇妒悍，杀妾子三四人，致推官绝嗣，故受此报。奉公教，稍宽指钉，但死则不可免也。"又见府中工房某吏，两手俱钉。公问之，神曰："此人先为刑房，屈法杀人，今当抵罪。"已而公还府，会④推官妻指疮⑤十余日，痛不可忍。公入问疾，推官曰："顷者指疮少宽，方熟睡也。"又使人问吏，吏方两掌疮甚。公谕推官当豫后⑥，具令吏外徙。甫三日，推官妻与吏俱死。公在郡数年，有疑事辄请于神，以是人不敢欺云。

（明·闵文振《涉异志》）

【注】

①舣：音 yǐ，使船靠岸。

②第：只要。

③驺从：骑马的侍从。泛指随从。

④会：适逢，恰巧。

⑤疮：创，创伤。

⑥豫后：预备后事（豫，预备，先事准备）。

兖州石桥与杜甫台

过兖州府，城外石桥甚庄丽，鲁邸所修也。隍①中流水颇清湛。鲁王邸前有流水绕之，极清湛，即泗水也。

兖州城中有崇阜，下题曰"杜甫台"。先贤之名不可斥②，改作"子美台"也。

（明·袁中道《游居柿录》卷三、卷十二）

【注】

①隍：护城河。

②斥：直接指明。

鲁藩烟火妙天下

兖州鲁藩烟火妙天下。烟火必张灯，鲁藩之灯，灯其殿，灯其壁，灯其楹柱，灯其屏，灯其座，灯其宫扇伞盖。诸王公子、宫娥僚属、队舞乐工，尽收为灯中景物。及放烟火，灯中景物又收为烟火中景物。天下之看灯者，看灯灯外；看烟火者，看烟火烟火外。未有身入灯中、光中、影中、烟中、火中，闪烁变幻，不知其为王宫内之烟火，亦不知其为烟火内之王宫也。

殿前搭木架数层，上放"黄蜂出窠""撒花盖顶""天花喷礴"。四旁珍珠帘八架，架高二丈许，每一帘嵌孝、悌、忠、信、礼、仪、廉、耻一大字。每字高丈许，晶映高明。下以五色火漆塑狮、象、橐驼之属百余头，上骑百蛮，手中持象牙、犀角、珊瑚、玉斗诸器，器中实"千丈菊""千丈梨"诸火器。兽足蹴以车轮，腹内藏人。旋转其下，百蛮手中瓶花徐发，雁雁行行，且阵且走。移时，百兽口出火，尻①亦出火，纵横践踏。端门内外，烟焰蔽天，月不得明，露不得下。看者耳目攫夺②，屡欲狂易，恒内③手持之。

昔者有一苏州人，自夸其州中灯事之盛，曰："苏州此时有烟火，亦无处放，放亦不得上。"众曰："何也？"曰："此时天上被烟火挤住，无空隙处耳！"人笑其诞。于鲁府观之，殆不诬也。

（明·张岱《陶庵梦忆》卷二）

【注】

①尻：音 kāo，臀部。

②攫夺：抢夺，掠取。

③内："纳"的古字。使进入，放入。

兖州阅武

辛未①三月，余至兖州，见直指②阅武。马骑三千，步兵七千，军容甚壮。马蹄卒步，滔滔旷旷，眼与俱驰，猛掣始回。其阵法奇在变换，檐③动而鼓，左抽右旋，疾若风雨。阵既成列，则进图直指前，立一牌曰"某阵变某阵"。连变十余阵，奇不在整齐而在便捷。扮敌人百余骑，数里外烟尘坌④起。迥卒⑤五骑，小如黑子，顷刻驰至，入辕门报警。建大将旗鼓，出奇设伏。敌骑突至，一鼓成擒，俘献中军。内以姣童扮女三四十骑，荷旃被毳⑥，绣祛魋结⑦，马上走解⑧，颠倒横竖，借骑翻腾，柔如无骨。乐奏马上，三弦、胡拨、琥珀词、四上儿、密失叉儿机⑨，儧侏兜离⑩，罔不毕集。在直指筵前供唱，北调淫俚，曲尽其妙。是年，参将罗某，北人，所扮者皆其歌童外宅⑪，故极姣丽，恐易人为之，未必能尔也。

（明·张岱《陶庵梦忆》卷四）

【注】

①辛未：指崇祯四年，即 1631 年。

②直指：朝廷设置的专管巡视、处理各地政事的官员。

③旝：音 kuài，军中令旗。

④坌：音 bèn，尘埃飞扬。

⑤迣卒：担任警戒的士卒。迣，音 liè，拦阻、禁止。

⑥荷旃被毳：肩披毛毡，身着兽皮。旃，同"毡"；毳，音 cuì，指兽毛皮。

⑦绣袪魋结：绣花衣袖，椎状发髻。袪，音 qū，袖口，泛指衣袖。魋结，也作"魋髻"，即椎髻（魋，音 tuí，同"椎"）。

⑧走解：在奔跑的马上表演技艺。古代百戏之一。解，音 xiè，杂技表演的套路。

⑨叉儿机：一种钹类打击乐器。《金瓶梅词话》第一回："勾引的这伙人日逐在门前弹胡博词扠儿机，口里油似滑言语，无般不说出来。"扠、叉，或为"镲"的借字。

⑩僸佅兜离：泛指我国古代少数民族音乐（僸佅，音 jìn mài）。

⑪外宅：男子养于别宅而与之同居之妇；情人。

鲁府松棚

报国寺松，蔓引弹委①，已入藤理。入其下者，蹒跚局蹐②，气不得舒。鲁府旧邸二松，高丈五，上及檐甍③，劲竿如蛇脊，屈曲撑距，意色酣怒，鳞爪拿攫，义不受制，鬣起针针，怒张如戟。旧府呼"松棚"，故松之意态情理无不棚之。便殿三楹，盘郁殆遍，暗不通天，密不通雨。鲁宪王④晚年好道，尝取松肘一节，抱与同卧，久则滑泽酣酡⑤，似有血气。

（明·张岱《陶庵梦忆》卷六）

【注】

①鬐委：盘曲下垂的样子。鬐，音 duǒ，下垂。

②局踏：形容畏惧害怕的样子。

③檐甃：指屋檐上的瓦或砖。甃，音 zhòu，砖。

④鲁宪王：朱寿鋐，明朝第八代鲁王。在位三十五年，崇祯九年（1636）薨殁。

⑤酣酡：像喝醉了酒，脸泛红光。酡，音 tuó，饮酒后脸红的样子。

一尺雪芍药

"一尺雪"为芍药异种，余于兖州见之。花瓣纯白，无须萼，无檀心，无星星红紫，洁如羊脂，细如鹤翮①，结楼吐舌，粉艳雪腴。上下四旁方三尺，干小而弱，力不能支。蕊大如芙蓉，辄缚一小架扶之。大江以南，有其名无其种，有其种无其土，盖非兖勿易见之也。兖州种芍药者如种麦，以邻以亩。花时宴客，棚于路、彩于门、衣于壁、障于屏、缀于帘、簪于席、茵于阶者，毕用之，日费数千勿惜。余昔在兖，友人日剪数百朵送寓所，堆垛狼藉，真无法处之。

（明·张岱《陶庵梦忆》卷六）

【注】

①翮：hé，鸟羽的茎。中空透明，俗称"羽管"。

菊海

兖州张氏期①余看菊，去城五里。余至其园，尽其所为园者而折旋之，又尽其所不尽为园者而周旋之，绝不见一菊，异之。移时，主人导至一苍茫空地，有苇厂三间，肃②余入，遍观之，不敢以菊言，真菊海也。厂三面，砌坛三层，以菊之高下高下之。花大如瓷瓯，无不球，无不甲，无不金银荷花瓣，色鲜艳异凡本，而翠叶层层，无一早脱者。此是天道，是土力，缺一不可焉。

兖州缙绅家风气袭王府，赏菊之日，其桌、其炕、其灯、其炉、其盘、其盒、其盆盎、其肴器、其杯盘大觥、其壶、其帏、其褥、其酒、其面食、其衣服花样，无不菊者。夜烧烛照之，蒸蒸烘染，较日色更浮出数层。席散，撤苇帘以受繁露。

（明·张岱《陶庵梦忆》卷六）

【注】

①期：邀约，约定。

②肃：引进，引导。

《冰山》记

魏珰①败，好事者作传奇十数本，多失实，余为删改之，仍名《冰山》。城隍庙扬台，观者数万人，台址鳞比，挤至大门外。一人上，白曰："某杨涟②。"口口讠桀讠桀③曰："杨涟！杨涟！"声达外，如潮涌，人人皆如之。杖范元白，逼死裕妃④，怒气忿涌，噤断嘘唏⑤。至颜佩韦击杀缇骑⑥，嗃呼跳蹴，汹汹崩屋。沈青霞缚橐人射相嵩以为笑乐⑦，不是过也。

是秋，携之至兖，为大人寿。一日，宴守道刘半舫⑧。半舫曰：

“此剧已十得八九，惜不及内操、菊宴，及逼灵犀与囊收数事耳。”余闻之。是夜席散，余填词，督小傒[9]强记之。次日，至道署搬演，已增入七出，如半舫言。半舫大骇异，知余所构，遂诣大人，与余定交。

（明·张岱《陶庵梦忆》卷七）

【注】

①魏珰：指魏忠贤，明熹宗朱由校时为司礼监秉笔太监（珰，音dāng，借指宦官。汉代宦官充武职者，其冠用珰和貂尾为饰，故后代用称宦官），专擅朝政，诬陷忠良。思宗朱由检登基后，遭到弹劾，被流放，畏罪自杀。

②杨涟：明末著名谏臣，东林党人。因弹劾魏忠贤被诬陷构罪，惨死狱中。

③谇譐：责骂（谇，音suì。譐，同“谮”，音qiè）。

④裕妃：明熹宗妃张氏，因言获罪于魏忠贤及客氏，被迫害致死。

⑤嚯唶：音huò zè，震惊的样子。

⑥“颜佩韦”句：颜佩韦为明末苏州市民。天启六年（1626）魏氏阉党爪牙在苏州逮捕大臣周顺昌，颜佩韦等人出于义愤，发动民众奋起反抗，引起暴动，打死两名东厂特务。事后阉党实行报复，颜佩韦等英勇就义（事见张溥《五人墓碑记》）。缇骑：本指红衣马队（缇，音tí，橘红色或浅绛色），为汉代执金吾的侍从，后世用以通称捕役、禁卫官吏等。

⑦“沈青霞”句：沈青霞即沈炼，字纯甫，号青霞，明嘉靖时人。曾上疏揭露奸相严嵩父子罪行，遭廷杖削官为民。沈被削官期间，刻木缚草人作奸相严嵩像，朝暮射之，作为笑乐。橐，一本作“藁”。

⑧刘半舫：名荣嗣，字敬仲，号简斋，别号半舫。北直隶曲周人，万历四十四年（1616）进士，初授户部主事，调吏部主事，后出为山东参政。崇祯五年（1632）任顺天府尹，崇祯六年（1633）为工部尚书兼右副都御史，总理河道。有《半舫集》传世。

⑨傒：音 xī，奴仆。

鲁王朱寿镛宠孙氏

鲁王寿镛①所宠孙氏，济宁人。其出甚微，晚年以五千金助饷②，为孙氏量求名号。部议：鲁王已立世子，世子亦庶出也，今之此举独不为世子地耶？上从部议，并却其所献云。

（明·杨士聪《玉堂荟记》卷下）

【注】

①鲁王寿镛：朱寿镛，崇祯九年（1636）进封鲁王，在位三年即薨逝，由其子朱以派继位。

②助饷：捐出银两以补助军饷。

鲁世子朱以派（二则）

鲁世子以派，自号乾山，其宫中所筑假山，在乾位①也。山中有洞，穴地为窟室，极其深邃，以瓮贮油，昼夜然②灯。凡诸用物，靡不悉具。盖因德王③被掳，中州福、伊等藩相继沦陷④，为此山以备缓急，可避匿也。壬午兖州破⑤，世子走入穴中，官奴引兵至，穴中得之，拷追金银略尽，以弓弦缢杀世子。方缢，世子呼曰"当先杀我子"，不知何意，竟如其言。世子身短多须，通体皆黑毛，长可寸余，异常人也。

兖州被围，世子止捐三百金，乃预借禄粮，取之兖州府库者。有何太太者，鲁先王之妾也，闻事急，自捐五千金。世子留其四千五百金，而以五百金付外。失城之祸，岂尽由天数也？

（明·杨士聪《玉堂荟记》卷下）

【注】

①乾位：乾卦所象征的方位，即西北方。

②然："燃"的本字。

③德王：明藩王。初封德州，以德州地方贫瘠，改藩济南。崇祯十二年（1639）正月，清兵攻下济南，德王朱由枢被掳，下落不明。

④"中州"句：中州福、伊等藩，指河南洛阳等地的明藩王。明神宗朱翊钧第三子朱常洵被封为福王，就藩洛阳，崇祯十四年（1641）洛阳被李自成军队攻克，朱常洵被杀死。

⑤壬午兖州破：指崇祯十五年（1642）冬天清军南下攻陷兖州之役。鲁王朱以派死于此役。

滋阳知县成德（一）

乙亥春，成德为滋阳令。庶子倪鸿宝元璐上《制实制虚疏》①，与少宰张捷争辨②。又皇陵失事，言者纷纷。二月，余过滋阳，成示余刻成章疏，并问通政司上疏事宜，实有建言之意。其后偶处府厅，一二积役，任事太过，府厅忌之，遂言于巡按御史禹好善③而劾之。又恐不坐贪酷或拿他不倒，故造列多款，然而在任清操不可泯也。成既被提入京，欲伸前志，每为范木渐④所阻，迫范以艰去，而成遂奏揭纷出，小题大作矣。

成事上亦疑之，遣人至滋阳访之，百姓言屈者，十人而九，已有昭雪之意。而成在狱中，构讦⑤不已，又遣母各处投揭，至随乌程⑥之舆，诉冤至朝门；乌程具揭，上乃命于长安门杖之六十。由是不待追赃，而以发成结局，盖乌程亦畏之也。

（明·杨士聪《玉堂荟记》卷上）

【注】

①"庶子"句：庶子为太子属官，有左、右庶子之分。倪元璐（号鸿宝）崇祯年间曾为右庶子，上疏言事，提出"制实八策"与"制虚八策"。

②"与少宰"句：崇祯时，温体仁串通吏部侍郎（俗称少宰）张捷，荐举魏忠贤余党吕纯如补礼部尚书缺，图谋翻案，御史张三谟在堂上与张捷展开激辩，致使张捷理屈词穷。

③禹好善：字存诚，号海若，荥阳汜水人。明天启二年（1622）进士。崇祯五年（1632）考授山东道监察御史，亲督漕粮。后任巡抚，又巡按北直隶，督修皇陵。

④范木渐：范淑泰（1603—1642），字通也，又字木渐，山东滋阳人。明崇祯朝曾任吏科给事中，张捷荐逆党吕纯如，淑泰极论其谬。

⑤构讦：谓攻击并揭发（他人的隐私、过错等）。构，结怨；讦，音 jié，揭短。

⑥乌程：指温体仁，因其为浙江乌程（今湖州市）人。明崇祯三年（1630），以礼部尚书兼东阁大学士入阁辅政，排挤首辅周延儒，迫其引退，自为首辅。翻阉党逆案，排斥异己。崇祯十一年（1638）病死。

成德怒击曹钦程

曹钦程以逆案论死，十余年来，逆案诸人正法略尽，而钦程独存，遂为牢头。每一缙绅入狱，需索①万端，必大有所获而后已。乙亥，滋阳令成德入狱，钦程亦如例需索，成大怒，拳击之数百，一无所得，而身负重伤，月余乃愈，一时缙绅在狱者，莫不快之。

（明·杨士聪《玉堂荟记》卷下）

【注】

①需索：敲诈勒索。

滋阳知县成德（二）

逮山东滋阳县知县成德下锦衣卫狱。德性刚正，连章攻温体仁①，凡十上，遂被逮。体仁欲置之死。德母张氏伺体仁车出，辄道诟之。日以中城兵马护行。上命锦衣卫遣旗尉至滋阳，密访士民，颂惠称冤。德，怀柔人。又至怀柔，乡评与滋阳同。上意遂解，庭杖四十。戍延绥②，未及，起补如皋县知县。甲申正月，升兵部主事。三月十九日，母子死之。

（明·王世德《崇祯遗录》“八年乙亥”条）

【注】

①温体仁：见本卷《滋阳知县成德（一）》注⑥。

②延绥：军镇名。明九边之一。初治绥德州（今陕西绥德），后移治榆林卫（今陕西榆林），此后通称榆林。

滋阳知县成德（三）

五月，逮滋阳县知县成德，下锦衣卫狱。德性刚毅，出文震孟①之门。震孟罢，连章攻体仁，凡十五上，尽发其奸。母张氏，伺体仁舆出，辄道诟之，后移狱刑部，戍延绥。

（清·计六奇《明季北略》卷十二）

【注】

①文震孟：明末大臣，长洲（今江苏苏州）人，文徵明曾孙。崇祯朝官礼部左侍郎兼东阁大学士，入阁预政。因与权奸温体仁不洽，被劾落职。

邓藩锡不屈

邓藩锡，字晋伯，号云中，南直金坛人。……天启辛酉登贤书①，崇祯甲戌成进士。当知兖州时，但携一稚子一妾以行。抵郡才四十余日，北兵数万已集城下，乃请鲁王曰："臣闻城之不守，皆由城内贵家自惜金钱，自爱安乐，而今窭人佣子②登埤击柝③，遂多败事。王能出金以犒死士，城犹可存，命犹可保。不然，大势一去，玉石皆烬矣。"王不听。藩锡自出金劳介士，夜缒城下，发大炮，击杀千人。北兵力攻南门，总兵某内应④，城遂破。被缚，北帅加刃其颈，曰："不降醢⑤矣！"藩锡大骂不屈。北帅怒，胁令拜，藩锡故翘其足，乃先断其一足，支解而灼之。其妾携一子自投于井。事闻，赠太仆寺卿。

（清·计六奇《明季北略》卷十八）

【注】

①登贤书：《周礼·地官·乡大夫》："乡老及乡大夫群吏献贤能之书于王。"贤能之书，谓举荐贤能的名录，后因以"贤书"指考试中式的名榜。此处"登贤书"指中举。

②窭人佣子：指穷苦百姓。窭人：穷人（窭，音 lóu，贫困）。佣子：受雇用之人。

③登埤击柝：指登城戍守。埤：音 pì，指城墙。柝：音 tuò，指巡逻所敲之器械（如木梆等）。

④总兵某内应：崇祯十五年（壬午，1642）冬清兵攻陷兖州时，刘泽清任山东总兵，驻扎兖州一带。

⑤醢：音 hǎi，将人剁成肉酱，古代酷刑。

山东李青山

壬午①正月，山东盗平，擒李青山入京。青山本屠人，乘机啸聚数万人，屡寇兖州，山左骚动。兵部侍郎张国维单骑诣营抚之，青山出不意，大惊，叩头乞降。国维察其非常，还部，帅将士疾驰。给事范淑泰、鲁府左相俞起蛟拒战②，擒青山，尽降其众。国维荫一子指挥使。

（清·计六奇《明季北略》卷十八）

【注】

①壬午：指崇祯十五年（1642）。

②范淑泰：见本卷《滋阳知县成德（一）》注④。俞起蛟：字芝云，明浙江钱塘人。由贡生历官鲁府左长史。李青山扰兖，出击大破之。崇祯十五年（1642）清军攻兖州，起蛟助地方官守城，死于是役。拒战：抵御抗击。此处指范、俞参与了平定李青山的战役。

柳下惠墓（一）

柳下惠墓在兖城西故赵社；庙亦在焉，俗呼高庙。

（清·贾凫西《澹圃恒言》卷二）

他生

他生之事，如滋阳庠生范忻，前世是五台坐工僧俗，姓白。自盖一庵，止留送饭一孔、后道一孔。一徒送汤饮，整坐二十四年。因母故出庵，并启其父枢，合葬山前观音堂西北。葬讫，哭恸而死。只见一青衣引至冀北道宅内而生。其祖道台范鹭猗，子镜螺，配苏氏所生，至一周始详言之，及长犹说。其文行兼优。

（清·贾凫西《澹圃恒言》卷三）

灾异（二则）

兖鼓楼下西北基，一方青黑，湿极滑润，旱则出汗，滴水则雨。不论冬夏，起更后有核桃大一火，尺半高。人从东来，则火向西走；人从西来，则火向东走；近之，则闻其踏地有声；迫之，入石内不见。

兖城北二十里漕河铺，明末，朱至德有庄宅一处，因改革①，卖予庠生徐自标。宅前有庙，墙内有大白杨四株，墙外四株，可望三四十里。清康熙六年丁未九月，朱至德卖墙外四株，得银八两。阖村人向徐自标议留此树。买树者领匠役锯树。徐不沮②，忽昏眩，仆，口称四大将军告我于正南天齐庙，移时而死。徐之仆亦失魂遂去，及苏，亦曰被告被拘。徐之子惧，补碗粗四株。又四日，梦徐跪泣小树下，告之曰："拟我罪，俟此树大如旧，方赦我。"乡保闻知，合银八两，交朱至德，留买墙内四株，立约公存。夫神不罪卖树、买树、锯树之人，而独罪徐自标，此中冥渺，想自有义。

（清·贾凫西《澹圃恒言》卷三）

【注】

①改革：变更，革新。此处指清朝推翻明朝建立新的政权。

②沮：音jǔ，终止，阻止。

填还

填还①之事，传闻甚多。据余所见者，兖城东南马家村闵老者，失明，典其甥孔秀才宅地，交银四十两，有约，无中证。后年六月六日晒文书，孔秀才适至，将原约暗袖去。至秋即耕。老两口商曰："如经官告理，他是秀才，咱又无文约中证。忍了吧。"不久孔某死。又一年，老妪梦孔某来，呼曰："二妗母，我来了。"晨起，其仆人闵承诏报："将②一杂毛牸犊③。"三四年将十四五只。

（清·贾凫西《澹圃恒言》卷四）

【注】

①填还：偿还；报偿。

②将：方言，母畜产崽。

③牸犊：母牛犊。牸，音 bó，母牛。

拟修泗水桥堰翅募疏

梓潼帝君曰："修数百年崎岖之路，造千万人往来之桥。"盖欲凡百君子，信受奉行，则阴骘无量也。兖郡泗河，发源于泉林，自东北向西南奔注，至郡东门外五里第一堡，又收沂水一派，滂湃喧嗒，走城隅。昔之识地利者，谓可举与漕运关通。横截以金口坝，因以济岱渤商旅。如值漕水壅浅，则上版闸，积水入黑风口，进水门以助漕运。大雨时行，则撤闸版，纵水南下，及东南城隅一里外，两涯潴涘①，不辨牛马，行人愁出没于长天矣。

明万历己酉年间，鲁宪王②悯之，检历世爵禄，及颁赐与地租，节省银约数十万银两，取砺取锻，造十七孔，比之北卢沟桥犹为宽阔。请名士书，名手镌于石。龙师③驯习，万世永赖。

迄清康熙七年六月地震，山裂地陷，泗桥堰翅倒悬欲坠。识者又忧曰："来年金伏河溃，其鱼之劫又将不远。从小不补，到大尺五，敢望奠于安澜乎？"祈守土者蠲④，养廉，为弁君子之德风也。再祈诸君子量力凑合，共襄其事。亦不必燃指⑤针顶，号旻天以相感。此近泗桥孔耆所陈也。余不吝老腕，呵冻书疏，俟告成，书百君子姓名，镌于碑，昭于来许⑥。

（清·贾凫西《澹圃恒言》卷四）

【注】

①漘涘：音 chún sì，水边，边际。

②鲁宪王：明朝第八代鲁王朱寿鋐，万历二十九年（1601）晋封鲁王，在位三十五年。

③龙师：传说伏羲氏时，有龙马衔图之瑞，乃以龙名其百官师长，故曰"龙师"。

④蠲：音 juān，减免赋税。

⑤燃指：燃烧自己的手指以供养佛，用以表示信仰之诚挚。

⑥来许：后进，后辈。

重修杜甫台记

唐开元二十四年，杜甫之父守兖。甫省觐，登南城门楼，作五言律诗一首："东郡趋庭日，南楼纵目初。浮云连海岱，平野入青徐。孤嶂秦碑在，荒城鲁殿余。从来多古意，临眺更踌躇。"不知何代，改州为府，复扩充之，中立附郭滋阳县。去城中偏东百步，镌杜甫前诗，名其台为少陵台，经久残欹。贾子廿岁过而登阅，叹曰："此地南楼旧，犹存老杜名。"

洎①清顺治辛丑三月，邑令赵幼湘聿新之自作诗，时至此将近千载余。夜坐，如有琴瑟袅袅入北牖②，或天公之不没善也。因凌晨盥漱，再游焉。复叹曰："当年临眺意，更作后人情。"今昔之感，有如斯夫！

（清·贾凫西《澹圃恒言》卷四）

【注】

①洎：音 jì，至，到。

②牖：音 yǒu，窗户。

王王屋传

兰阳王王屋，初名泽久，字春脚，后更名斥。母李氏孕公，公鸣于腹。生而敏给，善谐谑，里中人率以为狂士也。举于乡，戊辰计偕①，度己文必入彀②。某公方分较《春秋》，某方与珰③涉，公不欲出其门，论中故为诙语，首云"侬窃观天下事未复杂以戏剧事"云云，中间论鬼神处，突曰："如以为无，则慧娘之敲裴生之门④也，丽娘之入柳生之室⑤也。"撤棘⑥后，则某果已魁。公及阅所为论，始有"病狂丧心"之评。后某终以珰累，里人始知公非狂者。

辛未，公仍以《春秋》魁多士，除滋阳令。公锐自见，又婞⑦急刚鲠。会王孙市磔人⑧，公执笞，狱行，立忤诸王孙。党构之，直指弗察，暴劾公，槛车征系⑨。公虽廿日令，然颇有惠声。其逮也，士民数千人攀辕痛哭，白日惨黯，遮愬缇骑⑩，自卯至申不得前。甚有矇瞍孤贫，鸠杖鹑衣，亦视力投金钱槛车赆之，且环而稽首缇骑曰："无苦令！令清苦，官几日耳！"且泣且拜，缇骑咸为挥涕。下刑部狱，濒死，赖惜公者力争，仅免，谪睢阳卫。

年三十四，愤恚失志死⑪。自预为志铭，以退之铭人如铭已，即取以自铭，世共达之。公著诗一卷，文二卷。诗清婉有致，文则力追昌黎、柳州。使假之年，进未可量也。予怜其志，为叙而梓于秣陵。

（清·周亮工《书影》卷一，亦见《旧小说》已集）

【注】

①计偕：谓与计吏同赴京中谒见掌管考选博士的太常（计，计吏；偕，同，俱）。后遂用"计偕"称举人赴京会试。语出《史记·儒林列传序》。

②入彀：彀中，指弓箭射程之内。后因以"入彀"比喻人才入其掌握。亦指应进士考试。（彀，音 gòu，箭靶，靶心）。

③珰：音 dāng，本指妇女的耳饰，借指太监。

④慧娘之敲裴生之门：慧娘即李慧娘，裴生即裴舜卿，是周朝俊《红梅阁》中的主人公。

⑤丽娘之入柳生之室：丽娘即杜丽娘，柳生即柳梦梅，是汤显祖《牡丹亭》中的主人公。

⑥撤棘：古代科举考试，放榜那天关闭贡院，并于门口置放荆棘以防落第者闯入喧闹，放榜后始撤去。后便称科考工作结束为"撤棘"。

⑦婞：音 xìng，倔强，刚直。

⑧会王孙市磔人：谓正巧碰到王孙在街面上杀人。磔，音 zhé，斩杀，捕杀。

⑨槛车征系：谓囚禁在栅栏车内，押送京城。槛车，用栅栏做成的用于囚禁犯人的车。征系：古代中央机关拘囚地方官员。

⑩遮愬缇骑：谓阻拦禁卫吏役并向其诉说内情。愬，音 sù，诉说，陈说。缇骑，音 tí qí，指逮治犯人的禁卫吏役。

⑪愤恚失志死：因怨恨不得志而死。愤恚，痛恨，怨恨（恚，音 huì，愤怒，怨恨）。失志，失意，不得志。

刘生弹琵琶

兖州刘生，不知何许人，故从内供奉龟兹乐工学弹琵琶，自瞎①双目，以用十倍之师，遂能洞悉音律，指法精妙，迥异常弹。有筝声，有琴瑟声，有管籥钟鼓声，有蛮语禽言、鸡鸣狗吠、虎啸龙吟声，有水火风雷声，有兵车铁骑合围哄斗声，又有娇咤儿女夜窗嬉笑声。

（清·程先贞②《海右陈人集》卷下）

【注】

①瞎：音 huò，使目失明。

②程先贞：字正夫，号蕙庵，晚号海右陈人，山东德州人。程先贞生活于明清易代之际，入清后以祖父荫为工部员外郎，不到两年即告归终养，潜心著述。有《海右陈人集》《蕙庵杂著》《燕山游稿》等数十卷。

新嘉驿女子题壁诗

驿在滋阳县北四十里，池台古柏，剧有幽致。驿后土壁，故会稽女子题诗处。诗传于世，而驿壁字无存者。余至询之，有老驿卒秦登科，年七十矣，能诵其诗。言：某将军挈家过此，不知其姓名，仆妾甚盛。既早发，失一烛檠，寻觅得之壁间石碣上，始见是诗，盖女子秉烛夜题者也。世传死驿中，当时实未死，或永夜沉吟，含凄达旦耳，然岂能久人间哉？事在万历四十七年。又四十年，予为刻之于石，且次之诗曰：

美人零落泣风尘，不惜明珠掌上身。

泪入邮亭千尺土，莫教杨柳更生春。

环佩魂归何处游，若耶溪①畔路悠悠。

生前不作鸳鸯梦，定化孤鸿叫陇头。

借问萧郎是阿谁，笑啼不解坐生悲。

可怜一夕魂销尽，博得千年客泪垂。

又次亭碑韵曰：

蔓草荒台合，危桥曲沼分。

庭沾春过雨，树老昼成阴。

疲马何时歇，啼莺不可闻。

美人题字处，肠断对斜曛。

附录女子诗自序云：

余生长会稽，幼攻书史；年方及笄，适于燕客。嗟林下之风致，事腹负之将军②。加以河东狮子③，日吼数声，今早，"薄言往诉，逢彼之怒"④，鞭棰乱下，辱等奴婢。余气溢填胸，几不能起。嗟乎！余笼中人耳，死何足惜！但恐委身草莽，湮没无闻；是以忍死须臾，候诸妮子睡熟，潜步后庭，以泪和墨，题三绝于壁，庶知音读之，悲予生之不辰，则予死且不朽。

银红衫子半蒙尘，一盏孤灯伴此身。

恰似梨花经雨后，可怜零落旧时春。

终日如同虎豹游，含情默坐恨悠悠。

老天生妾非无意，留与风流作话头。

万种忧愁诉与谁，对人强笑背人悲。

此诗莫作寻常看，一句诗成千泪垂。

（清·施闰章《蠖斋诗话》卷下）

【注】

①若耶溪：源于浙江省绍兴市若耶山的一条河流，相传为西施浣纱的地方。

②腹负之将军：对肚子里没有学问、缺乏智谋的人的贬称。腹负，谓肚子有负于所吃的饭。

③河东狮子：旧指妒悍的妇女。此处指"腹负将军"的正室。

④薄言往诉，逢彼之怒：引自《诗·邶风·柏舟》，意为我前往诉说事情，正赶上他在气头上。

兖墨

宋时士大夫多重兖墨，余已记之前卷。读《范宣公集》①有《兖墨》诗云：

谁薮长松制作勤，轻煤匀腻杂兰熏。

中疑玄石无纤翳，外似灵犀有密纹。

溪石乍研浮紫翠，蜀笺试写落烟云。

会将点画传青简，千古忠邪为尔分。

忠宣公不以诗名，五言如"溪风消酒力，烟树入春愁"最工。

（清·王士禛《带经堂诗话》卷十六引《居易录》）

【注】

①《范宣公集》：应为《范忠宣公文集》。范忠宣公，即范纯

仁（1027—1101），字尧夫，谥忠宣，北宋大臣，人称"布衣宰相"。为参知政事范仲淹次子。

鲁敬王好黄老

鲁敬王①好黄老，纷华不御。以禄俸十余万，造桥郡南门外，跨泗水，长二里。薨年，众梦王乘黄龙行桥上。后，关中民有言，夜行渭水上，见道士乘舟，弟子甚盛，因许俱载。既渡，问其榜人②，曰："鲁敬王也。"寻不见。遗只履水上。

（清·颜伯珣《秪芳园遗诗》卷二之《泗水桥》诗自注）

【注】

①鲁敬王：明朝第七代鲁敬王朱寿鏳，在位四年，于万历二十八年（1600）薨逝。次年其弟朱寿鋐继位，是为宪王。修建泗水桥的当是鲁宪王，颜伯珣误记为敬王。参见本卷《拟修泗水桥堰翅募疏》及注。

②榜人：船夫。榜，音 bàng，船桨，亦代指船。

龙湾得名之始

泗水绕吾家门前，成巨潭，云有龙居之。乡人有水牛六，常卧潭中。人从岸上观，往往见九水牛。比①出，仍六也。龙湾②之名，自兹始。

（清·颜光敏《颜氏家诫》卷二）

【注】

①比：及，等到。

②龙湾：在今兖州东北与曲阜交界处，泗河由东流经此处并折向西南方向。

沙丘妓

昔兖东郭沙丘[①]，院有妓，与某王孙[②]善。王孙居远，蚤[③]起见大雪，促舍人[④]送米、炭三车与妓。舍人报曰：“彼方困乏，见米、炭喜甚，亟[⑤]问谁何。曰：‘念汝至此，尚须[⑥]问耶？’使自度[⑦]为谁，凡十举而不及主。因大忿，欲持还，以天寒须[⑧]酒食，强留耳。”王孙闻之，怃然[⑨]。此亦可为锦缠头者[⑩]下一砭[⑪]也。

（清·颜光敏《颜氏家诫》卷三）

【注】

①沙丘：颜光敏《寒食日过故沙丘》诗自注云，沙丘“在兖城东，故青楼地”。(《曲阜诗钞》卷二)

②王孙：王公的子孙，泛指贵族子弟。

③蚤：同“早”。

④舍人：王公家的私人吏员。

⑤亟：音 qì，屡次。

⑥⑧须：同“需”，需要。

⑦度：音 duó，猜度，猜测。

⑨怃然：失意不乐的样子。怃，音 wǔ，失意。

⑩锦缠头：古代歌舞艺人演出结束，看客以罗锦赠予艺人，缠置艺人头上，叫“锦缠头”；后来又作为赠送女妓财物的通称。锦缠头者：指不惜以厚金养妓的人。

⑪下一砭：比喻规劝过失。砭，音 biān，古代治病用的石针。

兖州南楼

埴[①]昔游鲁，家太守紫庭公一凤重建兖州郡堞楼[②]，乃少陵吟诗处（"东郡趋庭日"赋于此）。予代题曰"南楼"，又曰"纵目楼"。

（清·金埴《不下带编》卷三）

【注】

①埴：金埴，字苑孙，一字小郏，清初山阴（今浙江绍兴）人。父亲金煜，顺治间曾任山东郯城知县，康熙九年（1670）罢官。从祖金一凤，字紫庭，康熙后期曾官兖州知府。

②堞：音 dié，城上呈齿形的矮墙，也称女墙。堞楼：城楼。

天下人文第一邦

埴见富阳县堞楼，曰"春江第一"；钱塘县学宫，临流棹楔①，曰"宫墙第一流"；家太守题兖州郡门，曰"天下人文第一邦"。

（清·金埴《不下带编》卷三）

【注】

①棹楔：竖立木柱。棹，同"卓"，竖立，建立。楔，音 xiē，门两旁的木柱。

兖署演剧

凡筵会张乐，人多乐观忠孝节义之剧。戊戌①冬仲，家太守从祖紫庭公一凤，于兖署钱埴南旋，姑苏名部演《节孝记》，至王孝子见母，不惟座客指顾称叹有欲涕者，即两优童亦宛然一母一子，情事真切，不觉泪落氍毹②间。……两优年各十四五，询其泪落之故，则齐声对曰："伎授予师，师立乐色（俗误作"脚色"，以"乐""脚"同音也）各如其人，各欲其逼肖。逼肖则情真，情真则动人。且一经登场，己身即戏中人之身，戏中人之涕笑即己身之涕笑，而无所谓戏矣。此优之所以泪落也。"家太守嘉其封③，以缠头锦劳之。顾埍谓座客曰：“白傅诗'古人唱歌兼唱情'④，岂真能唱情者，曲艺尽然，况君子之大道乎！”埍有《一唱千金曲》数千言，感此而作也。

（清·金埍《不下带编》卷四）

【注】

①戊戌：康熙五十七年（1718），时金一凤在兖州知府任上。

②氍毹：音 qú shū。毛织的地毯。古代演戏时地上多铺之，故亦用“氍毹”代指舞台。

③封：《巾箱说》作“对”，是。嘉其封：嘉许他说得好。

④“白傅”句：白傅，唐诗人白居易的代称。因其晚年曾官太子少傅，故称。所引诗句出自其《问杨琼》：“古人唱歌兼唱情，今人唱歌唯唱声。欲说向君君不会，试将此语问杨琼。”

公输子

考公输子以孝名于鲁。尝制机关为母御，不费力而日行千里，自是以巧名。其引绳削墨，尽机智之神以夺化工，古今运斤之妙，罔弗①祖述规范。授受心印，其利溥传。所以圣贤为万世生民而发也。再考公输子，儒典注道家列在仙班。迄今鲁之人，凡攻石之工，攻木之工，攻泥水之工，遇三元五腊②，咸申报赛③于先师之祠（鲁班先师祠在兖城韦园）。相传有“家动千工，来显神通”之语。盖大匠兴，则先师必临以助人力，天下赖之，不独鲁也。

（清·金埍《巾箱说》）

【注】

①罔弗：无不，没有不。

②三元五腊：传统节日。三元指正月十五日上元天官节，七月

十五日中元地官节，十月十五日下元水官节。五腊（腊，祭名）指正月初一日天腊，元始天尊圣诞；五月初五日地腊，端午节；七月初七日道德腊，七夕节；十月初一日民岁腊，追思亡者神灵；十二月初八日王侯腊，礼拜太岁。

③报赛：古时农事完毕后的谢神祭祀活动。

达巷

《说苑》载，项橐七岁为孔子师，指今达巷里，为其发迹之地。达巷在今兖城西北五里，乃适中都（即今汶上）之要途。孔子为中都宰，往来憩息于此，所以党人有"大哉孔子"之语。后人因志其地曰达巷党里。埴之汶上，有句云："为问鲁门取官道，可从达巷向中都。"

（清·金埴《巾箱说》）

衍圣公府饷冰

兖中郡署无凉堂。家太守公当伏日退食，辄移簿书于松间棚下，研朱判事。判毕，则投足一榻，视松荫，东摇则从东，西摇则从西耳。方命削瓜而门吏报冰至，则衍圣公府所饷①。冰大如轮，盛以巨盎。盎碧冰清，松翠欲滴。公手凿招予同饮之，谓予曰："古人朝受命而夕饮冰，乐天诗'三年为刺史，饮冰复茹蘖。'公府之饷此，殆即一服清凉之散，不仅为予消暑而已也，其教益不诚多乎！子其为予记之。"因捉笔书其事于牍巾卷。

（清·金埴《巾箱说》）

【注】

①饷：馈食于人。

兖州所烟

今之烟者，神农未尝，《本草》不载。佛说《楞严经》中列于五辛，名曰"兴渠"，比于荤血腥之秽。有误食者，须忏悔四十九日，方许礼佛。《法苑珠林》诠释甚详。其种生于外国，名曰"淡把姑"①，亦曰"金丝明熏草"。明末始入中华，今人呼为"相思草"，言不食则相思弗能已也。忆康熙初间，海内惟闽烟名"石马烟"（石马，地名），吸之数口，辄似中酒，今亡矣。吾浙及江南多种之（利过于种蔬），美其称号甚伙，然不能醉人。东北则盛行兖州"所烟"，转鬻于京及远方，其利溥博②。所烟者，兖城昔有卫所，种于其地，故名（今兖城所种皆曰"所烟"）。气味较烈，殆与闽烟相埒③矣。

（清·金埴《巾箱说》）

【注】

①淡把姑：西班牙语的音译，烟草，由菲律宾传入我国。

②溥博：周遍广远。溥，音 pǔ，大，广大。

③相埒：相等，等同。埒，音 liè，等同，比并。

鲁监国载略

鲁王讳以海，高皇帝十世孙也。父寿镛。崇祯十五年，清师至山东，赂兖州守将刘泽清①黄金十万，泽清遂弃州不守。清师入兖，寿镛自缢，鲁王被执。时年幼，诡称鲁王牧儿。见兵人掠王邸赀，王忽流泪。兵人怪之。旁有人曰："此鲁王八千岁也。"兵人刃之，三击不中。兵人骇曰："汝有大福，我不害汝。前有一少年女子甚丽，犯之不从，死于墙下。意汝妇耶？汝其埋之。"王因得脱。

十七年二月甲戌，王嗣位。三月，北都陷，王遂南奔。

（清·三余氏《南明野史》附录）

【注】

①刘泽清：字鹤洲，山东曹县人。出身行伍，崇祯末年升至山东总兵。明灭后拥立福王朱由崧登基，被封为东平伯，与刘良佐、高杰、黄得功并称为江北四镇。顺治二年（1645）清军南下，刘泽清投降。其后，清廷痛恨他反复无常，将其绞死。

沂泗交流

吾邑沂水径①南门西注，《论语》"浴乎沂"是也。至滋阳城东金口坝入泗。《隋书·薛胄传》："先是，兖州城东沂、泗二水合而南流，泛滥大泽中，胄遂积石堰之，决令西注，陂泽尽为良田。又通转运，利益淮海，百姓赖之，号为薛公丰兖渠。"馥案：今沂、泗合流，经滋阳城南，转而西注，前明架石桥以便行旅，石桥东南苑庄、程村一带，周回五六十里，地皆窊下②，即大泽矣。

（清·桂馥《札朴》卷九）

【注】

①径：音 jīng，经过，行经。
②窊下：低陷，低洼（窊，音 wā，同"洼"）。

高梧桥

滋阳西北三十里有水梁，曰高梧桥。案：《通鉴》："朱全忠遣其将朱友恭围兖州，朱瑄自郓以兵粮救之，友恭设伏，败之于高梧。"注云："高梧，即春秋鲁国之高鱼。"杜预注曰："高鱼在东郡廪丘县东南。"《续汉志》："廪丘有郓城高鱼城。"馥案："鱼""吾"声相近。

（清·桂馥《札朴》卷九"乡里旧闻"，周元英《滋阳县乡土志》卷四作"高吴桥"）

乌三娘

乌三娘，兖州人，年二十许，娟媚多姿，而有膂力，工技击。其夫某，能为角抵^①戏，俗所称"走马卖械"^②者也。尝与三娘挟技走楚豫间以糊口，而三娘技实过其夫。尝患疡，遇王伦治之而愈，不受值，且助以赀。三娘感其惠，愿为义女。夫卒，遂依于其家。王伦破寿张诸邑，三娘皆从，而更招致其当日同卖械者十余人。王伦皆呼为女，而实与同卧起，如妻妾。

王师困王伦于汪氏室，三娘率诸女巷战，短兵相接，诸女次第死。三娘独挥两刃，能捍蔽锋镝^③，忽于马上跃升屋。而楼即汪氏之三层楼也，十余仞，官军围三匝，矢炮拟之若的。三娘扬袖作舞状，终莫能伤。日将夕矣，一军皇骇^④，盖不虑其不死，虑其遁走而莫可致也。有老弁就贼尸割其势^⑤，置炮上，一发而三娘堕地。诸军呼声雷动，锋刃齐下，立成肉糜。

（清·俞蛟《临清寇略》）

【注】

①角抵：音 jué dǐ，我国古代体育项目之一，类似现在的摔跤。

②走马卖械：一般作"走马卖解"（解，音 xiè，手段，本事）。指在奔跑的马上表演杂技、武术等，以此挣钱养家。

③捍蔽锋镝：遮挡刀刃和箭镞等兵器（捍蔽，犹屏藩；镝，音 dí，箭，箭头）。

④皇骇：惊慌，恐惧。皇，同"惶"。

⑤势：男性生殖器。

狐老先生

山东兖州府城楼上，相传有狐仙。好事者欲见之，必先书一札焚化，并小备肴馔，至期而待，夜半必至，称之曰"狐老先生"。其人着布衣冠，言貌动作，绝似村学究。问其年，曰："三百岁矣。"于天地古今一切语言文字，无所不晓，独未来之事不言。人有见者，因诘之曰："贵族甚夥，传闻异词，每见有以淫秽害人者，何耶？"先生叹曰："是何言欤！世间有君子小人之分，吾族亦然。其所以淫秽害人者，不过如人间娼妓之流，以诱人财帛作谋生计耳，安得谓之人乎？"又诘之曰："然则君子所作何事？"曰："一修身，二拜月，如是而已。"闻者为之耸然①。

（清·钱泳《履园丛话》卷十六"精怪"）

【注】

①耸然：敬畏的样子。耸，同"竦"，肃敬，恭敬。

牛运震

滋阳牛真谷运震，雍正癸丑进士。才高学博，诗、古文俱工，时艺亦宏博奥衍，自成一家。观书一览不忘。考博学鸿词①，未收。晚为陕西平番②令。最赏吴松岩镇③，授以诗法，谓得其诗传。卢抱孙④转运扬州，相见深为推重，谓其上下千古，辨⑤若悬河，而折衷甚细。平生诗不多见。观吴松岩诗集，新警超拔，袁子才⑥极推许，即先生可知矣！卒年五十三。先是，屡梦游金碧楼台，苦被家人唤醒。一日，嘱家人欲寻好梦勿呼，遂化去。殆天上谪仙人也。

（清·王培荀《乡园忆旧录》卷六）

【注】

①博学鸿词：即博学宏词。科举考试中临时设置的考试科目，为制科之一种。始于南宋绍兴三年（1133）。清康熙、乾隆年间为网罗人才、激励后进而重设此科，因避乾隆讳而改为博学鸿词科。

②平番：今永登县，隶属甘肃省兰州市。

③镇："镇台"的省称，清代称总兵。

④卢抱孙：卢见曾（1690—1768），字澹园，又字抱孙，号雅雨山人，山东德州人，曾任两淮盐运使。著有《雅雨堂诗文集》等。

⑤辨：同"辩"。辩解，分说。

⑥袁子才：袁枚（1716—1798），字子才，号简斋，晚年自号仓山居士、随园主人。钱塘（今浙江杭州）人。清朝乾嘉时期文学家。著有《小仓山房文集》《随园诗话》等。

柳下惠墓（二）

柳下惠，朱子注《论语》云："柳下，食邑。"注《孟子》用《庄子》注："居柳下。"似五柳先生以自号者。阎百诗①不知"柳下"地在何处……其实墓在今滋阳县，去鲁都甚近，必不能入齐。洪稚存②《过滋阳谒柳下惠墓》诗云：

> 断水粼粼树色昏，行人驻马揖空村。
>
> 孤羁我下无家泪，三黜谁招去国魂？
>
> 偶食庙牲齐下邑，愁逢海岛鲁东门。
>
> 伤心死士偏寥落，晓日樵苏上冢屯。

（清·王培荀《乡园忆旧录》卷三）

【注】

①阎百诗：阎若璩（音 qú，1636—1704），字百诗，号潜丘，山西太原人，侨居淮安府山阳县（今江苏省淮安市淮安区）。清初著名学者。

②洪稚存：洪亮吉（1746—1809），字君直，一字稚存，江苏阳湖（今常州）人。清代乾嘉年间著名学者、诗人。

兖州李某

兖州李某，井旁何首乌甚茂。道人乞其族诸生某相赠，与分食，且教以前知术，遂名闻朝野。有士人游秦求卜，与以三封，各署月日。遇盗，拆第一封，云往昭云寺宿。果获盗，赀无失。至戚太守署，宴客有妓，拆二封，云纳之可弄璋①。买之，后果生子。拆三封，云某生可作季试首，仍结纳之。盖因太守季考，士人阅卷。府学果有此生，文亦佳，列为首。太守厚待，复出己资赠之。某生十年后为文宗②，士应试，亦拔首名，食饩③。游历下，抚军周彝初④传进署与之谈，龙钟之态，左右必需人扶翼。闻尚有房中之好。未及死。

（清·王培荀《乡园忆旧录》卷六）

【注】

①弄璋：古人称生男孩为"弄璋"。

②文宗：明清时称提学、学政为文宗。亦用以尊称试官。

③食饩：明清时经考试取得廪生资格的生员享受廪膳补贴。亦即成为廪生。饩，音 xì，廪给，俸禄。

④周彝初：周有德，字彝初，清朝汉军镶红旗人。自贡生授弘

文院编修，累迁侍读学士、弘文院学士。康熙二年（1663）授山东巡抚。迭疏请宽海禁、蠲免逋赋、赈济灾民等事。

王渔洋咏少陵台诗

兖州城有少陵台，杜甫登兖州城楼咏诗，后人为之筑台。渔洋诗云：

> 不见杜陵叟，犹存杜甫台。
>
> 如闻石门路，曾共谪仙杯。
>
> 平野苍苍合，浮云故故来。
>
> 岱宗青未了，仿佛六龙回。

（清·王培荀《乡园忆旧录》卷八）

黄恩彤①《兖郡行》诗

> 兖郡西门人若狂，撞钟伐鼓迎大王。
>
> 惊问大王在何许，玉河之侧碕岸②傍。
>
> 小蛇数寸自蟠结，锦文错杂头不方。（相传大王蛇方头，此则否）
>
> 士女喧传剧鼎沸，奔走祷祝来巫阳③。
>
> 长官闻之亟致祭，纷陈俎豆罗酒浆。
>
> 更以乩笔请神语，沙盘划字森成行。
>
> 自云生时为河督，顺治二年莅鲁疆。
>
> 之锡姓朱字梦九④，疏而荐者阿中堂⑤。
>
> 便问中堂何名讳，大书桂字殊昭彰。
>
> 顺治初塞金龙口，河督方兴实姓杨。
>
> 十有四年越十八，朱公两任综修防。（朱公之锡两任

河督，均在顺治十年以后）

文成（阿相国谥文成）相业最煊赫，乾隆中叶方
腾骧⑥。

国初自有从龙彦，阿公不及相颉颃。

明明时代错先后，附神记鬼诚荒唐。⑦

傍有野叟忻然笑，神道变化安可常。

木兰地下市鞍马，卢生梦里临疆场。（木兰、卢生均
于近年显灵捍寇请封，见邸抄）

中兴天子百灵助，幽明协赞扶包桑⑧。

狂澜待挽仗神力，大王奚止金龙黄⑨。（近日河神惟
金龙四大王、黄大王灵感最著）

（清·黄恩彤《余霞集》）

【注】

①黄恩彤：黄恩彤（1801—1883）原名丕范，字绮江，号石
琴。山东宁阳县人。清道光六年（1826）中进士。历任刑部主事及
郎中、江苏按察使、广东巡抚等职。道光二十七年（1847）辞官归
休。一生著述甚丰，有文集、杂著等百余卷。

②碕岸：曲折的河岸（碕，音 qí，弯曲）。

③巫阳：古代传说中的女巫。

④之锡姓朱字梦九：朱之锡（1623—1666），字梦九（一作孟
九），号梅麓，别称朱太史，浙江义乌人。清顺治三年（1646）进
士，十四年（1657）任兵部尚书兼河道总督，驻守济宁，治理河
道。康熙元年（1662）进阶为资政大夫，继任河道总督，成为顺
治、康熙两朝治河重臣。康熙五年（1666）因病卒于任上，康熙帝
谕赐祭葬。雍正元年（1723）敕封为河神"朱大王"，沿河立庙，
春秋祭祀。乾隆四十五年（1780）追封其为"助顺永宁侯"。

⑤疏而荐者阿中堂：阿中堂，指阿桂（1717—1797），章佳氏，字广庭，号云岩，满洲正白旗人。清乾隆时期名将，长期征战边疆，授兵部尚书、首席军机大臣、武英殿大学士。乾隆十三年（1748），参加大小金川之役；二十四年（1759），参加平定大小和卓叛乱，并屯田伊犁；三十三年（1768），偕经略傅恒领兵与侵扰滇境的缅甸军交战；三十六年（1771），再次参加大小金川之役，并参与制定抗击廓尔喀的进兵方略。嘉庆二年（1797）卒，谥号文成。乩语谓阿桂系朱之锡任河道总督的"疏而荐者"，时代显然不合。

⑥腾骧：飞腾，奔腾。引申为地位上升，宦途得意。

⑦"国初"四句：谓开国初年自有辅佐帝王的贤士，阿桂中堂恐怕还不能与之并列。因为时代先后明明搞错了，装神弄鬼实在荒唐可笑。从龙，旧以龙为君象，因以谓随从或辅佐帝王创业。彦，贤士，俊才。颉颃，音 xié háng，谓不相上下，相抗衡。

⑧包桑：亦作"苞桑"。本指丛生的桑根，桑树之本。比喻牢固的根基，根深蒂固。

⑨大王奚止金龙黄：金龙，指金龙四大王，名谢绪，南宋诸生，杭州钱塘县人，因其排行第四，读书于金龙山，故称。明张岱《夜航船》卷十八："宋末〔谢绪〕以诸生死节，投苕溪中。死后水高数丈。明太祖与元将蛮子海牙厮杀，神为助阵，黄河水望北倒流，元兵遂败。太祖夜得梦兆，封为黄河神。"金龙四大王既是黄河河神，也是运河漕运保护神，广为官方和民间所崇祀。黄，即黄大王，原名黄守才，字完三，号对泉，明朝河南偃师人。黄守才一生投身于治水济民，足迹踏遍伊河、洛河和黄河中下游，被誉称为"功并神禹""活河神"，清康熙帝封他为"灵佑襄济王"，并祀"金龙四大王"。

剑仙聂碧云

聂碧云，兖州奇女子也。幼遇异人，授以剑术，能飞剑取人首级于十里之外。嫁一士人，能吹铁箫。尝于醉后品箫于柳阴下，树旁系一渔舟，渔翁有子不孝，是晚适骂父，士人闻之，怒掷铁箫杀之，因此放浪江湖间。一日，访道于劳山，从五老峰下，觌面①逢碧云，视之不转瞬。碧云亦注目久之，曰："观子行踪，亦浮家泛宅流也。余尚无偶，愿随子。"遂为夫妇。士人欲结茅于西南山麓，女曰："余尚有大仇未报，非可隐时也。所以从子者，跋涉山川，聊伴寂寞耳，且冀子为指臂助。大道苟成，于子非无益者。"

女自兖豫历燕齐，经汴洛，每至一处，辄作十日勾留，从不久淹。尝于夜间占望星气，卜曰："当在洪泽巨湖。"因疑鄱阳湖中，必有神物，遂诣豫章，僦屋②湖畔。夜出寸许神镜，注水满盘中测之，曰："光气犹远。"继审知在太湖，乃浮九江，达三吴，卜居西洞庭山。士人设帐授徒，有久处意。士人因于暇时询女隐事，并叩所欲为。女曰："余父，有道者也，出许真君③门下，讲求修炼铅汞之法。大凡已成，不日飞，山潭毒龙幻形作真君状，潜诣父所，命父启炉，分丹为二颗，以一自服，以一畀④我父，佯若密授真言。我父方俯伏受教，遽乘不意，袖出铁椎击父首，遂殒，丹为其所盗去。毒龙自此变化不测。此大仇不可不报者也。毒龙神通颇广，非剑术所能制，须求三物得全，始可杀之。"士人问是何三物。女曰："一为定海神针，大禹昔日之所遗，投之潭中，水可不兴；一为降魔真杵；一为炼影神镜。余今但有一镜，而未得此二物，日夜求之，不敢少懈。今探知针在太湖中，须设法求之，否则恐骇物听。"女自此夕必泛舟湖中，飞桨操舵，悉以一人兼之。一夕，皓魄凌空，月明如昼。士人方闭关夜读，万籁萧然。女忽款扉⑤至，衣履沾濡，发际水犹滴沥也。谓士人曰："子可为我贺，余已觅得神针矣。"出诸袖中，长仅若箸，视之，上有蝌蚪文⑥数行，漫漶不可辨。

明日，女遽徙去。行至浙界，住逆旅中。道逢一黄冠⑦，神情潇洒，似曾相识。与女稽首问讯曰："三物得二，报仇之期不远矣。我师有一函与汝。"遽出授女，倏忽不见。女大叹异，启缄读之，真君札也，中谓："降魔真杵今在嘉兴西寺韦陀手中，惜为世俗香火所熏蒸，须得辟秽《金刚咒》十万遍，乃能返璞还原。至时自来助汝。"女往檇李⑧，遂以伪易其真者，供诸案头，沐以异香。因令士人晨夕讽诵金经⑨，期年，其数乃盈。女于十年间已炼匕首百具，均可削铁，坚可贯石，掷诸空中，若流星闪电，下必着物，无虚发者。女跃然起曰："报仇正在此时矣！毒龙旧伏于蠡湖，今徙宅于仙穴，乃灵山之最上峰也。当偕子入蜀求之。"

于是遂历瞿塘、滟滪⑩之险，剑阁、夔门之峻，小住成都者匝月，乃抵阆中，登蟠龙山以眺望。见灵山一峰，峭拔干霄汉，气色葱蔚，下为神物之所居。女喜曰："在是矣！"顾谓士人曰："能从我往乎？"士人曰："敢不如命。"女畀以革囊，以匕首之半予之，曰："但俟云雨勃兴，雷电激荡时，望空掷之，无不着手。事急，君可持降魔杵以自卫，高宣金经，自无虞也。"女结束⑪登山，直造其巅。士人从之。但见潭方广约数百亩，水清澈见底，游鳞可数，风水成纹，涟漪荡漾。女曰："毒龙喜听乐音，子可吹铁箫以引之。"士人之箫，固神技也，高可遏云，响可裂帛，精诚所注，金石可泐⑫。始犹按谱依律，抑扬宛转，三弄之后，极其所长。女瞥睹群鱼中有状若蜥蜴者，点首掉尾，举止有异，知必毒龙也。急投以定水神针，潭水顿涸丈许。蜥蜴倏变为巨蛇，须臾，鳞甲怒张，风浪骤作，千百条蛇俱从潭中飞出，向集女身。女掷剑空际，匕首所及，血雨横飞。士人亦从旁助之。俄而，天地昼晦，水火风雷一时并至。士人匕首已尽，但危踞石上，执杵诵经，女以胸悬神镜，诸不敢犯。龙术渐窘，知不能敌，腾升云际，张爪牙与女斗。女以降魔杵掷之，中其背，倏忽不见。急以炼影神镜遍照四方，乃伏在盘石下。起盘石觅之，转瞬间成一虾蟆。女恐其再遁，出神针刺之，血骤涌，潭为之溢焉。女以为已死，喜曰："二十年大仇，今日始偿所愿矣！"忽闻空中有声曰："女子有志哉，洵可嘉也。"仰瞩之，则见羽衣星冠，端现云际，乃真君也。俯谓女曰："毒龙伎俩百出，那得便死。五百年后，仍将出为人患。不如畀我携归。"掷钵下潭，物遽跃入钵。既收，真君亦隐。

女悦莫厘、缥缈¹³之胜，拓地诛茅，有终焉之志。山中人民以女重临，咸来问好。女卒岁无所经营，而衣食自给；虽与士人为伉俪，而食宿自别，察之，似绝无所染者。群疑为非常人。适春间霆霖为患，浙皖山中，各处发蛟，西山岩壑深处，远近皆闻鼍¹⁴鸣。山民忧之，遍行搜掘无所得。一夕，雨骤风狂，山水陡发，雷声甫震而蛟出，离土已丈余。女闻趋至，飞剑斩为二。明日迹之，角首而鳞身，长几数丈。山中人不至于罹灾者，女之力也。一岁，患久旱，稻田龟坼¹⁵。民间祈雨者，断屠建醮俱罔效。有时密云不雨，雷声隐隐，格不得下。女曰："是必有异。"巡行田野遍察之，见一棺朽露，户有一小穴甚滑泽，似有物常出入者。因询谁氏之柩，则久厝不葬，家已无人，遂告众启而观之，赫然一僵尸卧其中，遍体绿毛，盖启，尸已起立，众惧却走。女曰："此旱魃¹⁶为厉也。"命积薪焚之，甘霖立沛，民间得以补种，虽旱不为灾。

某甲家有狐为祟，驱之益横，甚至扰及左右邻居，箱笼无故火出，秽物死鼠时埋饭甑中，妇女亵物弃于街道。甲患之，诣龙虎山⑰请天师符，归家悬之，亦无所畏。意女必有道术，因往哀之，祈其一临治之。女笑曰："是非我所长也。符咒敕勒⑱，我皆未晓，不将作王道士斩妖，流为话柄⑲哉？"甲再三恳之，不得已，遂往。及门，骤有一巨砖飞来，几中女肩。女怒，掷剑空际，则室中狐鸣，已断其首。女曰："其害已除，君可高枕而卧矣。"女归，即有一白须老翁持刺⑳进谒，女以素昧由来，异焉，姑延之入，则苍髯古貌，道气盎然，谓女曰："同属玄门，何相凌之甚哉？子孙即有不肖，盍㉑先告我？我自能治之。乃遽以三尺加之，是曷故哉？子志在报父仇，今我之仇，将于谁报？许真君犹我后辈，勿谓子剑甚利，可以妄杀也。"女始知为狐祖。因答曰："子固涂山氏㉒之苗裔也？但当伏处岩穴，远隔人间，自然与人无患，与世无争。乃祟扰平民，逞其狡狯，论厥典刑，当居何等？子自谓能治其子孙，则当人家呼吁无门时，何遂聋聩若罔闻知哉？子休矣！毋撄我虑㉓！"翁无以对，情志沮丧，仓猝下阶，踣地，遽化为苍狐，转瞬已杳。女谓士人曰："此狐按以阴律，罪未至死，我杀之，未免过甚，子可诵《心经》《往生咒》各万遍超度之，借以忏吾过。"

　　女以洞庭东西两山之胜甲于吴下，谓："此间原系福地洞天，天仙之所宅，不谓山中人尘容俗状，类皆汩㉔于铜臭，负贩远方，佳景当前，弃而不顾，绝无楼台亭榭之胜，泉石花木之幽，竞作坟墓，转为鬼窟，惜哉！余意湖中当筑长堤，如白堤苏堤故事；连两山而为一，中建环桥十有二，以通舟行；濒湖悉栽荷花菱芡，花时万顷清香，一堤明月，岂不乐哉？堤上多种垂杨并松榆梅李之属，以荫蔽行人；莫厘、缥缈之间，筑精舍㉕数百椽，为出世之士栖真㉖养静所。"女虽有此言，后入峨眉山学道，一去不返，未竟其志。

（清·王韬《淞隐漫录》卷六）

【注】

①觌面：见面；迎面；当面（觌，音 dí，见，相见）。

②僦屋：租赁房屋（僦，音 jiù，租赁）。

③许真君：我国古代传说中的人物。本为晋代道士许逊，字敬之，南昌（今属江西）人。传说他道法高妙，曾镇蛟斩蛇，为民除害，声闻遐迩，时求为弟子者甚多，被尊为净明教教祖。

④畀：音 bì，给，给予。

⑤款扉：叩门，敲门。

⑥蝌蚪文：即蝌蚪书，古文字体的一种。笔画多头大尾小，形如蝌蚪，故称。

⑦黄冠：道士之冠，亦借指道士。

⑧槜李：嘉兴的古称（槜，音 zuì）。

⑨金经：指佛道经籍。

⑩滟滪：即滟滪堆，也叫滟滪滩，是长江瞿塘峡口的险滩，在今重庆市奉节县东。

⑪结束：扎缚，装束。

⑫泐：音 lè，同"勒"。铭刻。

⑬莫厘、缥缈：吴中（今属苏州）太湖东、西两山的主峰。

⑭鼍：音 tuó，也称鼍龙、猪婆龙，学名扬子鳄。

⑮龟坼：形容天旱土地裂开。龟，jūn，同"皲"。坼，音 chè，裂开，分裂。

⑯旱魃：神话传说中的旱神。魃，音 bá。

⑰龙虎山：道教发祥地，在江西鹰潭贵溪县（今贵溪市）。汉代张道陵于龙虎山修道炼丹大成后，历代天师居于此地，世袭道统63代。

⑱符咒：符箓和咒语的合称，僧道以为可以役使鬼神。敕勒："敕勒术"的略称，驱鬼术，道士画符咒制鬼必书敕令二字以约勒鬼神，故称。

⑲王道士斩妖，流为话柄：王道士，民间戏曲中讥笑的对象，谓其斩妖无法。语出清袁枚《子不语》卷十八《山娘娘》："临平孙姓者新妇为魅所凭，自称'山娘娘'，喜敷粉，着艳衣，白日抱其夫作交媾秽语。其夫患之，请吴山施道士作法。方设坛，其妻笑曰：'施道士薄薄有名，敢来治我？我将使之作王道士斩妖矣！'王道士斩妖者，俗演戏笑道士之无法者也。"

⑳刺：即名刺，犹名片。

㉑盍：表示反诘，何不。

㉒涂山氏：指狐狸。据东汉赵晔《吴越春秋·越王无余外传》，禹行至涂山，娶白衣九尾狐为妻，生启。今安徽省怀远县涂山有涂山氏祖庙。

㉓毋撄我虑：不要搅扰我的思虑（撄，音 yīng，扰乱）。

㉔汩：音 gǔ，沉迷，沉湎。

㉕精舍：道士、僧人修炼居住之所。

㉖栖真：存养真性，返其本元。

忠魂入梦

兖济道署，在兖郡城西，本明季都阃①府旧址。观察某公莅任后，爱署西隙地，可植花草，浚池灌泉，辇石堆山，筑小亭如盖，供吟啸觞咏，摩挲②收藏鼎彝为乐。

余幕游滋阳时，公子某司马，治樽招饮，偕登假山，顾西墙外有方土一抔③，长可二丈余，高可五尺余，宽广平整，疑为瞭台。若就势堆作嶙峋，绕以廊舍，则园势能曲，石径亦纤，心拟之而未言也。饮醉，篝灯④回，朦胧就枕。梦一红袍纱帽贵人，面白多髭，长眉高颡⑤，徘徊中庭。旋一秃发短童，投刺入，口称曹公奉拜。余方审刺上名氏，而贵人已入，昂昂抗手⑥高坐，瞠目视余良久，曰："子日间所见土阜，亦知其下为吾首丘⑦乎？魂魄所栖，非可作游览所。当日仓卒捐躯，既无碑志，又无祠宇；老成凋谢，史册不书，殊寂寞耳。子既作《夜雨秋灯录》，何不纪其崖略⑧，俾后之宦游者知此中有人，不致剗削⑨，岂非笔墨缘欤？"余心虽应诺，且欲咨询，而口噤不能吐一字。贵人旋起，余唯拜送。贵人曰："翌日，将遣人以名字相告，可以略见一斑。"言已，且行且吟曰：

> 寒泉百尺吐长虹，多少风云在瓮中。
> 遗蜕纵教黄土压，精灵已逐鼎湖龙。
>
> 回首燕台策马行，征途顺访绿杨营。
> 惨闻帝抱虞渊痛，国破家亡敢再生。
>
> 爱妾随身字宵娘，一般殉节共流芳。
> 行人莫当胭脂井，玉虎偷窥水尚香。
>
> 千古崇窿土一台，金蚕飞出总堪哀。
> 年年风雨清明节，若个梨花麦饭来。

忠义光能烛九渊，闲携桃叶岱云边。

何须短碣题名字，杜甫南楼一散仙。

吟已，回首顾余，挥手若示止步状。余正惶惑，若足底误踏苍莓⑩，一滑倾扑而醒，枕上默忆所吟，一字不爽。听窗外风声飐然⑪，若吟韵犹在耳边也。谨志于怀，殊不可测。

次夕，适道署幕府某君来，试以土阜问。某愀然⑫曰："其下有井，为明忠臣昆山曹公廷桢死难处也。甲申年，公正行取入都，道出此邦，访友是署。忽侦隶报煤山之变⑬，公抚膺大哭，曰：'吾不忍事二主！'故纵身投井死。土人义之，遂闭塞井阑，上加黄土，因近官衙，不敢作殡宫墓道，然亦不忍再酌寒泉，遂筑如平阜。至道光某甲子，官此者某公，其妾素骄，亦河东怒狮也。夏日怯暖，见此阜横绿荫下，四面凉飓⑭习习，乃簪花傅粉，着短罗衫，坐土阜上纳凉；且双翘纤足，吸水烟，诸婢环侍，笑语喧哗。忽大叫倒地，若中癫，面青紫，目瞪视，口流沫，作昆山语音骂曰：'何物淫娃，敢于无礼！此虽爽垲⑮，然其下为吾窀穸⑯。尔一妇人，坐吾屋顶上，亵渎甚焉。而且艳妆吸烟，是何体态！尔藁砧⑰亦读书人，何绝无家教，想怯尔阃威耶？我实不能恕妖牝⑱也！'言已，手自批颊，粉黛浸淫，花容揉碎矣。诸婢狂呼，仆媪咸至，不能救止。惊请某公来，听如夫人所语，知有干犯，急再拜任过，乞宽宥。旋闻冷笑曰：'我家亦有妇人，设箕踞于汝宅鸱尾⑲上，汝心安乎？'曰：'是诚婢子之无礼，容痛饬之。但君既殡此，乞示姓名。'大声曰：'吾明季曹廷桢也。'再问，而如君已苏，扶之上房，药饵始愈。然由此竟丧胆，阃威稍杀，不似从前之肆恣矣。今观察某公，旋以曹公问郡邑父老，咸云实有其人与其事，至究何官属、同死者何人、死何月日、昆山有无耳孙⑳，则不能得端的。观察函询昆宰，亦无还云，而府乘㉑亦无纪载。"某君言至此，遽见烛跋㉒，辞去，晨即前赴省垣。

余蓦忆昨宵所梦忠臣曹公者，其即红袍纱帽，负手长吟者乎？玩其诗句，抑尚有朝云同死，而兖人不知者乎？急呼墨搦管，敬谨录示同人。咸云附会，不深信。噫！此何事也，而敢以附会出之欤？夕照树荫之下，心有所思，灵即入我梦寐，曹公亦何其神欤！余命犯客星，萍踪靡定，倘到昆邑，当亲访曹氏云礽㉓，或知其详也。姑记于此，庶不负忠魂謏㉔之隆。

（清·宣鼎《夜雨秋灯录》卷一，时代文艺出版社 1987 年版）

【注】

①都阃：指统兵在外的将帅。阃，音 kǔn，借指将帅。

②摩挲：音 mó suō，抚摸。

③抔：音 póu，手捧。土一抔，即一捧之土。代指高出平面的土丘。抔，一本误作"坏"。

④篝灯：谓置灯于笼中，即点燃灯笼。

⑤颡：音 sǎng，额头。

⑥抗手：举手，施礼。

⑦首丘：指埋身之所，指坟墓。

⑧崖略：大略，梗概。

⑨劖削：削除，清除。劖，音 chán，凿，削除。

⑩苍莓：青苔（莓，苔藓）。

⑪飕然：风吹过的样子（飕，音 sōu，拟声词，风声）。

⑫愀然：容色改变的样子（愀，音 qiǎo）。

⑬煤山之变：崇祯皇帝在煤山自缢，明朝灭亡。

⑭飔：音 sī，凉风。

⑮爽垲：指宽阔的高而干燥之地（垲，音kǎi，高而干燥）。

⑯窀窆：音zhūn xī，墓穴。

⑰藁砧：古代处死刑，罪人席藁（禾秆）伏于砧上，用铁（音fū，铡刀）斩之。"铁"谐音"夫"，后因以"藁砧"为妇女称丈夫的隐语。

⑱妖牝：犹言女妖（牝，音pìn，雌性）。

⑲鸱尾：古代宫殿屋脊正脊两端的装饰性构件，外形略如鸱尾，故称。此处指屋脊。

⑳耳孙：裔孙，远代子孙。

㉑府乘：府志，郡志（乘，音shèng，史书）。

㉒烛跋：蜡烛燃尽。

㉓云礽：后代子孙（礽，音réng，裔孙）。

㉔諈诿：嘱托（諈，音zhuì）。

鞭石祈雨

兖郡之东有黑风口，汇万山磵①水，奔涛激浪，由此出南阳湖，清濑一泓，蛟龙窟宅。其上为青莲阁，传为太白故居。其下有石人长七尺，其首为雷霆震去，童童如刑天之形。沉于水底，绿苔如毛。郡偶苦旱，石人则自浮出波。太守遣役曳登岸，暴炎炎烈日中，水浸淫如汗下。少顷，即有纤云起于天末②，雷震震、雨丝丝矣。若逾日不至，即又遣御者执鞭骂而笞之。一日不雨笞一日，三日不雨笞三日，越五日无不雨。此祈雨最奇者也。

尝有牧儿夜宿其左，朦胧间见一红袍纱帽贵人，自摘其首，就水边盥濯面上垢，怀出小梳栉发，盘髻如螺，抉耳就肩③，仍似生铁，毫无痕迹。牧儿怖，欲呼，贵人揖之曰："子知我即石人精灵乎？"曰："唯唯。"曰："我，此邦宰官也，生时贪婪，性爱黄白④，死化为石，雷击其元，亦可为赇吏⑤诚矣。而上帝复恶我幻迹，警我顽躯，凡遇旱灾，必假手世人横加挞詈，今已匝月，甘霖未施，骯脏舆台⑥，奇辱究何能忍？我告子，致旱者，灞东古墓，其上有朱色鸟，悲鸣飞绕不能去，其下有僵尸，仰天一笑，龙即堕而食其脑。若掘而火之，雨即至。然非真节妇一点泪，恐掘即飞去，愈不能制也。子为我告诸太守，感激深矣。"言已，悲涕而隐。牧儿寤，明日入告太守，如其言，果于灞东得墓，且有朱鸟之异。啼声乌乌，出于老屋，问谁何，土人曰："此为亡夫庐墓之上官氏也。"即延至，命略洒苦泪，黄土成斑，众姓挥锄，尸遽掘出，已体生毛修修⑦，目在顶炯炯，拉杂摧烧，暴雨如注，沟浍⑧皆盈矣。田畯⑨欢呼，为之酬牧儿，谢节妇，鼓乐送太守回衙，而石人仍不愿祀之，恶其贪也。然由是永不浮出，岂上天旌其一念之善与？究之父老寿百岁者，尚亲见其石，盖其色黝黑如墨云。

懊侬氏曰：墨⑩骨化石，节泪斩魃⑪，均得未曾有。

（清·宣鼎《夜雨秋灯续录》卷二，时代文艺出版社1987年版）

【注】

①磵：音jiàn，山间的水沟。

②天末：天的尽头。指极远的地方。

③抉耳就肩：谓托举着双耳，〔将头〕放到肩上（抉，举起，托起）。

④黄白：指金银。

⑤赇吏：贪赃枉法的官吏（赇，音qiú，行贿，受贿）。

⑥舆台：古代十等人中两个低微等级的名称。舆为第六等，台为第十等。泛指操贱役者，奴仆。

⑦修修：修长的样子。

⑧浍：音 kuài，小沟。

⑨田畯：古代掌管农事、徭役等的地方小吏（畯，音 jùn）。

⑩墨：贪污；不廉洁。

⑪魃：音 bá，神话传说中引起旱灾的神怪。

挝鼓捕盗

魏李崇为兖州刺史，令村置一楼，悬鼓，盗发之处，双槌乱击，四面诸村始闻者，挝鼓一通，次后闻者，以三为节，各击数千槌。诸村闻鼓，皆守要路，是以盗窃始发，便尔擒送。

（清·陆以湉《冷庐杂识》卷一）

石佛寺灵石

宋石佛寺灵石，在城北二里。寺隋时建，有大石佛像。殿前为圣水井，井有灵石。石方不盈尺，一面刻咒水变成甘露真言。咒云：南无苏噜婆耶，怛他哦哆耶，怛侄他唵苏噜苏噜钵啰苏噜钵啰苏噜娑婆诃。末刻大字：淳化五年①五月五日记。

（清光绪《滋阳县志》卷六，亦见周
元英《滋阳县乡土志》，文字稍异）

【注】

①淳化五年：即 994 年（淳化，宋太宗赵炅的年号）。

韩灵珍种瓜葬母

北魏韩灵珍，鲁郡人。母殁，贫无以葬，与弟灵敏共种瓜半亩，欲以营殡。及熟，朝采以卖，至暮复生。遂克葬。

（清光绪《滋阳县志》卷九，亦见周元英《滋阳县乡土志》）

道士巩道严

巩道严，万寿观道士，受籍于真长刘长春。一夕，梦神语曰："洁除殿宇，明日当有八仙人至。"道严如所教，潜侯殿隅以觇①其异。果有八人入，道严趋跪，叩以仙术。不应，固请不已。其一人曰："于阶前汲水饮之。"道严窥井。又问："有所见邪②？"曰："但见蛇耳。"其人顾众而笑，出书数篇援之。忽失八人所在。

道严窥其书，皆咒水致龙之术，遂擅其技，为人祷雨辄应。后以搬运法授其弟子吴道士。尝修天仙宫，匠不给价，令随地自捡银钱，适偿其值。有多取者，须臾辄失去。

道严以老疾殁，后十余年，兖人在淮阳间见之。谈旧事，殊殷勤③也。殆以尸解④去邪？明成化间人。

（清光绪《滋阳县志》卷十四）

【注】

①觇：音 chān，窥视，察看。

②邪：音 yé，语气助词，表示疑问。

③殷勤：此处为真切、清楚明白的意思。

④尸解：道教语，谓信徒遗其形骸而仙去。

宝器库

明嘉靖间，县境孟家庄里许，有土坟起，相传为宝器库。凡民间婚丧需器皿者，爇香虔祷，辄有器罗列，称所用数，不知何自来也。事毕，舁①还故处，转瞬即逝，亦不知何往。如是为常，民甚便利。后有贪夫用其器，匿弗还，自是祷之不应。

（清光绪《滋阳县志》卷十四）

【注】

①舁：音 yú，扛，抬。

董茂舒墓

城南十里有古墓，相传汉董仲舒兄茂舒葬此。明万历中，村民牛坤者，率佃人误开之，获金若干。甫攫去，有旋风起，卷佃人什墓中，死。坤归遂病，发狂歌哭，不知人。家人惧，还其金墓中，仍加封焉。坤遂愈。

（清光绪《滋阳县志》卷十四）

吕仙桥

邑人吴之英、丁时雍，扶乩请吕仙。乩书曰："来日日中，待我于张家桥上。"届期，二人往。天甚晴。忽有云一片，如席大，自西北来，风雨随至。二人避桥侧。雨过，见一人甚褴褛，自西北来。问二人曰："见陈长者未？"须臾不见。次日复问乩，云："昨已于桥上相见。"因名其桥曰"吕仙桥"。万历三十四年事。

（清光绪《滋阳县志》卷十四）

柿仙门

明滋阳王寝疾①，梦一道人啖以红柿而甘。旦，令人觅之。郡城东门外遇一道人，如所梦，持一柿求售。时暮春矣，芳鲜类初摘者。询其价，须五十金。旦曰："但持去，勿靳值②也。"王食之，

病良已，如数酬以金。道人不受，遂入门去，忽不见。乃题其门曰
"柿仙门"，并于其地建吕祖祠。至今香火不绝。

（清光绪《滋阳县志》卷十四，亦
见周元英《滋阳县乡土志》卷四）

【注】

①寝疾：卧病。

②靳值：吝惜钱财。

道士金元秀

邑之三元庙，有道士金元秀，虔诵《太上真经》，清修，为羽
林冠。康熙三年十二月朔，忽备辞所识①曰："上清②于二十日日中
召我，行将永别。"众以狂惑笑之。至十九日，元秀屏去饮食，沐
浴更衣。果于次日午时，持所诵经端坐瞑目而逝。

（清光绪《滋阳县志》卷十四）

【注】

①备辞所识：向认识的人一一告辞（备：皆，尽）。

②上清：指上清大帝，又称大罗灵宝天尊，道教最高神灵
之一。

疯和尚

嵫山之阴小村颜氏子，家甚贫，幼时尝酣眠，风雪中无寒色。
比长为僧，日曳弊履，以手提裤，踉跄行状，类颠痴。人呼为"疯
和尚"，未之奇也。所言多不可解，事后辄验。始稍稍异之。

嵫山太元观，议重葺，苦乏资。和尚来山中，以豆施病者曰：
"食之，病当愈；愈即出钱助工。"食者果愈。张留村有刘乙，五

旬生一子，厄于痘。闻豆之能已病也，诣和尚求之。和尚曰：
"尔子非豆能疗也。第^①多输金，吾往医尔子。"刘许诺，导和尚
至家。则曰："尔子愈矣！"入视，果瘳^②。由是获资无算，工赖
以举。

有病瞽者，与以独枚蒜二。啖其一，一目遂明。有病噎^③者，
垂殆矣。取履上垢，丸以畀^④之，吞丸辄愈。远近奉之若仙，然亦
不轻为人医也。

后卓锡^⑤于东平三宝庙，遂不归。一日，素所往来之家，皆见
和尚来作别，云将远行。入庙探视，已示寂^⑥矣。后数年，有乡人
遇和尚于海上，笑语若平时。濒别付以履，使寄其徒。视之，果师
履也。或以为尸解云。

（清光绪《滋阳县志》卷十四）

【注】

①第：只要，倘若。

②瘳：音 chōu，病愈。

③噎：音 yē，指噎食病（中医指食不能下咽的病）。

④畀：音 bì，给予。

⑤卓锡：谓僧人居留。卓，直立。锡，锡杖，僧人外出所用。

⑥示寂：佛教语，称菩萨及高僧身死。寂即梵语"涅槃"的意
译，言其寂灭乃是一种示现，并非真灭。

刘神仙

刘泽溥，字扁也。自云遇异人授以书，能前知，谈祸福多奇
中，人因称为"刘神仙"云。早补诸生，每于秋试前书闱中题，封
置密处。试后阅之，良然^①，顾^②屡黜，而试不已。同人嘲之曰：

"君能前知，岂不自决利钝，而亦效吾辈仆之邪？"笑曰："吾欠道路③债耳。"性好善，遇渔猎者辄劝之放生。不听，则终日无所获。有欲传其术者，必严拒之。曰："吾术无他，诚则灵耳。若不善用之，害方大也。"预知死期至，时置书于怀，端坐而逝。一女嫁近村，婿觊其书，嘱妇取之。泽溥忽张目索书，纳枢内乃瞑。术遂不传。

（清光绪《滋阳县志》卷十四）

【注】

①良然：果然，确实如此。

②顾：却，反倒。

③道路：路上的人。指众人。

马娥

回民马甲，生女，字娥，邑人呼为马娥。女自小端重，不苟言笑。年十三，一夕沐浴更衣，拜别父母，趺坐①化去。阅数日，貌如生，邻里异之，祠于北郊。女附邻妇，医病多愈。后有人暑月于祠前裸而乘凉，女示梦曰："何为慢我？我去矣。"遂寂②。明万历四十一年事。

（清光绪《滋阳县志》卷十四，亦见周元英《滋阳县乡土志》卷四）

【注】

①趺坐：盘腿端坐。趺，音 fū，双足交叠而坐。

②寂：指死亡。佛教多用以指僧尼死亡。

宋文运

宋文运，字开之，南宫人，顺治辛卯以进士知县事。下车值大旱，乃斋宿①，祷于城隍，雨立霈。劝农课士，诸政釐然②。时苍山寇渠王俊等啸聚为患，大帅督三省兵十余万会剿，屯驻县境，文运竭力供给，军用无缺。事平，诸帅称其功，酌酒嘉劳。城南陋地村，旧有复圣庙，乃扩而新之，更置祭田八亩，以供岁祀。善折狱，拘讯两造，立辨情伪，余人概免株连。尝有单县民被杀，而疑于杀者二人，旁无左验，累岁莫能决，大府以属文运③。乃召两囚面质于庭，谓之曰："人命至重，官可欺，神不可欺。"命取苇枝，比其尺寸而四折之，以其二寄库，俾两囚各执其一。约：俟次早合验，必有一长者，此神示以杀人者也。届期验之，三如故，而一囚所执独短，因诘之曰："苇安得长？亦安得短？汝情虚，故折之使短，冀避罪耳。汝真杀人者也。"严拘之，悉吐其实，案乃定。

时以需才，特开保举贡监例。文运首荐寒士刘布春，并资其行。比部试，果冠北雍④，旋成进士。时论服其知人。在任七年，行取刑部主事，累擢吏部文选司郎中，终刑部侍郎，加太子少保，谥端愨。

（清·周元英《滋阳县乡土志》卷一）

【注】

①斋宿：在祭祀或典礼前，先一日斋戒独宿，表示虔诚。

②釐然：清楚，分明（釐，事物的条理）。

③大府以属文运：上级官府把此案交付给宋文运办理。大府：泛指上级官府，此处当指兖州知府。属：音 zhǔ，嘱咐，委托。

④雍：辟（音 bì，同"璧"）雍，古之太学（国子监）。明朝有北雍和南雍之分：设在北京的国子监为"北雍"，设在南京的国子监为"南雍"。

李濚

李濚，字禹门，高邑人，康熙初辛亥，以举人知县事。以儒术饬吏治庶①，政修举。邑旧有社学，分设各乡，日久湮废，濚锐意兴复之。县志自明嘉靖间李之茂创修后，迄于国初且百余年。濚慨然以重修为己任，爰②偕前峄县仲宏道加意搜罗，越五月成书。虽稽考未精，而捃摭③颇富，邑之文献多赖以传。

（清·周元英《滋阳县乡土志》卷一）

【注】

①饬吏治庶：教育官员，治理百姓（饬，教诲，教导）。

②爰：连词。于是，就。

③捃摭：音 jùn zhí，采集。

吴暄

吴暄，字明也，邑人。少嗜学，补诸生，试辄异等。与范廷弼兄弟及蒋岁徵、张教等八人并有盛名。数应乡举不第。崇祯初，由岁贡生任东明教谕。辞归，里居授徒，及门恒数十人，多所启发①。时范给谏淑泰以奉讳②家居，集高才生五十人，结鲁君子社，延暄为师，讲经校艺③，士皆尊信之。年九十四，无疾卒。所著有诗文杂记数百篇传于世。

（清·周元英《滋阳县乡土志》卷二）

【注】

①启发：阐明，发挥。

②奉讳：父母去世，孝子不忍言亲之名，故讳之。后人因称居丧为"奉讳"。

③校艺：谓考核经籍。校：音 jiào，考校，考察。艺：经艺，经籍。明李东阳《哭商懋衡侍讲》曰："讲经春殿炉烟暖，校艺秋闱烛影红。"

曹公墓

前道署为明季都阃府旧址，曹公墓在其西偏。曹公廷桢，昆山人。当崇祯甲申，行取入都，以与官斯土者有旧，旅宿署中。适报煤山之变，公抚膺长恸曰："吾不忍事二主！"遂投井死，而随侍宦娘殉焉。此后井半倾圮①无知者。及国朝乾隆间，改设道署，有某道夜梦红袍武官相揖而言曰："吾与为比邻，而未有庐舍，可若何？"某询知其故，因封土为墓，以示弗忘。后光绪乙酉，长白善联来观察是邦，更为之文，表厥②墓。

（清·周元英《滋阳县乡土志》卷四）

【注】

①倾圮：毁坏；倒塌。

②厥：代词，其。

柳下惠墓（三）

在高卜村。墓封高丈余，袤九十丈，其制三阶，为门人所筑。燕人伐齐经此道，令曰："有近柳下季垄①五十步樵采者，死不赦！"

（清·周元英《滋阳县乡土志》卷四）

【注】

①柳下季垄：柳下惠的坟墓。按柳下惠，姬姓，展氏，名获，字子禽，一字季，鲁国柳下邑人。曾任鲁国士师，掌管刑罚狱讼之事。柳下惠"坐怀不乱"的故事广为传颂，被后人尊为"和圣"。

民国之兖州城

〔癸酉（1933）三月十八〕经邹县，特别快车向不停站，疾驶如电。青林现城郭，复露孟庙觚棱[①]。吾慕孟夫子，目送而心向往之。

午到兖州，停车添煤、水，转货、客，济宁州支路由此起点。兖距曲阜三十里，前清为府，曲隶之；民国府废，为滋阳县治。于明为鲁王开藩地，今则危塔断桥，颓闉[②]败堞，藩府改为玄观，即路隅王孙已不可复见。岳庙亦有秦桧夫妇铁像，亦明铸。明去南宋几五百年，桧何开罪于韩指挥，为之作俑，铸铁于杭（杭州西湖岳墓铁像，为明嘉靖间指挥韩某铸），兖乃效之。

（民国·陈沅《曲阜林庙展谒记》）

【注】

①觚棱：亦作"觚棱"。宫阙上转角处的瓦脊成方角棱瓣之形。借指宫阙。

②闉：音 yīn，古代城门外的瓮城。

济上旧闻辑注

曲阜卷

鲁有父子讼者

鲁有父子讼者，康子①曰："杀之!"孔子曰："未可杀也。夫民不知子父讼之不善者久矣，是则上过也；上有道，是人亡矣。"康子曰："夫治民以孝为本，今杀一人以戮不孝，不亦可乎?"孔子曰："不孝而诛之，是虐杀不辜也。三军大败，不可诛也；狱讼不治，不可刑也。上陈之教而先服之，则百姓从风矣；躬行不从而后俟之以刑，则民知罪矣。夫一仞之墙，民不能逾；百仞之山，童子升②而游焉，陵迟③故也。今是仁义之陵迟久矣，能谓民弗逾乎?诗曰：'俾民不迷!'昔者君子导其百姓不使迷，是以威厉而不至，刑错④而不用。"于是讼者闻之，乃请无讼。

（汉·刘向《说苑》卷七）

【注】

①康子：与孔子同时代的人物。《论语·宪问》："子言卫灵公之无道也，康子曰：'夫如是，奚而不丧?'"

②升：登，登上。

③陵迟：斜坡延缓。

④刑错：亦作"刑措"。设置刑法。

孔子北游

孔子北游，东上农山①，子路、子贡、颜渊从焉。孔子喟然叹曰："登高望下，使人心悲，二三子者，各言尔志。丘将听之。"

子路曰："愿得白羽②若月，赤羽③若日，钟鼓之音上闻乎天，旌旗翻翻下蟠于地④。由且举兵而击之，必也攘地⑤千里，独由能耳。使夫二子为从焉!"孔子曰："勇哉士乎! 愤愤者乎!"

子贡曰："赐也，愿齐楚合战于莽洋⑥之野，两垒相当，旌旗相望，尘埃相接，接战构兵，赐愿着缟衣白冠⑦，陈说白刃之间，解两国之患，独赐能耳。使夫二子者为我从焉！"孔子曰："辩哉士乎！仙仙⑧者乎！"

颜渊独不言。孔子曰："回，来！若⑨独何不愿乎？"颜渊曰："文武之事，二子已言之，回何敢与焉！"孔子曰："若鄙，心不与焉，第言之！"颜渊曰："回闻鲍鱼兰芷⑩不同箧而藏，尧舜桀纣不同国而治，二子之言与回言异。回愿得明王圣主而相之，使城郭不修，沟池不越⑪，锻剑戟以为农器，使天下千岁无战斗之患，如此则由何愤愤而击，赐又何仙仙而使乎？"孔子曰："美哉，德乎！姚姚⑫者乎！"子路举手问曰："愿闻夫子之意。"孔子曰："吾所愿者，颜氏之计，吾愿负衣冠而从颜氏子也。"

（汉·刘向《说苑》卷十五，亦见《孔子家语》卷二，文字稍异）

【注】

①孔子北游，东上农山：《孔子家语》作"孔子北游于农山"。

②白羽：古代军中主帅所执的指挥旗，亦泛指军旗。

③赤羽：赤色旗帜。

④旌旗翩翻下蟠于地：谓地面上到处都旗帜飘扬。翩翻，飘忽摇曳的样子。蟠，音 pán，充满，遍及。

⑤攘地：开拓疆土（攘，音 rǎng，夺取，开拓）。

⑥莽洋：无涯无际的样子。

⑦缟衣白冠：白绢衣白帽子（缟，gǎo，细白的生绢）。

⑧仙仙：形容善于言辞。

⑨若：代词，你。

⑩鲍鱼：盐渍鱼，干鱼，其气腥臭。兰芷：兰草与白芷，皆香草。

⑪越：治理，整治。

⑫姚姚：美盛的样子。

孔子诛少正卯

孔子为鲁司寇，七日而诛少正卯于东观①之下。门人闻之，趋而进，至者不言，其意皆一也。子贡后至，趋而进，曰："夫少正卯者，鲁国之闻人矣！夫子始为政，何以先诛之？"孔子曰："赐也，非尔所及也。夫王者之诛有五，而盗窃不与焉。一曰心辨而险②，二曰言伪而辩③，三曰行辟而坚④，四曰志愚而博，五曰顺非而泽⑤。此五者皆有辨知⑥聪达之名，而非其真也。苟行以伪，则其知足以移众，强足以独立，此奸人之雄也，不可不诛。夫有五者之一，则不免于诛；今少正卯兼之，是以先诛之也。昔者汤诛蠋沐，太公诛潘址，管仲诛史附里，子产诛邓析，此五子未有不诛也。所谓诛之者，非为其昼则功盗、暮则穿窬也，皆倾覆之徒也！⑦此固君子之所疑，愚者之所惑也。诗云：'忧心悄悄，愠于群小。'此之谓矣。"

（汉·刘向《说苑》卷十五）

【注】

①观：音 guàn。古代宫殿门外的双阙，中间有道路，台上起楼观。

②心辨而险：心里聪明但为人凶险（辨，明白，清楚）。

③言伪而辩：言语虚伪却说得头头是道。

④行辟而坚：行为邪僻却意志坚定。

⑤顺非而泽：顺着错误而且能为之粉饰（泽，润泽，粉饰）。

⑥知：同"智"。

⑦"所谓诛之者"句：所以要杀他们，并不是因为他们白天盗窃、晚上挖洞爬墙，而是因为他们都是颠覆国家社稷的坏人。穿窬：挖墙洞和爬墙头，指偷窃行为，亦作"穿踰"。

鲁哀公问于仲尼

鲁哀公问于仲尼曰："吾欲小则守，大则攻，其道若何？"仲尼曰："若朝廷有礼，上下有亲，民之众皆君之畜①也，君将谁攻？若朝廷无礼，上下无亲，民众皆君之雠②也，君将谁与守？"于是废泽梁③之禁，弛关市之征，以为民惠也。

（汉·刘向《说苑》卷十五）

【注】

①畜：养育。

②雠：仇敌。

③泽梁：在水流中用石筑成的拦水捕鱼的堰。

鲁之母师

母师者，鲁九子之寡母也。腊日休作者，岁祀礼事毕，悉召诸子，谓曰："妇人之义，非有大故，不出夫家。然吾父母家多幼稚，岁时礼不理，吾从汝谒往监之。"诸子皆顿首许诺。又召诸妇曰："妇人有三从之义，而无专制之行。少系于父母，长系于夫，老系于子。今诸子许我归视私家，虽逾正礼，愿与少子俱，以备妇人出入之制。诸妇其慎房户之守，吾夕而返。"于是使少子仆，归办家事。天阴，还失早①，至闾外②而止，夕而入。鲁大夫从台上见而怪之，使人间③视其居处，礼节甚修，家事甚理。使者还以状对。于是大夫召母而问之曰："一日从北方来，至闾而止良久，夕乃入，吾不知其故，甚怪之，是以问也。"母对曰："妾不幸，早失夫，独与九子居。腊日礼毕事闲，从诸子谒归视私家。与诸妇孺子期，夕而返。妾恐其醋醶④醉饱，人情所有也。妾返太早，不敢复返，故止闾外，期尽而入⑤。"大夫美之，言于穆公，赐母尊号曰"母师"，使朝谒夫人，夫人诸姬皆师之。君子谓母师能以身教。

颂曰："九子之母，诚知礼经。谒归还返，不掩⑥人情。德行既备，卒蒙其荣。鲁君贤之，号以尊名。"

（汉·刘向《列女传》卷一）

【注】

①还失早：归来得比约定的时间早。

②闾外：村外（闾，民户聚居处，里巷）。

③间：音 jiàn，侦伺，窥探。

④醋醶：音 pú jù，聚会饮食；聚餐（出食为醋，出钱为醶）。

⑤期尽而入：意为约定时间到了再进家。期：邀约，约定。

⑥掩：掩盖，遮没。

公仪潜不事诸侯

鲁人有公仪潜者，砥节砺行，乐道好古，恬于荣利，不事诸侯。子思①与之友。穆公因子思欲以为相，谓子思曰："公仪子必辅寡人，参②分鲁国而与之一。子其言之。"子思对曰："如君之言，则公仪子愈所以不至也。君若饥渴待贤，纳用其谋，虽蔬食饮水，伋亦愿在下风。今徒以高官厚禄钓饵君子，无信用之意。公仪子智若鱼鸟③，可也。不然，则彼将终身不蹑乎君之庭矣。且臣不佞，又不任为君操竿下钓，以伤守节之士也。"④

（《孔丛子·公仪》，亦见晋·皇甫谧《高士

传》卷中、《太平御览·叙贤》，文字稍异）

【注】

①子思：孔伋，字子思，孔子孙、孔鲤子。

②参：同"三"。

③若鱼鸟：像鱼鸟一样。《高士传》作"若鲁者"。

④《高士传》文末有"潜竟终身不屈"一语。

鲁有执长竿入城门者

鲁有执长竿入城门者，初竖执之，不可入，横执之，亦不可入。计无所出。俄有老父至曰："吾非圣人，但见事多矣。何不以锯中截而入？"遂依而截之。

（三国魏·邯郸淳《笑林》）

荣启期答孔子问

荣启期者，不知何许人也，鹿裘带索，鼓琴而歌。孔子游于泰山，见而问之曰："先生何乐也？"对曰："吾乐甚多。天生万物，惟人为贵，吾得为人矣，是一乐也。男女之别，男尊女卑，故以男为贵，吾既得为男矣，是二乐也。人生有不见日月，不免襁褓者，吾既已行年九十矣，是三乐也。贫者，士之常也，死者，民之终也；居常以待终，何不乐也！"

（晋·皇甫谧《高士传》卷上，亦见

汉·刘向《说苑》卷十七，文字稍异）

石门守

石门守者，鲁人也。亦避世不仕，自隐姓名，为鲁守石门，主晨夜开闭。子路从孔子，石门而宿。问子路曰："奚自？"子路曰："自孔氏。"遂讥孔子曰："是知其不可为而为之者与？"时人贤焉。

（晋·皇甫谧《高士传》卷上）

颜回贫而乐道

颜回，字子渊，鲁人也，孔子弟子。贫而乐道，退居陋巷，曲肱而寝。孔子曰："回，来！家贫居卑，胡不仕乎？"回对曰："不愿仕。回有郭外之田五十亩，足以给饘粥[1]；郭内之圃十亩，足以为丝麻。鼓宫商之音，足以自娱；习所闻于夫子，足以自乐。回何仕焉？"孔子愀然[2]变容，曰："善哉，回之意也。"

（晋·皇甫谧《高士传》卷上）

【注】

[1] 饘粥：稀饭（饘，zhān，稠粥）。

[2] 愀然：容色改变的样子（愀，音 qiǎo）。

原宪甘贫

原宪，字子思，宋人也，孔子弟子，居鲁。环堵之室，茨以生草，蓬户不完[1]，桑以为枢[2]，而瓮牖[3]二室，褐以为塞[4]，上漏下湿，匡坐[5]而弹琴。子贡相卫，结驷连骑，排藜藿，入穷闾，巷不容轩，来见原宪。原宪华冠躧履[6]，杖藜而应门。子贡曰："嘻，先生何病也？"宪应之曰："宪闻之，无财谓之贫，学道而不能行谓之病。若宪，贫也，非病也。夫希世而行，比周而友，学以为人，教以为己，仁义之慝⑦，舆马之饰，宪不忍为也。"子贡逡巡⑧而有惭色，终身耻其言之过也。

（晋·皇甫谧《高士传》卷上，亦见《庄子·杂篇》，文字稍异）

【注】

①不完：不完整，简陋残缺。

②桑以为枢：以桑枝为门枢。

③瓮牖：以破瓮为窗户（牖，音 yǒu，窗户）。

④褐以为塞：用破粗布堵塞窗口漏洞。

⑤匡坐：正坐。

⑥华冠跿履：戴着桦树皮帽子，穿着草鞋。华，同"桦"。跿，音 xǐ，草鞋。

⑦慝：音 tè，邪恶。

⑧逡巡：有所顾虑而徘徊或不敢前进。此处意为尴尬（逡，音 qūn，退让，退避）。

鲁二征士

鲁二征士①者，皆鲁人也。高祖定天下，即皇帝位，博士叔孙通②白③，征鲁诸儒三十余人，欲定汉仪礼。二士独不肯行，骂通曰："天下初定，死者未葬，伤者未起，而欲起礼乐！礼乐所由起，百年之德而后可举。吾不忍为公所为。公所为不合古，吾不行。公往矣，无污我！"通不敢致而去。

（晋·皇甫谧《高士传》卷中）

【注】

①征士：指不接受朝廷征聘的隐士。

②博士叔孙通：叔孙何，字通，秦汉时薛县人（今山东滕州南），初为秦博士，汉王刘邦统一天下称帝后，自荐为汉王制定朝仪。

③白：禀报；告白。此谓向汉高祖建议。

鲁国无鸲鹆来巢

《周官》云："貉不渡汶水，鸲鹆不渡济水，鲁国无鸲鹆①来巢。"记异也。

（晋·张华《博物志》卷四）

【注】

①鸲鹆：音 qú yù，俗称"八哥儿"，是我国长江流域以南常见的留鸟。

王子山作《灵光殿赋》

余友下邳陈德龙谓余言曰："《灵光殿赋》，南郡宜城王子山①所作。子山尝之泰山，从鲍子真学算，过鲁国都殿而赋之。还归本州，溺死湘水，时年二十余也。"

（晋·张华《博物志》卷六）

【注】

①王子山：王延寿（约140—约165），字文考，一字子山，东汉南郡宜城（今湖北襄阳宜城）人，辞赋家王逸之子。

孔子夜梦

鲁哀公十四年，孔子夜梦三槐之间，丰、沛之邦，有赤氤气起，乃呼颜回、子夏同往观之。驱车到楚西北范氏街，见刍儿打麟①，伤其左前足，束薪而覆之。孔子曰："儿来！汝姓为谁？"儿曰："吾姓为赤松，名时乔，字受纪。"孔子曰："汝岂有所见乎？"儿曰："吾所见一禽，如麇②，羊头，头上有角，其末有肉。方以是西走③。"孔子曰："天下已有主也，为赤刘，陈、项为辅④。五星入井，从岁星⑤。"儿发薪下麟示孔子。孔子趋而往，麟向孔子蒙其耳，吐三卷图，广三寸，长八寸，每卷二十四字，其言赤刘当起，曰："周亡，赤气起，火耀兴。玄丘制命，帝卯金⑥。"

（晋·干宝《搜神记》卷八）

【注】

①见刍儿打麟：看见一个割草的小孩儿打麒麟（刍，音 chú，割草）。

②麇：音 jūn，獐子。

③方以是西走：刚从这里往西跑去（以，介词，自，从。是，此，这儿）。

④为赤刘，陈、项为辅：（天下主人）是赤帝子刘邦，陈涉、项羽只不过是辅佐罢了。

⑤五星入井，从岁星：金、木、水、火、土这五星进入井宿，跟着岁星。

⑥玄丘制命，帝卯金：孔子就拟订天命，那皇帝便是刘姓。玄丘：指孔子。卯金："卯金刀"的省称，暗指刘（劉）姓。

孔子厄于陈

孔子厄于陈，弦歌于馆。中夜，有一人长九尺余，着皂衣，高冠，大咤①，声动左右。子贡进问："何人耶？"便提子贡而挟之。

子路引出，与战于庭，有顷未胜。孔子察之，见其甲车②间时时开如掌，孔子曰：“何不探其甲车，引而奋登？”子路引之，没手仆于地，乃是大鳀鱼③也，长九尺余。孔子曰："此物也，何为来哉？吾闻物老④则群精依之，因衰而至此。其来也，岂以吾遇厄绝粮，从者病乎！夫六畜之物，及龟、蛇、鱼、鳖、草木之属，久者神皆凭依，能为妖怪，故谓之'五酉'。'五酉'者，五行之方，皆有其物，酉者老也，物老则为怪，杀之则已，夫何患焉。或者天之未丧斯文，以是系予之命乎！不然，何为至于斯也。"弦歌不辍。子路烹之，其味滋。病者兴⑤，明日，遂行。

（晋·干宝《搜神记》卷十九）

【注】

①大咤：大声吼叫（咤，叱咤）。

②甲车：兵车，战车。

③鳀鱼：鲇鱼（鳀，音 tí）。

④老：谓困乏，疲惫。

⑤兴：谓能动了，病好了。

颜渊、子路共坐于门

颜渊、子路共坐于门，有鬼魅求见孔子，其目若日，其形甚伟。子路失魄口噤；颜渊乃纳履拔剑而前，卷握其腰，于是化为蛇，遂斩之。孔子出观，叹曰："勇者不惧，智者不惑，仁者必有勇，勇者不必有仁。"

（南朝梁·殷芸《殷芸小说》卷二）

子路、颜回浴于洙水

子路、颜回浴于洙水，见五色鸟。颜回问子路曰："由，识此鸟否?"子路曰:"识。"回曰:"何鸟?"子路曰:"荧荧之鸟。"后日,颜回与子路又浴于泗水,更见前鸟,复问:"由,识此鸟否?"子路曰:"识。"回曰:"何鸟?"子路曰:"同同之鸟。"颜回曰:"何一鸟而二名?"子路曰:"譬如丝绢,煮之则为帛,染之则为皂,一鸟而二名,不亦宜乎?"

(南朝梁·殷芸《殷芸小说》卷二)

孔子尝使子贡出

孔子尝使子贡出,久而不返,占得鼎卦无足。弟子皆言无足不来,颜回掩口而笑。孔子曰:"回笑,是谓赐①必来也。"因问回:"何以知赐来?"对曰:"无足者,盖乘舟而来,赐且至矣。"明旦,子贡乘潮至。

(南朝梁·殷芸《殷芸小说》卷二)

【注】

①赐:端木赐,字子贡,孔门十哲之一。

孔子使子路取水

孔子尝游于山,使子路取水。逢虎于水所,与共战,揽尾得之,内①怀中。取水还,问孔子曰:"上士杀虎如之何?"子曰:"上士杀虎持虎头。"又问曰:"中士杀虎如之何?"子曰:"中士杀虎持虎耳。"又问:"下士杀虎如之何?"子曰:"下士杀虎捉虎尾。"子路出尾弃之。因恚②孔子曰:"夫子知水所有虎,使我取水,是欲死我。"乃怀石盘欲中孔子,问:"上士杀人如之何?"子曰:"上士杀人使笔端。"又问曰:"中士杀人如之何?"子曰:"中士杀人用舌端。"又问:"下士杀人如之何?"子曰:"下士杀人怀石盘。"子路出而弃之，于是心服。

（南朝梁·殷芸《殷芸小说》卷二）

【注】

①内：古同"纳"。使进入，放入。

②恚：音 huì，怨恨，恼怒。

孔子去卫适陈

孔子去卫适陈，途中见二女采桑。子曰："南枝窈窕北枝长。"答曰："夫子游陈必绝粮。九曲明珠穿不得，着来问我采桑娘。"夫子至陈，大夫发兵围之，令穿九曲珠，乃释其厄。夫子不能，使回、赐返问之。其家谬言女出外，以一瓜献二子。子贡曰："瓜，子在内也。"女乃出。语曰："用蜜涂珠，丝将系蚁，蚁将系丝；如不肯过，用烟熏之。"孔子依其言，乃能穿之。于是绝粮七日。

（南朝梁·殷芸《殷芸小说》卷二）

秦世有谣

秦世有谣云："秦始皇，何强梁；开吾户，据吾床；饮吾浆，唾吾裳；餐吾饭，以为粮；张吾弓，射东墙；前至沙丘当灭亡。"始皇既焚书坑儒，乃发孔子墓，欲取经传。墓既启，遂见此谣文刊在冢壁，始皇甚恶之。及东游，乃远沙丘而循别路，忽见群小儿攒沙为阜，问之："何为?"答云："此为沙丘也。"从此得病而亡。或云："孔子将死，遗书①曰：'不知何男子，自谓秦始皇，上我之堂，据我之床，颠倒我衣裳，至沙丘而亡。'"

（南朝梁·殷芸《殷芸小说》卷二）

【注】

①遣书：在陪葬物上书写。遣，音 qiàn，人死后陪其入葬的物品。《仪礼·既夕礼》郑玄注："遣者，入圹之物。"

释慧重传

释慧重，姓闵，鲁国人。侨居金陵，早怀信悟，有志从道，愿言未遂。已长，斋菜食，每率众斋会，常自为唱导①。如此累时，乃上闻于宋孝武②。大明六年③，敕为新安寺出家，于是专当唱说。禀性清敏，识悟深沉。言不经营，应时若泻④。凡预闻者，皆留连信宿，增其恳诣。后移止瓦官寺禅房。永明五年⑤卒。年七十三。时瓦官复有释法觉，又敦⑥慧重之业，亦擅名齐代。

（南朝梁·释慧皎《高僧传》卷十三"唱导"）

【注】

①唱导：佛教语。谓讲经说法，宣唱开导。《高僧传·唱导传论》："唱导者，盖以宣唱法理，开导众心也。"

②宋孝武：即南朝宋孝武帝刘骏，于454—464年在位。

③大明：宋孝武帝年号。大明六年：即462年。一作"大明元年"。

④言不经营，应时若泻：此谓慧重的说话才能，大意是其讲演不费构思，随机应变，滔滔不绝。

⑤永明五年：即487年（永明，南朝齐武帝萧赜的年号）。

⑥敦：崇尚，推重。

曲阜圣庙古柏

曲阜县先圣庙前有数株古柏，亦传千余岁，其大十围。潘华为兖州，军食贫穷，无以结四方之信。华遂命伐之，裁为简册，刻为器皿，以行饷之。

（唐·佚名《大唐传载》）

文宣王庙树

兖州曲阜县文宣庙门内并殿西南，各有柏叶松身之树，各高五六丈，枯槁已久。相传夫子手植。永嘉三年，其树枯死。至仁寿元年，门内之树忽生枝叶，乾封二年复枯。俗称千年木，疗心痛。人多窃割削之，树身渐细。去地丈余，皆以泥累泥封，犹不免焉。亦有取为笏者也，色紫而甚光泽。肃宗时，二树犹在。

（唐·封演《封氏闻见记》卷八）

李季卿过曲阜

广德初，御史大夫李季卿①河南宣慰，过曲阜，谒文宣王庙，因遍寻鲁中旧迹。县使一老人导引，每至一所，老人辄指云：此是颜子陋巷，此是鲁灵光殿阶，此是泮宫。季卿闻之，皆沈吟②嗟赏③，曰："此翁真鲁人也。"次至池水，复指之："此是钓鱼池。"季卿问曰："何人钓鱼？"老人对曰："鲁人灵光此钓鱼。"季卿曰："鲁人败矣。"又于路侧见古碑，季卿问是谁碑，诸君并不能对。有一尉遽走至碑下，仰读其题云"李君德政碑"，走还白云："李君德政碑。"季卿笑曰："此与鲁人灵光何异？"

（唐·封演《封氏闻见记》卷八）

【注】

①李季卿：祖籍陇西成纪，唐朝宗室李适之之子。登博学宏词科。肃宗朝累迁中书舍人。代宗朝为京兆少尹、吏部侍郎，俄兼御

史大夫，奉使河南、江淮宣慰。季卿性识博达，善与人交，襟怀豁达。

②沈吟：亦作"沉吟"，低声吟味，低声自语。

③嗟赏：犹赞赏，叹赏（嗟，音 jiē，感叹，赞叹）。

唐倪氏妻皇甫氏

唐兖州曲阜人倪买得妻皇甫氏，为有疾病，祈祷泰山，稍得瘳愈①。因被冥道②使为伺命，每被使即死，经一二日。事了以后，还复如故，前后取人亦众矣。自云："曾被遣取乡人庞领军小女，为其庭前有斋坛读诵，久不得入。少间，属③读诵稍闲，又因执烛者诣病女处，乃随而入，方取得去。"问其取由，乃府君四郎所命，府君不知也。论说地狱，具有条贯④。又云："地下诉说生人，非止一二，但人微有福报，追不可得。如其有罪，摄之则易。"皇甫见被使役，至今犹存。今男子作生伺命者，兖州见有三四人，但不知其姓名耳。

（《冥报记辑书》卷七，出自《法苑珠林》卷六十）

【注】

①瘳愈：疾病痊愈（瘳，音 chōu，病愈）。

②冥道：冥界。

③属：音 zhǔ，正当，适逢。

④条贯：指体例，条例。

郓国夫人殿记

祀天而不祀地，祭日而不祭月，是岂理也哉？况圣人之教，始于夫妇，达于天下，不尔，父子君臣上下泯矣。前庙后寝，三代之定制，而吾夫子之祀，本用王者事。阙里之旧，有郓国夫人殿久矣，由唐宋降及于金，号称尤盛。贞祐之乱①，扫地无余，故老彷徨，莫不痛心。

东平行台严公忠济②，仰体朝廷尊师重道之意，以兴废补弊为所务，经始于己酉八月，落成于壬子之七月。先是夫人之神座，生木芍药一本，见者异之。明年修庙之令下，适造舟者犯我林庙，伐我民冢，珍材堆积如阜。闻公之至，尽委而去。乃命参佐王玉汝、监修官兼摄祀事孔桢，召匠计之。佥③曰："构正位则不足，营寝宫则有余。"众志既协，遂讫兹役，花之祥验矣。而工食涂饰之费不论也。夫神怪之不语固然，而有开必先之说，如之何其废之也？

夫人姓亓官氏，宋女也。泗水侯鲤，息④也。沂水侯伋，息之子也。先圣之为中都宰，为大司寇，摄行相事，夫人不以为泰⑤；畏于匡，拔树于宋，削迹于卫，绝粮于陈蔡，夫人不以为否⑥。穷通出处，无一而不预，所以血食者⑦其斯乎！彼湘水之娥皇⑧，郫城之姜嫄⑨，祠宇之显者也，拟诸乡邑子孙，每四仲之月⑩，肃三献之礼，历千万世而弗绝者，不有则矣乎？噫！当崇奉者圣人之功也，当践履者圣人之道也，苟知其功而不知其道，则与事淫祠野庙等矣。吾恐神意一日不能安乎此，孰谓圣人安之邪？尚来者无忽。

（元·杨奂《郓国夫人殿记》，见《旧小说》戊集）

【注】

①贞祐之乱：金宣宗贞祐二年（1214），蒙古骑兵大举伐金，攻破河北、山东、山西90余州，蒙古军队到处屠杀掠夺，绝大部分城镇被焚毁，华北地区经济文化长期陷于落后状态。此一事件史称"贞祐之乱"。

②东平行台严公忠济：严忠济（？—1293），元代长青（今济

南市长清区）人，一名忠翰，字紫芝，严实之子。严忠济长于骑射，袭父职任东平路行军万户（行台）。元世祖忽必烈攻宋，严忠济奉诏率兵进军，所战多捷。他治理东平时，让当地豪绅代属下和百姓缴纳所欠赋税。卸职后，豪绅们向他讨债，忽必烈知后为他偿还。至元二十三年（1286），特授资德大夫中书左丞行浙江省事。

③佥：全，皆。

④息：儿子。

⑤泰：通达，通畅。

⑥否：音 pǐ，穷困，不顺。

⑦血食者：指受享祭品的人，被供奉的人。古代杀牲取血以祭，故有"血食"之称。

⑧娥皇：传为帝喾的孙女、帝尧的长女，与其妹女英同时嫁给了舜。舜巡视南方，死于九嶷山，娥皇、女英因思念丈夫而化为湘水女神。

⑨姜嫄：传为帝喾高辛氏的正妃，生后稷，为周人始祖。古邰城（在今陕西武功境内）为后稷封也，有后稷祠及姜嫄祠。

⑩四仲之月：指农历四季中每个季节的第二个月，即仲春（二月）、仲夏（五月）、仲秋（八月）、仲冬（十一月）。

刘沧

沧，字蕴灵，鲁国人也。体貌魁梧，尚气节，善饮酒，谈古今令人终日喜听。慷慨怀古，率见于篇。大中八年，礼部侍郎郑熏①下进士，榜后进谒谢，熏曰："初谓刘君锐志，一第不足取。故人别来三十载，不相知闻，谁谓今白头纷纷矣。"调华原尉。与李频②同年。诗极清丽，句法绝同赵嘏、许浑，若出一彀综然③。诗一卷，今传。

（元·辛文房《唐才子传》卷八）

【注】

①郑熏：字子溥，号七松处士。唐文宗大和二年（828）登进士第，宣宗、懿宗朝累擢工、礼、吏部侍郎，太子少师等职。熏能诗善文。

②李频：字德新，唐寿昌（今浙江省建德市）人。大中八年（854）中进士，曾任武功县令。一生诗作甚多，大多散佚。

③若出一絇综然：比喻非常相似。絇，音qú，用布麻丝缕搓成的绳索。此处字疑有误。

江阴曹主簿捍城功

三十五年丙辰四月十五日抵暮，倭贼攻江阴城，日纵铅弹从城垛隙入，城中危殆不可胜言。赖曹主簿率其子奋勇止攻，去石三块，火器一时俱下，倭遂退下。至六月十四日晡时，倭贼四面围截，北门更告急，人无固志。曹父子与兵众仅十二三人，县令且欲移家眷于学舍，或劝曹暂自为计，曹叱曰："此地乃吾死所！"手斫家人一耳，又将刃①其子，众遂不敢动。乃大索城中薪，贯火掷城外，不止，又用人粪煎滚，用铁销汁②探贼聚处灌之，火药乘风大发，倭贼始不敢近。百万生灵之命，皆曹所赐也。曹名廷慧，山东曲阜人，贡士。是时，昼夜不得寝食者凡四十余日。

（明·李诩《戒庵老人漫笔》卷四）

【注】

①刃：用刀或剑割。

②销汁：加热熔化成铁汁。

孔子庙前之桧

孔子庙前之桧，围不四五尺，高与檐齐。而《志》①称"围一丈三尺，高五丈"者，《志》所称旧桧也。此非手植，乃手植之余。盖手植者，金时毁于火，此其根株复萌蘖者。《志》称"晋永嘉三年枯，隋义宁元年复荣，唐乾封二年枯，宋康定元年复荣"，则所指手植者。元至正三年复荣，则所指今桧也。今肤理犹然生意，第不知荣于何日耳。

（明·王士性《广志绎》卷三，亦见明·黄淳耀《山左笔谈》）

【注】

①《志》：指《广游志》，是明人王士性的另外一部地理游记，写于《广志绎》之先。

洙、泗、雷泽

洙、泗。洙水自尼山来，入沂水同流，今之洙水桥，亦非其旧也。泗水出陪尾山下，四源共会，故称"泗"，其源清澈可掬，出地激驶，滚滚有声。至曲阜，南洙北泗，中为孔林，下济宁，入徐州，会汴达淮，今会通河夺之。

雷泽夏溢秋涸，涸时水入地，声如雷者经日，故云"雷泽"。

汶水会七十二泉而成，至南旺分流南北济运，南流短而北流长。

（明·王士性《广志绎》卷三，亦见明·黄淳耀《山左笔谈》）

孔子路遇老人

昔孔子游行①，见一老人在路，吟歌而行。孔子问曰："脸有饥色，有何乐哉？"老人答曰："吾众事已毕，何不乐乎？"孔子曰："何名众事毕乎？"老人报曰："黄金已藏，五马与绊②，滞货已尽，是以毕也。"孔子曰："请解其语。"老人报曰："父母生时得供养，死得葬埋，此名黄金已藏。男已娶妇，此名五马与绊。女并嫁尽，此名滞货已尽。"孔子叹曰："善哉！善哉！此皆是也。"

（敦煌石室藏句道兴本《搜神记》）

【注】

①游行：出游，行走。

②与绊：谓已经拴缚牢固（绊，拴缚）。

"齐人空车，鲁人负父"

昔周国①有一人空车向鲁国。鲁国有一人负父逐粮，疲困不得前进。齐人遂与鲁人载父，行六十里始分，别路而去。后齐人遭事楚身狱中②。妇来送食，语其夫曰："君从小已来，岂可无施恩之处？不见有一人来救君之难。"其夫语妻曰："卿向鲁市上唱③声大唤，言曰'齐人空车，鲁人负父。齐今遭难，鲁在何处？'如此，必应有人救我命也。"

其妇遂用夫言，往至鲁市中唤曰："齐人空车，鲁人负父。齐今遭难，鲁在何处？"唱声未了，即有一人，不识姓名，来，唾妇耳中，更无言语，遂还去也。妻至暮间，更送饭来。其夫问妻曰："卿鲁市上得何消息？"妻对夫曰："唯有一人密来，唾新妇耳中即去也，更无余语，不得姓名。"其夫曰："出口入耳，必是好事，应有一人救矣。"

即至其夜，乃来穿地作孔，直向牢里取得齐子，遂免死也。时人云"齐人空车，鲁人负父"，此之为④也。

（敦煌石室藏句道兴本《搜神记》）

【注】

①周国：从下文"齐人"看，此处"周国"当为"齐国"之误。

②楚身狱中：谓被冤坐牢。据《后汉书·楚王英传》：有司奏英招聚奸猾，大逆不道，请诛之，以至遭"楚狱"之祸，遂至累年，连及无辜。后因称冤狱为"楚狱"。

③唱：叫喊，高呼。

④为：同"谓"。称为，叫作。

古槐

清康熙四年，曲阜孔建章宅有古槐一股，干，锯来烘火。不数日失火二十次。又邻家学宫失火。人都说槐孔有狐精，锯了无存身处所为。二年后始去。不知老槐遇雷雨则火。此或古槐感阴气所为与？古木岂可轻伐！

(清·贾凫西《澹圃恒言》卷四)

曲阜孝童（一）

童子姓孔，曲阜至圣后裔，年十岁。母病，医者谓不可起。童子日夜涕泣，私祝泰山神，愿陨身以续母寿。既而病愈，童子告家人曰："尝许礼泰山，必身往酬。"母许之。山之绝顶，旧有舍身岩，高不可测。童子既至，呼从者导往，临岩顿颡①，奋身自掷而下。从者惊怛跳咷②，然峭壁万寻，不可为策。又绝无痕径可下寻觅，谓其必糜碎耳，舍之而去。是日泰安州守将有所适，过山麓，瞥见空中片云结集，若有人影，蹑之，摇飔上下，守以为仙也。歇骖望拜，已而云益近，闪忽之际，欻然③坠地，乃一童子。询之，自言氏籍及舍身报母之意。且云方投掷时，自分死耳，不知何自，有云扶拥。至是，守赞羡不已，为给资，遣吏送归。抵家，其母哭之欲死，闻童子在，乃喜过望。邑之父老子弟，争来就视，至倾其城，咸曰孝子。事闻，邑令往致礼，以彩帜鼓乐，导而迎之。时癸巳④初夏，同里何碧塘客其地，得详闻。

夫母病而请以身代，又必登山以成其信，彼知为母死，不知死之伤其母也。孝而愚也，然其诚至也。彼童子者，安知有孝名？又安能必其身之不死，而以是邀誉乡党哉？夫乘云御气以游于空虚，此世外飞仙之事，而童子以无心得之，诚之至亦何所弗动乎！

（清·徐芳《诺皋广志》）

【注】

①顿颡：屈膝下拜，以额角触地，表示谢罪。

②惊怛跳咷：惊恐大哭。怛，音 dá，惊恐。咷，音 táo，大哭。

③欻然：忽然（欻，音 xū）。

④癸巳：指顺治十年（1653）。

曲阜孝童（二）

顺治十年四月，泰安州知州某于泰山下行，忽见片云自山巅下，云中一人，端然而立，初以为仙，及坠地，则一童子也。惊问之，曰：“曲阜人，孔姓，方十岁。母病，私祷太山府君，愿殒身续母命。母病寻愈。私来舍身岩，欲践夙约。不知何以至此。”知州大嗟异，以乘舆载之送归。

（清·王士禛《池北偶谈》卷二十二“谈异三”）

曲阜世尹始于后周

周郭威^①亲征慕容彦超^②，至兖州，梦文宣王。明日攻其城，入之，过夫子庙，叩首再拜，且谕近臣曰："夫子，圣人，百王取则^③焉，安可不拜？"且命孔氏袭文宣王者长为本县令。五代之世，乃亦有此。自明代至本朝，曲阜县知县皆以孔氏子孙为之，而不知始于后周也。

（清·王士禛《香祖笔记》卷五）

【注】

①郭威：即后周太祖，字文仲，贱名郭雀儿，邢州尧山（今河北省邢台市隆尧县）人。五代时期后周建立者（951—954年在位）。郭威曾去曲阜拜谒孔庙、孔子墓，造访孔子后裔，提拔其为官，表示要尊崇圣人，以儒家思想治天下。

②慕容彦超：吐谷浑人，后汉大将，曾据兖州。郭威建立后周的次年（广顺二年，952年），慕容彦超联络南唐、北汉反周，郭威亲征兖州，城破后慕容彦超投井而死。

③百王取则：历代帝王取作准则、规范和榜样。

颜修来钞诗诵诗

余初撰五言诗、七言诗成，京师同人钞写只有七部，即蒋京少景祁^①所刻阳羡本也。曲阜颜吏部修来光敏^②手钞杜、苏、黄、陆四家歌行，而以余诗次其后，日雒诵^③之。

（清·王士禛《香祖笔记》卷五）

【注】

①蒋京少景祁：蒋景祁（1646—1695），字京少（一作荆少），

清初宜兴（今属江苏）人。以岁贡生至府同知，康熙间举博学鸿词，未遇。善作词，词风追步同里陈维崧，自称"阳羡后学"（阳羡系宜兴的古称）。

②颜吏部修来光敏：颜光敏（1640—1686），字逊甫，更字修来，号乐圃，山东曲阜人。康熙六年（1667）进士，由中书舍人擢迁吏部考功司郎中，充《一统志》纂修官。书法擅名一时，尤工诗，为金台十子之一，著有《乐圃集》等。

③雒诵：反复诵读。雒，同"络"，连络贯通。

上东巡幸曲阜

上东巡幸曲阜①，谒至圣庙，庙门外降辇步行，行三拜礼，留御前曲柄伞于大成殿，命家祭即陈设之，古今未睹之异数②也。事详《幸鲁盛典》③。按宋故事，天子谒孔庙，止行肃揖之礼；庆历四年五月，仁宗特行再拜礼。乃知先圣后圣，其揆④一也。《盛典》，衍圣公孔毓圻疏请翰林院庶吉士孙致弥、乙丑进士金居敬（金，予之门人）纂修。书成，金已前授灵丘县知县，卒于官；孙先以无妄诖误⑤，至是复官授编修云。

（清·王士祯《香祖笔记》卷五）

【注】

①上东巡幸曲阜：指康熙二十三年（1684）清圣祖临幸阙里事。康熙帝祀孔庙，行九拜之礼，特命留曲柄伞于庙庭；复新制碑文，遣官勒石于孔庙大成门左，并录圣贤后裔，给官以奉祀。

②异数：特殊的礼遇。

③《幸鲁盛典》：典制史书。清六十六世衍圣公孔毓圻（音qí）组织纂修。记录康熙巡行曲阜事迹及艺文等，凡四十卷。有清

刻本行世。

④揆：音 kuí，道理，准则。

⑤诖误：贻误；连累（诖，音 guà，贻误，搞坏）。

石门

燕赵道上有石碑，勒"子路宿处"，土人名其地曰"石门"。拙作有"僻地得先贤，一宿传千古"之句。据圣裔博士孔东塘①云："石门在曲阜北四十里，登泰山必由之地。子路下人，卞城在石门东南四十里，子路之齐、之鲁，道经石门，故宿焉。观晨门之问，子路之对皆乡邻语，故知非他国之石门也。"天下石门有十余处，或山名，或地名，独此石门乃齐郑盟会之所，见于《春秋》，为最古也。

（清·刘廷玑《在园杂志》卷二）

【注】

①孔东塘：孔尚任（1648—1718），字聘之、季重，号东塘、岸堂、云亭山人，山东曲阜人，孔子六十四世孙。早年隐居石门山，康熙帝东巡曲阜，被召讲经，受到赏识，破格授国子监博士，累迁户部主事、员外郎等职。著有《桃花扇》等。

石门山（一）

孔东塘向余云："石门山峰秀拔，林木郁葱，杜工部《陪刘九法曹、郑瑕丘石门宴集》诗云：'秋水清无底，萧然净客心。掾曹乘逸兴，鞍马到荒林。能吏逢联璧，华筵直一金。晚来横吹好，泓下亦龙吟。'欲于此处建一秋水亭，君当任之。"余随庀材鸠工①，以成此役，与春山馆相对。春山馆者，在山之南麓，即张氏隐居也。张氏字叔明，鲁国诸生，为"竹溪六逸"②之一。杜子美访之，有"春山无伴独相求"之句。③"秋水""春山"可称绝对。

附东塘书

石门山者，诗人社集之所也。夫子开其端，李、杜承其绪，而我两人遥遥相对。一席不散，岂可滥入邪派，混我吟坛。修葺之举，似不宜更让他人也。记石门胜迹甚夥，惟秋水亭为全山冠冕，工宜亟举④。况山中建造不须高大，在有力者为之，如编一鹤笼耳。竹木选就，凿枘合成，一水盈盈，载至兖郡，距山才七十五里耳。弃舟登车，至彼合架，不日之工，新亭成矣。开名山之生面，成敝里之奇观。先生之风，山高水长，孰得而泯没也？独念我两人年逾周甲，事须早就，不但乘时可为，亦须亲眼见之，亲身享之。弟经营四十年，仅能种树千章，并未加一绹⑤一茅，今得先生慨然任秋水亭之役，其余春山馆、晚兴楼，何敢重烦物力？但续续商略，或有机会，料得天下贤者，必无一部《葛庄集》⑥镇此石门者。相须殷，相遇疏，固其宜耳。

附孔东塘《建秋水亭记》

石门山形如蟠龙，前有台曰"颔珠"，幽谷之水所由泻也。石骨多窍，水之滽⑦者，深不测。夏秋间常喷腥雾，疑有蛰龙。土人呼为龙泓，祷雨辄应。泓上石基平旷，能收全山之胜。唐杜子美陪刘九法曹、郑瑕丘宴集于此，后之游人临水濯缨，多咏杜诗，惜无片石可扪，把茅可憩耳。予每来必步此基，慨焉永叹，穆然长思，欲构小亭而刻诗于壁，一以栖前哲之灵，一以迟⑧后贤之驾。区画三十年，而榛莽如故，但乞郑簠⑨书一"秋水亭"额，携之行箧，展玩而已。嘻，老矣！甲午冬薄游淮南，得遇在园观察⑩，语及石门之胜，且叹亭之未建，而诗之未刻也。在园毅然曰："此诗人事也。肯让予为，予何幸也!"即日选材命匠，不浃旬⑪而亭与碑成矣。即日舟载北来，不浃旬而翼然临于龙泓之上矣。千年缺事，一旦补之。予把酒落成，觉峰峦溪涧，莫不趋赴此席，宾客丝竹，无非凑泊⑫此诗。所谓"颔珠台"者，有此亭与碑，非真龙颔之珠乎! 异日者，在园先生莅我东土，过石门而览胜迹，予也追陪宴集，倡予和汝⑬，必有名篇雅什，辉映石门。当不似刘九法曹、郑瑕丘仅费华筵之一金，而甘以"秋水"八句让子美也。康熙乙未三月云亭山人孔尚任喜而记之。

（清·刘廷玑《在园杂志》卷二）

【注】

①余随庀材鸠工：我马上准备材料，招集工匠。意为做好施工准备。随，随即，马上。庀，音 pǐ，准备。鸠，聚集。

②竹溪六逸：指唐代开元年间隐居于竹溪的李白等六位名士。开元二十五年（737），李白移家东鲁，与山东名士孔巢父、韩准、裴政、张叔明、陶沔在泰安府徂徕山下的竹溪隐居，世人称之为"竹溪六逸"。参看任城（济宁）卷《李白》。

③"杜子美"句：见唐代诗人杜甫（字子美）的《题张氏隐居二首》，诗云："春山无伴独相求，伐木丁丁山更幽。涧道余寒历冰雪，石门斜日到林丘。"

④亟举：抓紧进行（亟，音 jí，疾速）。

⑤绹：音 táo，绳索。《诗·豳风·七月》："昼尔于茅，宵尔索绹。"

⑥《葛庄集》：刘廷玑诗集的总称，包括《葛庄分体诗钞》《葛庄编年诗》《长留集》（与孔尚任合集）等。刘廷玑，字玉衡，

号在园，又号葛庄。镶红旗汉军，或称辽阳人，清康熙间官员，曾任内阁中书、浙江括州（今丽水）知府、浙江观察副使，晚年调任河工，参与治理黄淮二河。

⑦淳：音 tíng，水聚集不流。

⑧迟：使缓行；迟留。

⑨郑簠：字汝器，号谷口，江苏上元（今南京）人，清初书法家。康熙己巳（1689），孔尚任与郑簠于扬州共度中秋，是夜郑簠为他尽情挥洒，所得不下十数纸，尚任感叹"此一乐独俾仆一人消受之"。

⑩在园观察：指刘廷玑，参见注⑥。

⑪浃旬：一旬，十天（浃，满）。

⑫凑泊：促成，形成。

⑬倡予和汝：意为你唱我和、此唱彼和。《诗·郑风·蒹兮》："叔兮伯兮，倡予和女。"倡，同"唱"，领唱或带头作诗。和，音hè，以声相应，此指依照别人诗词的题材或体裁作诗词。予，我。女，同"汝"，你。

鲁男子

鲁男子者，鲁国之男子，尝独居一室。邻之嫠妇①，值夜，暴风雨室坏，趋而托焉。男子曰："我鳏居，而子嫠妇，不可与也。"闭门不纳。妇人曰："子奚不如柳下惠乎？"男子曰："柳下惠则可，我则不可。吾将以我之不可，学柳下惠之可。"孔子闻之曰："善哉！欲学柳下惠，未有似于此者。期于至善而不袭其为，可谓不智乎？"夫男子，不知何许人，乃孔子称之如此。则凡古今之能闭门不纳者，皆学男子之"不可"者也。

（清·金埴《巾箱说》）

【注】

①嫠妇：寡妇（嫠，音lí）。

孔林楷木

孔林楷木，文如贯线，有纵无横。《阙里志》云："以之为杖，可以戒暴焉。"或赋①楷杖二截句②云：

> 纵理无横子贡栽，孔林原自不凡材。
>
> 楷能戒暴为人杖，草木都从养性来。
>
> 须教左右镇相随，质本天然不屈为。
>
> 从此百年皆坦步，孔家一木永扶危。

孔林楷树多瘿③，刳其中，以为瓢，名为楷瓢。予见林户善制，各随其形，或如一朵云，或如一拳石。用以酌酒，何贵犀杯？或曰："能令饮不及乱。"且有古人止贪之义，以是不复安足耳。

（清·金埴《巾箱说》）

【注】

①或赋：金埴《不下带编》卷二亦载有此节内容，文字稍异，其中"或赋"作"埴过林内，曾赋"。

②截句：即绝句。

③瘿：此处指树木因受到真菌或害虫的刺激，局部细胞增生而形成的瘤状物，植物学上称为虫瘿。

孔林草木

孔林草木，皆当年群弟子各自其国徙植，种类繁多。其最著者，楷木、蓍草二种。上幸孔林，顾衍圣公孔毓圻问："楷木何所用之?"奏曰："楷木可为杖，又可为棋，其萌可为蔬，又可为茶，其瘿可为瓢，其子榨油，可为膏烛。"上称善。曾亲摘蓍草一茎，采子盈掬，辨其气味曰："细嗅之亦有异香。"复亲采三株，付近侍携归。盖蓍草一丛五十茎者，谓之瑞草。以筮①，奇验。其下必有神龟守焉，而不易产。今止丛生二三十茎者，筮亦验。二物并为四方所珍，守林林户，多利之。

孔子墓上，又有文草蔓生，柔细如络石②，叶出似十字，冬夏不凋。深秋结子累累，五色具五味，得五行之正。

（清·金埴《巾箱说》）

【注】

①筮：音 shì，用蓍草占卜休咎或卜问疑难之事。

②络石：即络石藤，又称白花藤、石鲮。常绿攀援木质藤本植物，茎叶可入药。

孔庭仙踪

金章宗明昌元年，有异人白鸟瞻拜先圣于阙里庙门外，仡立石上，甚有异色。既去，其足迹存焉。有文曰"仙人脚"。次年有旨修庙。

又泰和八年八月二十七日，以孔子生辰，前期一日，宗子率合祖诣尼山庙祭奠。日方午，俄闻空中有乐作，皆金石丝竹之声。凡在一室者，无不闻之。见《孔庭纂要》。

（清·金埴《巾箱说》）

曲阜旧无寺观

曲阜一县，旧无寺观。崇正向风①，不俟教令，不可见圣人之教泽乎？明李崆峒诗："一方烟火无庵观，三氏弦歌有子孙。"②盖谓是也。乃今亦稍稍私建之矣。然往往验之，年丰家给，相与権其资财以资福。果而不然者，方且颓废萧条，鞠为茂草③，此亦盛衰之一候也。

（清·金埴《巾箱说》）

【注】

①崇正向风：崇尚正气，归向教化。

②"明李崆峒诗"句：明李东阳《曲阜纪事》诗云："天下衣冠仰圣门，旧邦风俗本来敦。一方烟火无庵观，三氏弦歌有子孙。城郭已荒遗址在，书文半灭古碑存。凭谁更读《东游记》，归向中朝次第论。"按：李东阳（1447—1516），字宾之，号西涯。祖籍湖广长沙府茶陵，入京师金吾左卫籍。明弘治、正德朝大臣。又，李梦阳（1473—1530），字献吉，号崆峒，祖籍河南扶沟，生于庆阳府安化县（今甘肃省庆城市），明弘治、正德朝做过中级官员，工书法，精诗文。查李东阳并无"崆峒"之号，然《曲阜纪事》诗确为李东阳所写，故疑《巾箱说》作者记忆有误，将李梦阳"崆峒"之号误植到李东阳头上。

③鞠为茂草：谓杂草塞道，形容衰败荒芜的景象。鞠，同"鞫"，困窘。

孔尚任与《桃花扇》

阙里孔稼部东塘尚任①手编《桃花扇》传奇，乃故明弘光朝君臣将相之实事，其中以东京才子侯朝宗方域、南京名妓李香君为一部针线，而南朝兴亡遂系之桃花扇底。时长安王公荐绅，莫不借抄，有纸贵之誉。康熙己卯秋夕，内侍索《桃花扇》本甚急，东塘缮稿不知流传何所，乃于张平州中丞家觅得一本，午夜进之直邸，遂入内府。总宪李公柟（字木庵）买优扮演，班名"金斗"，乃合肥相君②家名部。一时翰部台垣③，群公咸集，让东塘独居上座，诸伶更番进觞，座客啧啧指顾，大有凌云之气。今四方之购是书者甚众④，染刷无虚日。勾栏部以《桃花扇》与《长生殿》并行，未有不习孔、洪两家之乐府者⑤。

遍⑥，予丁卯春交东塘于维扬、海陵间，时海陵黄君仙裳云、盐城宋君射陵曹、广陵邓君孝威漠仪、予同里黄君仪遄逯诸前辈，并极相推重东塘。予时方少，亦得与文酒无虚日。迨三十年后，康熙丁酉八月，予自都门负先外王父⑦兵部童公（讳钦承，顺治己丑进士，兵部职方司主事加一级）及外王母赠安人杨太君遗骨归葬，取道东鲁，因过阙里，重晤东塘，为作送予负骨南旋序并诗，书于册以赠外王父母，借以不朽。予心感之。迨明岁献春⑧，而东塘亡矣！惜哉！予修《鲁志》，立《东塘传略》于《四氏子孙》及《人物志》，以俟采风者。

予过岸堂（渔洋先生书额，东塘即以为号）索观《桃花扇》本，至"香君寄扇"一折，借血点作桃花，红雨着于便面，真千古新奇之事，所谓"全秉巧心，独抒妙手"，关、马⑨能不下拜耶！予一读一击节，东塘亦自读自击节。当是时也，不觉秋爽侵人，坠叶响于庭阶矣。忆洪君昉思谱《长生殿》成，以本示予，与予每醉辄歌之。今两家并盛行矣，因题二截句于《桃花扇》后云：

潭水深深柳乍垂，香君楼上好风吹。

不知京兆当年笔，曾染桃花向画眉。

两家乐府盛康熙，进御均叨天子知。

纵使元人多院本，勾栏争唱孔洪词。

（清·金埴《巾箱说》）

【注】

①孔稼部东塘尚任：见本卷《石门》注。孔尚任曾任户部主事和户部员外郎，而户部别称农部或稼部，故人称其为"孔稼部"。

②合肥相君：指龚鼎孳（1616—1673），字孝升，号芝麓，安徽合肥人。明崇祯七年（1634）进士，官兵科给事中。清入京后迎降，迁太常寺少卿，后累官左都御史、刑部尚书、兵部尚书、礼部尚书等职。

③翰部台垣：指中央各官署部门。

④甚众：金埴《不下带编》卷二亦载此事，文字与《巾箱说》稍有出入。此处"甚众"二字从《不下带编》。《巾箱说》作"其家"，疑误。

⑤未有不习孔、洪两家之乐府者：《不下带编》句中"未"作"罕"，"乐府"作"传奇"，句后多出"三十余年矣"五字。又，"洪"指洪昇（1645—1704），字昉思，号稗畦，钱塘（今浙江杭州）人，杂剧《四婵娟》、传奇《长生殿》作者，与《桃花扇》作者孔尚任并称"南洪北孔"。

⑥遄：疑即为"遄"，音chuán，迅速，很快。

⑦外王父：外祖父。

⑧献春：孟春，新春。指农历正月。

⑨关、马：元代杂剧作家关汉卿、马致远的并称。

美人诵读《灵光殿赋》

埴客鲁最久，尝偕孔稼部东塘寻灵光殿故址。郡斋风日清融，则取王文考《赋》①读一过，真奇文也。昔后汉刘琰在蜀，号为华侈，侍婢数十人，皆能为声乐，悉教诵读《灵光殿赋》。琰，鲁国人，风流善谈论。其好斯赋也，至令红颜亦熟于口，则好之至矣！埴因制《美人诵〈灵光殿赋〉赋》一篇，以写其声焉。东塘极推可之。

（清·金埴《不下带编》卷五，亦载《巾箱说》，文字稍异）

【注】

①王文考《赋》：指王延寿《鲁灵光殿赋》。王延寿，字文考，一字子山，南郡宜城（今湖北襄阳宜城）人，王逸之子。曾游鲁国，写下此赋。参见本卷《王子山作〈灵光殿赋〉》注。

颜光敏以非孔氏置副榜

旧例：山东乡试，四氏学编卷别用"耳"字号。"耳"字者，从"圣"字也。科中二名，明季分一属鲁藩宗室，四氏止孔氏一名，余三氏遂永锢。顺治十四年丁酉乡试，曲阜颜考功光敏中式，以非孔氏，置副榜。考功乃鸣之巡按提学，请于朝，复其旧，自是始。康熙二年癸卯，考功再中式，为先君子①分校②所举。先君子《出闱》诗有"陋巷得门生"句，士林传之。考功字修来，号乐圃，丁未进士，为吏部考功郎中。才品弘迈，与王大司寇士禛、田少司徒雯、宋大冢宰荦③齐名。有《乐圃集》行世。惜早殁。

（清·金埴《巾箱说》）

【注】

①先君子：称自己或他人已去世的祖父。此处指本文作者的从祖父金一凤，字紫庭，浙江山阴人，官户部清吏司郎中、四川眉州知州，康熙五十二年至五十九年（1713—1720）任兖州知府。

②分校：指科举时校阅试卷的各房官（校，音 jiào，考核，考察）。

③王大司寇士禛、田少司徒雯、宋大冢宰荦：即王士禛，官至刑部尚书（别称司寇或大司寇）；田雯，任户部侍郎（别称少司马）；宋荦，官至吏部尚书（别称大冢宰）。三者均为清初康熙年间的文学家和诗人，其中王士禛被誉为康熙朝诗坛领袖，颜光敏与田雯、宋荦均列为诗坛"金台十子"之一。

曲阜游记

次早，由泰安趋曲阜。曩在山上，视泰安城如掌大。汶水一线，环于城外。徂徕若堵，蹲于汶上。出泰安城，不见水与山也。行五十里，见大河广阔，乃汶水也。又五十里，见崇山巍峨，乃徂徕也。相去百里，而俯视不过数武，其高可想矣。徂徕之西曰梁父，对峙若门。从门南出，平畴沃衍①，泗水西流。孔林在泗水南，洙水在孔林南，曲阜在洙水南，沂水在曲阜南。

孔林方十余里，其树蔽天，其草蔽地。至圣墓，有红墙环立。墙中草树愈密，修干丛薄，侧不容人，而景色开明，初无幽阴之气。至圣墓，产蓍草，碑曰"大成至圣文宣王墓"。西偏小屋三间，颜曰"子贡庐墓处"。东南有泗水侯墓，正南有沂国公墓。墙东南有枯木，石栏护之，子贡手植楷也，旁有楷亭。其北有驻跸亭，人君谒墓更衣之所。门外有洙水桥，桥南高阜一带，辟其东南为门。门距曲阜可二里，道旁植柏，行列甚整，蔽日参天，皆数千年物也。

入曲阜之北门，路东有复圣庙，庙前有陋巷。巷南折而西，则孔庙之东华门也。庙制如内廷宫殿，而柱以石为之，蛟龙盘旋，乃内廷所无。至圣与诸贤皆塑像。石刻至圣像有三。车服礼器，藏于衍圣公家。圣公入觐，不可得观。殿南有亭，颜曰"杏坛"。古杏数株，时值三月，杏花正开。坛南有先师手植桧，高三丈而无枝，文皆左纽。子贡之楷，虽不腐而色枯，此则生气勃发焉。大门内外丰碑无数。南有高楼曰奎文阁。阁南门下，汉、魏之碑十余，皆额尖而有圆孔。门外有水，上作五桥。桥南有门，门外有栅。自殿庭至栅内，苍松古柏，虬龙盘屈，不可名状。泰安汉柏，又不足道矣。

（清·孙嘉淦[②]《南游记》，见张潮辑《虞初新志》卷十七）

【注】

①平畴沃衍：平坦的田野，土地肥美。

②孙嘉淦（1683—1753），字锡公，号懿斋，山西兴县人。清康熙五十二年（1713）进士，官至吏部尚书、协办大学士等职，谥号文定。

孔林古墓

雍正间，陈文勤公世倌[①]修孔林，离圣墓四十余步，地陷一穴，探之中空，广阔丈余。有石榻，榻上朱棺已朽，白骨一具甚伟，旁置铜剑，长丈余，晶莹绿色。竹简数十页，若有蝌蚪文者，取视成灰。鼎俎尊彝之属，亦多破缺漫漶。文勤公以为此墓尚在孔子之先，不宜惊动，谨加砖石封砌之，为设少牢[②]之奠焉。

（清·袁枚《新齐谐》，清·颜崇规《鲽鲭小纪》与民国《续修曲阜县志》卷七转录）

【注】

①陈文勤公世倌：陈世倌（1680—1758），字秉之，号莲宇，

文勤是其谥号，浙江海宁盐官人，清朝大臣。雍正年间曾为山东巡抚，主修孔庙、孔林。

②少牢：旧时祭礼的牺牲，用羊、豕二牲叫少牢，牛、羊、豕俱用叫太牢。

颜介子曰

百工技艺，各祠一神为祖。倡①族祀管仲，以女闾②三百也。伶人祀唐玄宗，以梨园子弟也。此皆最典。胥吏祀萧何、曹参，木工祀鲁班，此犹有义。至靴工祀孙膑，铁工祀老君之类，则荒诞不可诘矣。长随③所祀曰钟三郎，闭门夜奠，讳之甚深，竟不知为何神。曲阜颜介子④曰："必中山狼之转音也。"先姚安公⑤曰："是不必然，亦不必不然。郢书燕说，固未为无益。"

（清·纪昀《阅微草堂笔记》卷四"滦阳消夏录四"）

【注】

①倡：音 chāng，娼妓。

②女闾：春秋时齐桓公设于宫中的淫乐场所，后世以指称妓院。

③长随：官府雇用的仆役。

④曲阜颜介子：颜懋价，字介子，号慕容，山东曲阜人，颜光猷孙。雍正十三年（1735）拔贡，官肥城教谕。工诗，与纪晓岚友善。

⑤先姚安公：指纪昀已去世的父亲，姓名未详，"姚安"当系其字或号。

史晨碑

《史晨碑》云："昔在仲尼，汁光之精，大帝所挺。颜母毓灵，承敝遭衰。黑不代仓，周流应聘，叹凤不臻。"案："仓"即"苍"，省"艹"。《隋书·李德林传》："孟轲称仲尼之德过于尧舜，著述成帝者之事，弟子备王佐之才，黑不代仓，泣麟叹凤。"案：《谶书》隋时犹存，故所据与碑同。

（清·桂馥《札朴》卷第八"金石文字"）

史晨后碑

后碑言孔渎、颜母井。"渎"即"窦"。襄三十年《左传》："自墓门之渎入。"《释文》："渎，徐言'豆'。"《传》又云"乃杀子纠于生窦"，《史记》作"笙渎"。《小宗伯》《大司乐》注："四窦，即四渎。"今尼山下有石窦，俗称夫子洞是也。东为颜母山，有颜母庄，俗呼牟庄，古井在焉。又有鲁颜庄，俗讹"鲁源"。韩敕碑称"颜氏圣舅，居鲁亲里"，即此也。碑言"于昌平亭下立会市"，今昌平山隔水与尼山对峙。僖二十九年《左传》："舍于昌衍之上。"杜注"鲁县东南有昌平城"（疑作"亭"），是也。碑言修通邑中大沟，韩敕碑："宣抒玄污，以注水流。"案：哀十一年《左传》"俟于党氏之沟"，即大沟也。今为曲阜南门池。

（清·桂馥《札朴》卷第八"金石文字"）

侍郎林

曲阜城东有颜氏族葬之域，呼曰"侍郎林"。叩以"侍郎"为谁，则漫举颜之推。案：之推不葬于曲阜，此误也。"侍郎"者，"石南"语转耳。任昉《述异记》云："曲阜古城有颜回墓，墓上石南二株，可三四十围，土人云颜回手植之木。"然则当时有石南之异，故呼石南林，后讹为侍郎林也。此地正在古城中，与任说合。但任以为颜回墓亦误，回不得葬鲁城中，今防山之阳有回墓，任所见即今之侍郎林，而以为回墓也。

（清·桂馥《札朴》卷第九"乡里旧闻"）

崄水

《寰宇记》[①]："曲阜县崄水[②]在县北四十二里，源出九山，东南流入洙水。"馥案：洙水已绝，今入泗水，乡人莫知其为崄水也。九山亦呼九龙山。成二年《左传》："齐侯围龙。"《史记·晋世家》："齐伐鲁，取隆。"《索引》引刘氏云："'隆'即'龙'也。鲁北有龙山。"

（清·桂馥《札朴》卷第九"乡里旧闻"）

【注】

①《寰宇记》：全名《太平寰宇记》，是撰于宋太宗太平兴国年间（976—983）的一部大型地理总志。凡二百卷，保留了大量珍贵的史料。

②崄水：即今咸河（崄，音xiǎn），位于曲阜城北，汇入泗河。

湖上

曲阜县治东三十里，有地名"湖上"。其地无水，不应有湖。"湖"当为"廊"。《玉篇》："廊，鲁地名。"

（清·桂馥《札朴》卷第九"乡里旧闻"）

防岭

曲阜城西十六里，地名防岭，邑人传为防山之岭。案：防山去此四五十里，实不相蒙①，其地亦无山岭，而村南有已涸之洙水，村人每掘得铁舟具。盖洙岸有防②高起，故呼"防岭"。《诗》："遵彼汝坟。"坟，大防也。

（清·桂馥《札朴》卷第九"乡里旧闻"）

【注】

①蒙：承接，关联。

②防：堤岸，堤坝。

白石

少昊陵前大道之南，有白石絫①他石上，其底有科文，乃大中祥符奉敕安玉石圣像诸官题名。所谓玉石圣像，盖景灵宫之像。后人因在少昊陵前，又刻"金天玉钮"四字于石侧。白石惟莱州有之，非吾乡所出。考《容斋三笔》②云："大中祥符间，奸佞之臣罔③真宗以符瑞，大兴土木之役，凡役工日至三四万，所用有郑淄之青石，衡州之碧石，莱州之白石。"然则此石乃自莱州运致者，计程千里矣。

（清·桂馥《札朴》卷第九"乡里旧闻"）

【注】

①絫："累"的古字。堆集，叠置。

②《容斋三笔》：南宋洪迈（1123—1202）编撰的史料笔记，被历史学家公认为研究宋代历史的必读之书。

③罔：蒙蔽，欺骗。

木皮散客贾凫西

木皮散客，曲阜贾凫西也。少负辩才，好说鼓词。尝于诸生塾宰、官厅及稠人广众中，持小鼓、木板，掀髯开喉为快。自明经迁部曹，明鼎革不仕。恒笑骂人，不容于乡，移滋阳。县尉挟之，贾怒，起旧官。会奉使过里门，执县尉扑于阶下，曰："此桓侯鞭挞督邮故事也。"[1]不数月，引病，不得，乃密属当事，劾以说稗词、废政务，果免归。科头跣足，自如也。

凡与臣言忠，与子言孝，无不以稗词正[2]。不屑屑于寻章摘句，效老生常谈。其摹拟古人处，莫不须眉毕现。又别出蹊径，独抒胸臆，能使古帝王卿相哲愚贤奸，是非由我自定。真操乎物所不遁，而沉郁顿挫、亢坠疾徐之间，环而视听者，尽为咋舌[3]。

晚岁著书数十卷，文字雅俚不伦。与沛县阎古古、诸城丁野鹤[4]亡命时往来最密。其《论语》稗词，为东塘采入《桃花扇》中；《历代史略》，余尝听人唱演。今于李山亭处又见《孟子·齐人》一段，附录于后。（下略）

（清·曾衍东《小豆棚》卷五）

【注】

①桓侯鞭挞督邮故事：事见《三国演义》第二回"张翼德怒鞭督邮"。桓侯：三国蜀汉名将张飞，字翼德，死后追谥为桓侯。督邮：汉代郡的属吏，代表太守督察县乡，兼司狱讼捕亡。

②正：同"证"。凭证，证明。

③咋舌：谓因惊异而说不出话（咋，音 zé，啮，咬）。

④沛县阎古古：阎尔梅（1603—1679），字用卿，号古古，因其耳朵长大，又号白牟山人，南直隶沛县（今属江苏徐州市）人。

明末复社巨子。明亡后散财结客，奔走国事。诗有奇气，声调沉雄，有《白牟山人集》。诸城丁野鹤：丁耀亢（1599—1669），字西生，号野鹤，自称紫阳道人，后又称木鸡道人，山东诸城人。明末清初人，屡试不第，仅中副榜。顺治四年（1647）入京师，由顺天籍拔贡，充镶白旗教习。后为容城教谕，迁惠安知县，以母老不赴。多产作家，著有诗、传奇及小说《续金瓶梅》等。清初，阎、丁二人皆避祸于滋阳贾凫西处。

颜氏忠孝录

颜公衍绍，复圣六十五世裔。居曲阜，少孤，读书攻苦。举崇祯进士，出知凤阳令，有能声。会流寇横行江淮，公练兵，浚隍城，为战守计。贼知有备，不敢逼。已而内召，将入都，适上遣宦者杨显名监嗹政①，议行属礼②。公厉声曰："何议为？宁不做官，不失我身。议则终当屈膝耳。"遂束装北京。累试，当改官翰林。

时淮安陈启新给事吏垣③，欲交结公。公以其大言，舆榇上封事④，又矫着布絮见上，公曰："此冈上者，又沽名，小人也。"屡谒，公不报。陈怒，遂劾选擢诸臣多大吏私人。率罢归。公左迁⑤广平府经历。

是时，王师入关，所向皆摧。邯郸直其冲，吏部请以习兵事者，公前守御江淮，故补邯郸。城库薄⑥，势在旦夕。公驰就谯门，到任部署。日夜募得乡勇者千人，邑人张执塘统之。塘，故兵校也，勉以大义，咸勇跃思奋。开公帑⑦给军，守者不可。公曰："此城失，皆非我有也。"公犒千金。有两士夜缒欲遁，逻得之。诸生多为丐免。公曰："吾治军，当行军法。"即拔佩刀斩二人。人心肃然。三日，兵薄城，不下，解去。时各城失守，村堡被焚。执塘寻获数人至县。瞋目曰："吾高总兵部兵也。"公曰："吾治焚劫吾民者。"鞭之极刑，列其罪状。太监高起潜怒。适部将侯拱极败绩，起潜劾公阻挠，冀卸其罪以归公。抚、按皆力为辩，始从薄罚，镌⑧三级，守城之功不叙。

将告归，西山盗发。受命迁真定府同知，往捕之。贼曰："颜邯郸安在？"公跃马而出曰："汝欲识颜公耶？"贼望见，投戈罗拜，曰："我辈恨不为邯郸民。公至，自能活我。"皆乞降，盗悉平。

时公冢子⑨伯璟、次子伯玠，皆家居，三子伯珣随任，甫六岁。壬午，公知河间府。闰十一月，王师再入关，攻河间。城急，公纵火焚其梯，反风吹火，烧延楼橹⑩。公知势不可支，趋署，令诸仆拒门守，乃集家人一室中，积薪纵火，火烈，公衣冠北面，再拜，跃入自焚。仆吕有年冒焰负公季子⑪出。上闻嘉悼不已，敕予优恤。

初，公有幕客严柏令⑫，善察休咎。及之河间，密言此城不可居。公佯不省，阴使人护之出，柏令挥涕去。又，公赴河间，时长子伯璟在兖，夜梦一人僵卧，肢体焦烂，不可识，一人指曰："此太守也。"明日公除河间；信至，璟涕泣不食，寄书极谏不可往。公笑曰："儿曹欲吾为自全计，此方百姓安所逃死乎？"视事如故。

夫人孟氏，亚圣裔也。公举平乡，喜甚，典簪珥佐觞客。及捷南宫⑬，卧不起。姻党相贺，答曰："国家多难，而遽以身许人，吾滋惧焉，何以贺为？"

当公之未遇难也，伯璟既得恶梦，日夜忧虑。道阻，事不相闻。未几兵至，兖城破，兵民皆走窜。璟体肥，不良于行，玠掖璟疾走，璟麾之曰："吾等父在河间，存亡不可知，汝当速去。兄弟并命⑭，于此无益也。"玠泣不去。璟绐⑮之，使他顾，遽自睥睨⑯间跃下。玠遂死乱兵。璟仆地，伤左足，至夜乃苏，为逻者所得。见其修髯广颡，状甚伟，不敢害，车舁⑰以告其帅。不为屈。帅惊曰："吾自入关，未尝见如此人。"既知为颜子后，遂留帐中。有人语璟：昨日驱妇数辈，一妇骂，不肯行，卒反刀击其背。骂不已，卒杀之墙下。有媪指曰："此颜氏妇。"璟曰："必吾妻也。"璟告帅，至墙下觅之，果然。盖刃伤已四日矣。试其息，犹未绝，载还曲阜。而帅告璟曰："汝日念父，兖州破时，破河间已一月矣。"璟闻痛哭，投地绝，复苏，告帅曰："吾父素矢忠贞，义无苟全。我幸遇公，得不死，曷纵吾去，俾收骸骨。"帅怜而许之。因得间道⑱归曲阜。已⑲遂匍匐河间。

当是时，室人朱氏创剧，二子患痘，毅然不顾。兵火充斥，尝积日不得食，或被执。璟慷慨与语，声泪皆迸，辄为感动，释去，达河间。得遗骸灰烬中，躃踊惨怛⑳，观者泣下。先是，仆有年负伯珣走，道中流矢，至珣窜民间。璟访得之，携与归。因悲玠之死，而愈笃珣之爱也。鼎革㉑后，暇辄读书鼓琴。平生坦易，遇人甚温。家法严以肃，友爱季弟，三十年无间言。恒自言年至六十一卒。后果验。

有子六人，朱淑人出者三，皆知名。长运使公，次考功公，三学使公，时人尊为"一母三进士"。后科第连绵，至四世。今崇芳、崇简、崇芬，"一母三孝廉"云。盖忠孝之遗泽长也。

余读《唐书》，天宝河北之变，忠节公父子死节负骨㉒，与此事吻合。是颜氏之子忠孝，有所由来者矣。此传盖采贻上、彝尊㉓诸传合成，最称详确。

（清·曾衍东《小豆棚》卷一）

【注】

①醝政：盐政，盐务（醝，音 cuó，盐的别名）。

②属礼：下属官员应有的礼节。

③给事吏垣：任吏部给事中（垣，官署的代称）。

④舆榇上封事：车载棺材向皇帝上奏章，以示死谏。封事，密封的奏章。古时臣下上书奏事，防有泄露，用皂囊封缄，故称。

⑤左迁：降官，贬职。

⑥庳薄：低矮而单薄（庳，音 bì，低矮）。

⑦公帑：公家的钱物（帑，音 tǎng，财帛）。

⑧镌：音 juān，贬谪，降职务。

⑨冢子：长子。

⑩楼橹：城上望楼。

⑪季子：幼子，最小的儿子（季，少小，年轻）。此指颜伯珣。

⑫严柏令：令，《颜氏家诚》作"龄"。下文"柏令"同。

⑬捷南宫：谓考中进士。南宫，掌管选拔进士的礼部官署所在地。

⑭并命：共命运，同死。

⑮绐：音 dài，诓骗。

⑯睥睨：音 pì nì，城墙上锯齿形的短墙；女墙。

⑰舁：音 yú，装载，负载。

⑱间道：偏僻小路（间，音 jiàn）。

⑲已：随后，旋即。

⑳躃踊：亦作"擗踊"。捶胸顿足，极度哀痛的样子（躃，用同"擗"，音 pǐ，捶胸；踊，以脚顿地）。惨怛：同"憯怛"，忧伤，悲痛（惨，同"憯"，惨痛；怛，音 dá，悲伤）。

㉑鼎革："鼎新革故"的省称，指朝政变革或改朝换代。这里指明清易代。

㉒忠节公父子死节负骨：忠节，颜杲卿的谥号。据《新唐书·颜杲卿传》，唐玄宗天宝年间安史之乱，颜杲卿父子率部守城，城破被杀。乱平，杲卿从弟颜真卿寻其尸骨归葬长安。

㉓贻上、彝尊：即王士禛（字贻上）、朱彝尊。二人均为清初杰出文学家，有"南朱北王"之称。二人均为颜胤绍（亦作衍绍、允绍）写过传记一类文字。

孔衍栻

孔衍栻，字石村，为稼部公①之从子②，曲阜人，圣裔也。贡生，官济宁训导。善画，以渴笔名，独辟蹊径。晚年学愈进，寿八十九。自著有《石村画诀》，云："古今画家，用水渲染，不易之法也。渴笔烘染，古人未创此境。余幼师石田③，一树一石，必究其用意处，久之稍有所得。因精心自思，笔笔石田，终在古人范围。乃穷日夜之思，忽结别想，偶以渴笔烘染，似觉别有意趣，脱却俗态。久乃益精，幸不为鉴赏家所鄙，实由苦心未尽自泯。因志画诀，藏箧中，以俟同志。"……其论如此，此石村变化前人之法，所谓遗貌而取神者也。

（清·曾衍东《小豆棚》卷十三）

【注】

①稼部公：指孔尚任。稼部是户部的别称，孔尚任曾任户部主事，并升任户部广东司员外郎，故称。

②从子：侄子。

③石田：指石砚。实指用笔蘸砚中墨汁作画。

孔小山

曲阜孔小山，圣裔也。善鼓琴，慕音者恒不得一聆其操。孔有十绝二十四忌，稍不当可，则拂弦而起，是小山之音之希也。尝抱琴于空山阒静①、人迹罕到之区，然后一弹再鼓。同人恶之，莫能伊何。

汶上赵子鳌，性诙谐，多力，有胆气，长髯盈腮，因自号为"小虬髯②"。曲多葭莩亲③，当宴谈，辄言小山事，而小山固未与赵觌面④也。一日，闻小山游石门寺。石门即子美访张氏隐居处，山深，藤萝满峪，春尽迷望，如锦步障十里许。赵悄行，腰间悬椎，跨骡往。抵寺问，头陀告曰："适携焦琴⑤并奚童，山后去了。"赵絷⑥骡，步入山。满岚翠滴，香气袭人。盘曲五六里，微闻指拨声。继见一人坐石，横琴膝上，旁立一奴，执杖系葫芦，飘然如仙。赵捉椎咤叱，响应陵谷。小山惊起，奴亦弃杖。赵曰："取买山钱献我，否则敲断狗骨子！"赵以椎击岩边石，硼然而坠，火星滚滚落山隅中。孔泣，跪曰："野游至此，未曾携得一文。"赵踞坐，喝曰："脱剥尔皮，以代钞用。"二人觳觫，自褫其衣，堆于赵前。赵指葫芦曰："何物？"小山曰："酒。敬进大王。"赵提饮，一吸而尽，又指琴曰："黑漆漆者复何物？"小山曰："琴。曷⑦为大王鼓之？"赵曰："鼓！"小山跪而奏《淋零》之曲。赵不乐，以椎指其头，令再鼓。小山又为《涂山大会》诸曲。久之，夕阳在山，而孔犹顾影效《广陵散》，真不啻嵇康之就刑时也⑧。赵起，大吼，轮椎沉沉，若电转霆惊，排阒⑨穿藤花而去。孔狼狈归。后孔微闻其事，碎琴裂囊，誓不复弄。

（清·曾衍东《小豆棚》卷十三）

【注】

①阒静：寂静，宁静（阒，音 qù，寂静）。

②虬髯：卷曲的连腮胡须（虬，音 qiú，弯曲）。古代传奇小说中有名叫虬髯客者。

③葭莩：音 jiā fú，芦苇秆内的薄膜。葭莩亲：喻指关系疏远淡薄的亲戚。

④觌面：见面，会面（觌，音 dí，见，相见）。

⑤焦琴：即焦尾琴，琴名，亦泛指琴。因蔡邕以烧焦的桐木制造而成，故名。

⑥絷：音 zhí，拴住，系住。

⑦曷：副词。表示反问，相当于"何不"。

⑧而孔犹……嵇康之就刑时也：《广陵散》，琴曲名，传三国魏嵇康独善鼓此曲，入晋，嵇康因事诛，临刑，犹索琴弹此曲。

⑨排奡：骄纵，傲慢（奡，音 ào，傲慢）。

孔庙古桧

曲阜孔庙杏坛侧有桧一株，乃夫子手植，历周、秦、汉、晋几千岁，怀帝永嘉三年己巳而枯。枯三百有九年，隋恭帝义宁元年丁丑复生。生五十一年，唐高宗乾封二年丁卯再枯。枯三百七十四年，宋仁宗康定元年庚辰再荣。金宣帝贞祐二年毁于兵燹①。后八十年甲午，为元世祖至元三十一年，故根重发，至明洪武二十二年己巳，凡九十六年。高三丈，围四尺。自始植下，逮弘治十二年，则二千九百七十八年，因灾复毁。今其干不荣不枯，其坚如铁。碑记有诗："崔嵬俯殿阿，旋转左文多。岂乏风霜剪，灵根自不磨。"宋人纪载，言桧有二株，东者纹左旋，西者纹右旋，则先陨其右，未及详矣。康熙甲子，上东巡，有《御制桧赋》。

（清·赵慎畛《榆巢杂识》）

【注】

①兵燹：指因战乱而造成的焚烧破坏等灾祸（燹，音 xiǎn，火，兵火）。

曲阜知县

曲阜改县以来，自唐至明，俱用孔氏子弟除授。我朝定制，令衍圣公会同山东巡抚保题补授。大计亦与之会核，与各省知县无异。乾隆六年，衍圣公孔广棨①与曲阜县知县孔毓琚互相参揭②，有议裁世职者，御史孙灏③奏准仍照旧制。

（清·赵慎畛《榆巢杂识》）

【注】

①孔广棨：字京立，号石门。孔子第六十九代孙，雍正九年（1731）袭封衍圣公。

②参揭：弹劾、揭发他人的过错或短处。

③孙灏：字载黄，号虚船，浙江钱塘县（今属杭州市）人。清雍正八年（1730）进士，乾隆三年至十一年（1746）为京畿道监察御史。

无孔不开榜

曲阜设四氏学①，乡试编"耳"字号，中一名。每科取中皆至圣裔，故有"无孔不开榜"之谣。顺治乙酉，给事中严沆②典山东试，疏请取二人，康熙间增一名，颜、曾、孟三氏及各贤裔始有中式者。雍正间又加一名。

（清·吴振棫《养吉斋丛录》卷之九）

【注】

①四氏学：历代帝王为崇奉儒学，专为孔、颜、孟、曾四姓设立的学馆。

②严沆：字子餐，号灏亭，浙江余杭人。清顺治十二年（1655）进士，选庶吉士。先后担任兵科、吏科、户科、刑科给事中，太仆寺少卿，佥都御史，左副都御史等，官至侍郎。

轶闻

案孔氏中表①著闻者，以颜姓为最，然衍圣公与颜博士②，论师生而不叙表亲，惟曲阜县张羊村唐张温③之裔孙，与衍圣公及诸孔氏称表亲，而男女统呼曰"亲戚"，妇人老年称"姥姥"。遇喜庆事不尽来；遇衍圣公有丧，以内外张亲戚皆来为荣。遇衍圣公祭四十三代公时，则张姓裔嫡孙陪祀；祭四十二代，张夫人亦然。亦有时代请张姓代行扫墓之礼。考张姓裔嫡孙由衍圣公奏准，恩赐一人为监生，世袭奉张温祀，以报其救孔子四十三代奉祀孙仁玉之功。

（清·郑晓如《阙里述闻》，又见清·颜崇规《朡鲭小纪》与民国《曲阜县志》卷七）

【注】

①中表：本指内外，此指亲戚关系。

②颜博士：历史上颜子后代嫡孙授以翰林院五经博士的职衔，俗称"颜博士"。

③唐张温：张温，五代后唐曲阜人。时衍圣公府惨遭歹徒劫掠，圣裔族人几乎被杀害殆尽，唯有一幼子被张温暗自收养得以生存。此幼子即后来的四十三代衍圣公孔仁玉。

孔氏秘闻

五代末，曲阜孔家奴多赐姓孔，黠者知历代崇圣裔，乃乘乱聚党，杀主几尽，谋夺宗。时孔林后村人有张姓者，嫁女圣裔，有幼子，张姓匿之，得免。既而鸣冤于朝，乃诛恶党，立孔子后承祀。子孙至今不忘所自。姻亲皆公卿将相子弟，张姓一村农，必居首座。夫圣人德配天地，奸人乃思篡夺，神人所公怒，覆载①所不容，安能幸逃哉？然亦危矣！张氏之功，婴、杵②不足言也！（家奴名孔末，匿者名仁玉）

（清·王培荀《乡园忆旧录》卷一）

【注】

①覆载：指天地。

②婴、杵：程婴、公孙杵臼，春秋时晋国义士，晋卿赵盾及其子赵朔的友人。晋景公三年（公元前597年），大夫屠岸贾杀赵盾，灭其族，婴、杵合谋，由婴抱赵氏真孤匿养山中，而故意告发令诸将杀死杵臼及冒充孩儿。后景公听韩厥言，立赵氏后，诛屠岸贾，婴则自杀以报杵臼。婴、杵的故事见于《左传》《史记》以及元杂剧《赵氏孤儿》等。

孔氏宗支

前闻曲阜孔氏家难未详，今补记之。自孔子传四十二代光嗣，为泗水令。有孔末者，洒扫户孔景之后，欲冒袭封，乃尽杀诸孔。光嗣妻张夫人，生仁玉，甫九月，匿养母家。及长，得袭封①，卒赠兵部尚书。孔氏有正支、外支。元时官定户版：正支十二户，分为五位；外支三十有一，皆阙里子孙洒扫户也，分五院。见《宋潜溪文集》②。今所谓内孔、外孔，特以入谱、不入谱分辨耳。嘉庆间，历城令刘某以事至曲阜东华门，不下舆，奏闻，立即革职，子孙三世不准试。我朝崇儒重道如此。

（清·王培荀《乡园忆旧录》卷七）

【注】

①及长，得袭封：孔仁玉于后唐明宗长兴三年（932）和后周太祖广顺二年（952）两次被封为"文宣公"。

②《宋潜溪文集》：明初文学家宋濂（号潜溪）的文集，清道光年间石韫玉选编。

孔尚任

孔东塘尚任，自称云亭山人，由国子博士历官户部员外郎。博雅好古，作《汉铜尺记》《周尺考》《周尺辨》，渔洋①称其精核。作《桃花扇》传奇，一时风行。红兰主人以通部教其梨园，在淮阳驻节三年②，或招之宴饮，席间辄演《桃花扇》，俟其点正疏节。有某伶，善唱"画扇"一折，尤所心喜。《大海潮》《小忽雷》两诗，足备掌故。《扬州》云：

> 阮亭合向扬州住，杜牧风流属后生。
>
> 廿四桥边添酒社，十三楼下说诗名。
>
> 曾维画舫无闲柳，再到纱窗只旧莺。
>
> 等是竹西歌吹地，烟花好句让多情。

自记《出山异数》一篇，述出处甚详，云：读书山中，衍圣公因值圣驾东巡，将临幸曲阜，招修明礼器，肄习乐舞，所教共七百人。及驾诣阙里，择期讲书，命择孔氏学问优长者先拟讲章，衍圣公令其撰进。维时，掌院学士常公书、侍读学士朱公玛泰、山东巡抚张公鹏与衍圣公毓圻，列坐一堂。书为《大学》圣经第一节，《系辞》首节。时，构思不属，久未落笔。张公谓衍圣公曰："可令别坐一室，令其从容结撰。"既而，顷刻就《大学》讲义一篇，诸公传观咨赏③。再令作《系辞》解，辞以专门习诗，于《易》实未究心。朱公笑曰："未通五经，何云博学？勉为之。"脱稿，朱公曰："名下无虚士。"缮清呈进。明日引见，谕有数字未妥，须再改。时跪帘外，未知应改何处，及发下，视字旁微有爪甲痕者，遵照改进。明日，驾诣庙，步行升殿，行三跪九叩礼。礼毕，步升诗礼堂御座，南面立讲书官，对立宣讲。音吐清朗，义蕴敷畅④，上顾侍臣曰："经筵讲官不及也。"礼毕，命衍圣公与讲书官导引游览。每过古迹，顾问条对详明，深蒙宠眷，擢五经博士。著有《阙里志》，圣迹大备，嗜古之士无不推服。

（清·王培荀《乡园忆旧录》卷二）

【注】

①渔洋：即王士禛，号渔洋山人，人称王渔洋，清初文学家、诗人。

②在淮阳驻节三年：康熙二十四年（1685），孔尚任随工部侍郎孙在丰往淮扬协助疏浚下河海口，二十九年（1690）奉调回京，孔尚任实际在此任上有四年之久。淮阳，当为"淮扬"之误，指淮安、扬州一带。驻节：指身居要职的官员执行外出使命时在某地住下（节，符节）。

③咨赏：叹赏，赞叹。

④敷畅：铺叙而加以发挥（敷，铺开，扩展）。

云亭山人

孔东塘尚任作《桃花扇》传奇，一时风行。自号云亭山人，未知所本。按泰山旁有二山，一名云云，一名亭亭，意或取此。山名重字者，亦仅见焉。

（清·王培荀《乡园忆旧录》卷八）

颜光敏

颜光敏，字修来，曲阜人。康熙丁未进士，吏部考功郎中。长身玉立，音吐如钟。九岁工行草，十三娴词赋，愚山①以为苍郁雄高，出入于工部、昌黎之间。所著《未信堂稿制艺》，纯是性灵结撰，无人间一毫烟火气，关伦常题尤悱恻②动人。年甫四十而卒。有《家诫》③一册，略分次第④。四川张船山⑤得之，择其格言圈出，为加评语，云："颜星斋明府自曲阜寄来。嘉庆十一年花朝记。"盖本《颜氏家训》而增详者。

兄光猷，号澹园，河东运使，谈笑定营伍脱巾之变⑥，有《水明楼诗集》。弟光敩，为浙江学使，廉介著闻，所取试牍，人奉为金科玉律。朱竹垞⑦赠诗云："每向高堂忧菽水，何尝太史不箪瓢。"一母生三伟人，当时荣之。子肇维，字次雷，官行人，自号红亭长翁，著《锺水堂诗》《宝墨堂诗》。

（清·王培荀《乡园忆旧录》卷二）

【注】

①愚山：施闰章（1618—1683），字尚白，号愚山，宣城人。清顺治六年（1649）登进士第，授刑部主事，擢山东学政按察司佥事，迁江西布政司参议，分守湖西道。入清后应试博学鸿词，授翰林院侍讲，纂修《明史》。

②悱恻：音 fěi cè，形容内心悲苦凄切，忧思抑郁。

③《家诫》：全名《颜氏家诫》，颜光敏撰，全书分"敦伦"

"承家""谨身""辨惑"四卷。

④略分次第：稍加编排（次第，次序，条理）。

⑤张船山：张问陶（1764—1814），字仲冶，号船山，四川遂宁（今蓬溪县）人。清代诗人、书画家。乾隆五十五年（1790）进士，曾任翰林院检讨、江南道监察御史、吏部郎中、山东莱州知府。后辞官寓居苏州虎丘山塘，嘉庆十九年（1814）病逝。

⑥定营伍脱巾之变：颜光猷任安顺知府时，守军将士因不满提督而准备哗变，光猷不顾个人安危，只身入军营晓以大义，安抚军心，使一场叛乱得以避免。脱巾：摘去头上的头巾。士兵摘去头巾，意味着逃跑或哗变。

⑦朱竹垞：即朱彝尊，详见任城（济宁）卷《于若瀛》注。

桂馥

桂未谷馥①，工汉隶，笔画如铁，似古人复生。为长山学博，尝书《史晨祀庙碑》赠先君②。为刘寄庵③题抱孙楼扁④，寄庵云：

> 我有抱孙楼，未谷为书扁。
> 遂令数椽屋，高于千仞巇。
> 未谷工古书，汉隶秦之篆。
> 笔势如龟龙，非徒势蜿蜒。

所藏石绿瓶，明供御物也。径二寸，厚四分，面文曰"龙香御墨"，背曰"大明隆庆年制"，皆正书；轮旁朱篆。重三两八钱，多咏之者。后为人得去。得竹根磊砢⑤，刻如来，遂刻岁星、寿星于侧，谓之"三寿作朋"。翁覃溪学士⑥题字，罗两峰⑦绘图，亦韵事也。

未谷所交皆天下名士，在京师与诸公唱和，声噪辇下。晚以乾隆丙戌进士为云南令，意甚不乐。作《簪花骑象图》，窃学升庵⑧以寓牢骚之意，遍征诗题词。任太和时，寄庵至其署，赠诗：

> 万里南冒雪鸿痕，客来如到古邱园。
>
> 栽花自爱衙斋僻，问字人知几席尊。
>
> 名士风流今未远，穷官气味老犹存。
>
> 相寻只续游山记，急典衣裳治酒樽。

性嗜酒，诗多酒后作，以八分书之，辄为人持去；比醒，都不记。孙显忱拾其余，录为《东莱草》。有句云："到处勾留因嗜酒，有时懊恼罢题诗。"

（清·王培荀《乡园忆旧录》卷二）

【注】

①桂未谷馥：桂馥（1736—1805），字未谷，一字冬卉，号雩门、老苔，山东曲阜人。乾隆五十年（1785）任长山县（今山东省邹平市有长山镇）司训（县学的辅助教职，也称学博），并与济南周永年等在五龙潭畔修建潭西精舍，出所藏书置借书园以资来学。乾隆五十四年（1789）中乡举。乾隆五十五年（1790）登进士，官云南永平县知县。书法家、文字训诂学家。精于考证碑版，以分隶篆刻擅名。

②先君：已故的父亲。此指王培荀父亲王思枢，字斗南，山东淄川人。

③刘寄庵：时任长山县知县。

④扁：古同"匾"，匾额。

⑤磊砢：聚积，堆积。

⑥翁覃溪学士：翁方纲（1733—1818），字正三，一字忠叙，号覃溪，晚号苏斋，顺天大兴（今北京大兴区）人。清代书法家、

文学家、金石学家。乾隆十七年（1752）进士，授编修，历督广东、江西、山东三省学政，官至内阁学士。嘉庆二十三年（1818）卒。

⑦罗两峰：罗聘（1733—1799），字遯夫，号两峰，又号花之寺僧、金牛山人等。清代画家，"扬州八怪"之一。布衣，好游历。

⑧升庵：杨慎，字用修，号升庵，四川新都（今成都市新都区）人。明世宗时文学家、诗人。少有奇才，二十四岁中状元，授翰林修撰，后被谪戍云南终生，七十二岁客死昆明。

纪昀送桂馥诗

桂未谷辑《古今诗话》，成数十巨册。选云南令，晓岚①先生送以诗云：

地远山川僻，滇南俗最淳。

将求司牧者，合用读书人。

政暇仍稽古，官清自耐贫。

向来餐苜蓿，本似隶州陈。

秋风吹万里，送子宦天涯。

驿路今无梗，山城亦自佳。

琴余披讼牒，吏散静衙斋。

渔隐编丛话，应能手自排。

又题其《簪花骑象图》云：

才人纵以官为戏，骑象簪花无此事。

先生此画吾了知，聊明不薄炎荒意。

昔年曾读骠国②诗，清平官亦工文词。

从来六诏③解声律，勿云鸟语皆侏离④。

先生经学能稽古，辨别形声研训诂。

定以诗书化百蛮，风琴雅管成邹鲁。

他年续补樊绰书⑤，卷端合遣镌斯图。

闲中指点向亲故，作吏曾经此地居。

（清·王培荀《乡园忆旧录》卷六）

【注】

①晓岚：纪昀（1724—1805），字晓岚，别字春帆，号石云，清直隶献县（今河北省献县）人。乾隆十九年（1754）进士，官至礼部尚书、协办大学士，太子少保。曾任《四库全书》总纂官。著有《纪文达公遗集》《阅微草堂笔记》等。

②骠国：古国名。在今缅甸境内（骠，音 piào）。

③六诏：唐代位于今云南及四川西南的乌蛮六个部落的总称。诏，音 zhào，指王或首领；其帅有六，因号"六诏"。

④侏离：本指我国古代西南少数民族乐舞，亦用以形容方言或少数民族语言怪异难懂。

⑤樊绰书：指樊绰所著《蛮书》。樊绰：唐人，曾为安南经略使，所著《蛮书》记载了南诏（今云南）的历史、政治、经济、军事以及各民族的生活习俗等。

孔继涑

孔继涑，号谷园，曲阜圣裔。十岁工书。聘张文敏公照①女，未娶卒。文敏以书法名天下，谷园学之能乱真，翁婿最相契。文敏公殁，纯皇帝②命涑摹其书以进，称旨，谓极似张照，深蒙赏赉，人以为荣。乡举后，屡困场屋，考教习，不收。春闱③榜后，上命搜落卷中楷书工整者备选中书，亦不遇。平生精于鉴赏，所蓄前人墨迹甚多，与梁山舟④先生彼此以家藏易观，互相评论，皆具眼也。所刻《玉虹楼帖》，张公笔迹亦其鉴定。与兄友爱最笃，兄官户部，以事戍边，谷园鬻产赎回。俟入翰林，旋卒，身为经纪⑤，忧劳困顿，以致疾病。里居时于市肆中见其书，铁笔银钩，力透纸背。惜未买得，至今为恨。

（清·王培荀《乡园忆旧录》卷三）

【注】

①张文敏公照：张照，字得天，号泾南，又号天瓶居士。江南松江府娄县人，清朝大臣。康熙四十八年（1709）进士，官至刑部尚书，乾隆十年（1745）卒，谥文敏。通音律，精鉴赏，尤工书法。

②纯皇帝：即清高宗爱新觉罗·弘历，清朝定都北京后的第四位皇帝，年号乾隆。

③春闱：唐宋礼部试士和明清京城会试，均在春季举行，故称春闱，也称春试。

④梁山舟：梁同书（1723—1815），字元颖，号山舟，晚年自署不翁、新吾长翁，钱塘人。清代书法家。乾隆十七年（1752）特赐进士，官侍讲。著有《频罗庵遗集》等。

⑤经纪：管理照料。

颜崇汮

曲阜复圣之裔，多聪明特达。修来先生兄弟以诗文名天下。后有名崇汮者，号酌山，乾隆戊戌进士，授编修，升侍读。①丙午为四川正主考，题为《束带立于庙》。闱中有倒领下句中试者，房考与主司俱未觉，揭晓方悟，可知科名有定。是科南川周肃斋先生二弟

一子同榜，李雨村弟本元亦中式。酌山工八分②，善诗，与雨村诗
友也。时方家居，以八分书诗贻之，有句云："名园傍水多栽竹，
小榭听歌好放船。"因雨村新治园亭，素喜音乐，故云。在都时，
与程鱼门、曹习庵、吴鼎雯诸前辈唱和。尝偕访雨村通永道③署，
登大光楼，酒酣，索笔作歌云④：

> 玉河桥上车轰雷，长安城中十丈埃。
>
> 炎云如火午风热，登楼要醉青莲杯。
>
> 延陵公子颇好事，鼓舞游兴呼朋侪。
>
> 出郭眼界一空阔，轻飔飒爽蓬半开。
>
> …………
>
> 樽前啸咏极清兴，西山不觉朱丸颓。
>
> 京华数载恒刺促，兹游暂使烦襟开。
>
> 冷官亦苦职司缚，惆怅缁尘归去来。
>
> 聊纪胜游写长句，艾焙幸免涪翁哈。

诗成，文不加点，酒盏尚温，一吸而尽，扪腹大笑。雨村素以
敏捷自负，瞠乎后矣。诗集甚富，选入《续山左诗钞》。

（清·王培荀《听雨楼随笔》卷四）

【注】

①《曲阜诗钞》卷七颜崇泲小传云："字东虞，号酌山，乾隆
壬辰进士，官翰林院侍读。"王培荀谓崇泲系"乾隆戊戌进士"，
当有一误。小传又云："侍读为文敏捷，援笔立成，然喜人指摘，
不惜数易稿。书法东坡，尤工分隶。"

②八分：汉字书体名。字体似隶而体势多波磔。关于"八分"
名称的由来，历来说法不一：或以为二分似隶，八分似篆；或以为
汉隶的波磔如"八"字向左右分开。

③通永道：清分巡道名，位于直隶省中、东部，包括顺天府、永平府各县及遵化州等。

④作歌云：因此诗较长，中有删节。《曲阜诗钞》亦收录此诗，个别语句与王培荀所记略有不同。

南梁北孔

曲阜孔谷园先生（继涑），刻《玉虹楼鉴真帖》数十卷。先生之书，瓣香①天瓶居士②，高庙③东巡，临书以进。上熟视曰："好像张照。"同时梁文山明府（巘）④亦学张书，故世有"南梁北孔"之目。今人以"南梁"为山舟学士，误矣。

（清·梁绍壬《两般秋雨盦随笔》卷三）

【注】

①瓣香：师承，敬仰。

②天瓶居士：即张照，孔继涑的岳父。详见本卷《孔继涑》及注。

③高庙：指清高宗弘历，即乾隆皇帝。

④梁文山明府（巘）：梁巘，字闻山、文山，号松斋，又号断砚斋主人，亳县（今安徽亳州市）人。清乾隆年间曾任咸安宫教习、湖北巴东县知县等。清代著名书法家。

颜懋侨

泗水县楚家寺僧慧明，临终语弟子云："吾将投曲阜颜考功宅。"诘朝①来访，则修来先生得孙，名懋侨，字幼客。人以为慧明后身。幼慧，博学工诗。乾隆间有鸿博之试，四方士云集辇下。关中屈悔翁复②，高自位置，谈诗排斥杜工部，王侯拜榻下称弟子，后进罕得见。幼客以陪祀入京，年方少，瞯③其在寓，排闼直入。

屈跌坐榻上，不为礼。幼客登其榻，对坐不语。屈不能耐，问所自。曰："我曲阜颜懋侨，闻君能诗，未知何如，特来一谈。"曲与往复辨，若悬河，乃折服，自谢无礼，遂定交。

幼客少学诗于王秋史④。《秋日》诗云："白雁呼群依远渚，晚风随雨落横塘。"峄县李小东太史⑤呼为小友。尝题画云："一松冻欲折，一石飞欲绝。落日风吹人，寒气碧成雪。"

（清·王培荀《乡园忆旧录》卷三）

【注】

①诘朝：即诘旦。意为平明，清晨。

②屈悔翁复：屈复（1668—1745），清代诗人。字见心，号晦翁，晚号逋翁、金粟老人，世称"关西夫子"。陕西蒲城人。乾隆元年（1736）曾被举博学鸿词科，不肯应试。卒于北京。著有《弱水集》等。

③瞷：音 jiàn，窥视，偷看。

④王秋史：王苹，字秋史，号蓼谷，山东历城人。康熙丙戌（1706）进士，官成山教授。著有《二十四泉草堂集》。

⑤李小东太史：即李克敬（1659—1727），字子凝，号小东。山东峄县（今枣庄市峄城区）人。曾在曲阜授徒讲学，所教皆孔、颜子弟。1715 年中进士，选翰林院庶吉士。1721 年授翰林院编修。后病逝于京城。

张琢

张璞山琢①，曲阜人。家无立锥，只身走辽东，取坊间粗纸随意作画，得数钱糊口。无师传，非素习也。画竹画松，笔力遒劲，价渐高。转之京师，入云林阁，冒古人得重值。久之，士大夫多知其名，画益贵重。蓄妻子，援例捐职，官四川典史。各上宪亦重其画。市间多赝作欺人，而璞山之名亦噪。告归，置田宅，扬扬然列缙绅间矣！尝见所画五松，古干离奇，空中三瀑布飞落，气势雄伟，卓然大方。竹则人多有之。

（清·王培荀《乡园忆旧录》卷三）

【注】

①张璞山琢：张琢，字璞山，山东曲阜人，官四川典史。清代画家，工山水、花卉。张问陶极为推崇。

孔昭虔

孔荃溪昭虔，曲阜圣裔。嘉庆戊午乡举，年才二十余。有《芦花诗》四首，仅记四句，云："月满孤舟人钓雪，沙明两岸雁啼秋。好随流水漂红叶，莫向西风怨白头。"先君语人曰："诗佳矣！第少年有牢落之感，恐终身坎坷。"既而，己未联捷，入词林，青云直上，乃以写书谬误，在事者皆罢职，先生亦归里矣。久之，复起用。后官副史，不久即卒，未竟其用。尝以一联赠先君，书法秀朗，似三春杨柳。

（清·王培荀《乡园忆旧录》卷七）

鲁城石人

鲁城东七里，有二石人，皆西向，一镌"乐安太守麃君"，一镌"府门皆在绅下"。盛秦川百二①作诗云：

辞汉金人泪暗滴，何处摩挲叹铜狄？
岿然不见鲁灵光，一例西风吹瓦砾。
石人乃得全天年，偶立千秋古道边。

乐安太守尔何是？姓氏犹在名无传。

古道离离遍禾黍，但向斜阳日延伫。

千呼万唤不肯回，忍睹蓬莱变尘土。

日暄雨洗换年光，碧藓红萝作绣裳。

纸钱飞散白蝴蝶，寒食何人浇酒浆。

斫冰词客好事者，独往驱车吊原野。

古隶龙文拓寄来，翠墨寒涛我心写。

宇文石鼓等儿孙，苦县光和是弟昆[2]。

遥知月冷青霜夜，石人相对语精魂。（盛君去淄川后作）

（清·王培荀《乡园忆旧录》卷三）

【注】

①盛秦川百二：盛百二，字秦川，号柚堂，浙江秀水（今嘉兴市）人。清乾隆二十一年（1756）举人，曾官山东淄川知县，一年后辞去，遨游齐鲁间，主讲山枣、棗城书院十数年。

②"宇文石鼓"二句：谓石人书法价值在宇文石鼓文之上，与苦县、光和碑相伯仲。按《金史·马定国传》称石鼓为南北朝宇文周（即北周，北周皇帝姓宇文化）所刻，故云"宇文石鼓"。苦县、光和，两碑名，唐杜甫《李潮八分小篆歌》："苦县光和尚骨立，书贵瘦硬方通神。"

石门山（二）

石门山，在少昊陵北四十里。史称少昊都曲阜（四川犹争之，然"封鲁以少昊之墟"有明文），葬云阳。其山古曰云阳，因山有石门，改今名。相传古之晨门隐此。唐张叔明①宅在其麓，杜子美有访张氏隐居诗，所云"不贪夜识金银气"，其地有名"金钯齿""银钯齿"，乃知杜诗句非空下。其山多洞壑、清泉、佳木，李太白亦有《鲁城东石门送杜甫》诗。

（清·王培荀《乡园忆旧录》卷四）

【注】

①张叔明：见本卷《石门山（一）》"竹溪六逸"注。

曲阜沂河

曲阜之北①三里许，即沂河，宽处五六里，深仅几膝，沙净无泥。……《水经注》：沂水一出尼山西北，经鲁之雩门。雩门南，隔水有雩坛，高三丈。今舞雩台，土堆犹存，土人立小庙其上。台在北岸。当日暮春……曾点即目前景地生情，令人之意也消，宜夫子为之悠然神远也②。

（清·王培荀《乡园忆旧录》卷五）

【注】

①北：当为"南"。

②曾点……悠然神远也：孔子要其弟子各言其志，曾点曰："莫春者，春服既成，冠者五六人，童子六七人，浴乎沂，风乎舞雩，咏而归。"此说得到孔子的赞誉。（见《论语·先进》）

尼山

尼山在曲阜县东南六十里，旁连泗水县及邹县。《史记》：叔梁纥与颜氏"祷于尼邱得孔子"。山之西有昌平山，孔子生昌平乡陬邑。鄹城①、昌平城俱在县东南。阙里在县城中，夔相②圃在其西。两观在县东南。

（清·王培荀《乡园忆旧录》卷五）

【注】

①鄹城：即鄹（音 zōu）邑，春秋鲁国地，孔子家乡。

②矍相：古地名。在山东曲阜阙里西。后借指学宫中习射的场所。

孔子父母墓地与生地

《方舆纪要》^①：防山，在曲阜县东二十里，孔子父母墓在山北二十里。尼山，五峰连峙，山之南有鲁源村，孔父所生之地。山东麓有坤灵洞。山东南相对者曰颜母山，上有圣井及颜母庙，或谓女陵山。

（清·王培荀《乡园忆旧录》卷五）

【注】

①《方舆纪要》：即《读史方舆纪要》，清初顾祖禹隐居三十年写成，共一百三十卷。为古代中国历史地理、兵要地志专著。原名《二十一史方舆纪要》。

大成殿圣像

大成殿圣像，东魏兴和二年兖州刺史李珽塑。牺像、云雷二尊，汉章帝元和二年祀阙里所留。圣迹殿石刻坐像、立像、凭像、行教小影。惟行教小影颜子从行者最真，传为端木子手写，晋顾恺之重摹。又传端木手雕沉香木圣像，为火所焚。

（清·王培荀《乡园忆旧录》卷五）

先师手植桧

大成门内东阶先师手植桧^①，明弘治十二年门殿失火，枝叶尽，孤干独立，不枯不荣，其坚如铁。

（清·王培荀《乡园忆旧录》卷五）

【注】

①檀：误，应为"桧"。桧，音 guì，木名，也称圆柏，常绿乔木。

孔林（一）

孔林在曲阜城北十里。城门外，两行柏树森列，一步一株，直至林前。行五里，左右二碑，一山东巡抚国泰①立，一大学士刘文清公墉②书。有坊曰"万古长春"。坊侧有巨柏，三四人合抱，枝间生榆，大亦合抱，谓之"柏抱榆"，不知何代物也。又行五里，至门。门七间，前列二狮子，高二丈余。行三里，至城门，环城雉堞。门内两旁筑墙，为甬道。行里半，洙水横亘东西。循南岸向西二里许，有坊曰"洙水"。圣祖谒林，至此即欲步行。侍臣奏去墓尚远，乃乘辇而过。过坊有石桥，穹窿如弓背，石虎、石羊、石人对列。飨堂七间。墙垣四周内孔墓，历代碑碣林立。墓上有亭，前有拜台。伯鱼、子思墓，在左右稍后，四柏在墓前。垣外林树葱郁，不可数计。林南北二十里，东西十里，葬无余地，圣旨特旨，令向外开廓。孔氏葬于林内者，每岁寒食、十月初，自丑至寅，不择日、不择时也。孔林有草，附木蔓生，根叶花实，具五色五味，谓之文草，冬夏不凋。

（清·王培荀《乡园忆旧录》卷五）

【注】

①国泰：富察氏，满洲镶白旗人。清朝乾隆年间曾任山东巡抚。

②刘文清公墉：刘墉（1720—1805），字崇如，号石庵，山东

诸城人。清朝政治家、书法家。乾隆十六年（1751）进士，历任翰林院庶吉士、太原府知府、江宁府知府、内阁学士、体仁阁大学士等职，以奉公守法、清正廉洁闻名于世。病逝后追赠太子太保，赐谥号文清。

孔林（二）

曲阜圣林，相传周公曾卜葬于此，既而曰："吾无德以当之，五百年后，有圣人出而当之。"夫周公之邃于《易》，精于数，宜其前知若此。厥后孔子之葬，曾子、子贡实主持之。虽后来之神灵屡显，抔土①绵长，固由圣德之自承天眷，而二子之相方定穴②，尽善经营，固有百倍于后世青乌之术③者。而四方观葬，曾子且谓之曰"圣人之葬人与人之葬圣人也，子何观察焉？"其词之谦退雍容若此。可见圣贤无所不学，而又不欲以诡异之说示人也，量顾可及哉？

（清·梁绍壬《两般秋雨盦随笔》卷一）

【注】

①抔土：一捧之土（抔，音 póu，手捧）。借指坟墓。

②相方定穴：堪舆学术语，意即观察风水走向以确定墓穴位置。

③青乌之术：即堪舆术。青乌，本作青鸟（鸟，"乌"字之讹），指青乌子，传说中的古代堪舆家。晋葛洪《抱朴子·极言》："〔黄帝〕相地理则书青乌之说。"

魏（三国）孔子旧庙

魏黄初二年，文帝令郡国修起孔子旧庙，置百夫隶卒。庙有父子像，列二弟子，执卷立侍，穆穆有询仰之容。汉魏以来，庙列七碑，二碑无字，栝①柏犹茂。庙之西北二里，有颜母庙，庙像犹岩②，有修栝五株。孔庙东南五百步，有双石阙，即灵光之南阙；北百余步，即灵光殿基，东西二十四丈，南北十二丈，高丈余。东西廊庑别舍中间，方七百余步。阙之东北有浴池，方四十许步，池中有钓台，方十步，池台悉石也，遗基尚整。故王延寿《赋》③曰"周行数里，仰不见日"者也。是汉景帝程姬子鲁恭王之所造也。殿之东南，即泮宫也。在高门直北道西，宫中有台，高八十尺。台南水东西一百步，南北六十步；台西水南北四百步，东西六十步。台池咸结石为之。《诗》所谓"思乐泮水"也。

（清·王培荀《乡园忆旧录》卷五）

【注】

①栝，音 guā，木名，即桧。《尚书·禹贡》："杶干栝柏。"孔传："柏叶松身曰栝。"

②岩：高。《广雅·释诂四》："岩，高也。"

③王延寿《赋》：见本卷《美人诵读〈灵光殿赋〉》注。

鲁灵光殿

鲁灵光殿在曲阜。西汉景帝之子恭王名余，因鲁僖基兆立灵光殿。汉中微，盗贼奔突，西京未央、建章皆隳①坏，惟此殿独存。全谢山②跋鲁灵光殿钓鱼池砖，亦可与未央宫瓦共宝者也。跋云："是砖之出，在金明昌中，高刺史曼卿跋之甚详。其砖，字三行，前二行皆四字，末行多一字者，旧刻也。不知何时重摹，直作一行，则失之也。今重摹本在曲阜孔庙中前殿东壁，其曰'五凤二年鲁廿四年'。足见汉世藩侯之礼奉朝廷，正朔③仍各自记元为证。"

按《水经注》，池皆石，兹复有砖，或池边所砌，未可知。

（清·王培荀《乡园忆旧录》卷五）

【注】

①隳：音 huī，毁坏，废弃。

②全谢山：即全祖望。详见任城（济宁）卷《任城景君碑（二则）》注。

③正朔：指帝王新颁行的历法。古代帝王易姓受命，必改正朔；故夏、殷、周、秦及汉初的正朔各不相同。

史晨碑记孔渎、颜母井

汉鲁相史晨孔子庙碑，建宁二年三月癸卯朔七日己酉上书，即于是年立碑，灵帝时也。碑文有云："昔在仲尼，汁光之精，大帝所挺。颜母毓灵，承敝遭衰，黑不代仓。"……后碑载："相，河南史君，讳晨，字伯。食飨①后，部史仇誧、县吏刘耽等，补墙垣，修通大沟。"碑末云："史君念孔渎、颜母井去市道②远，百姓沽买不能得香酒美肉，于昌平亭下立会市③，因彼左右，咸所愿乐。又敕井复民，饬治桐车马，于渎上东行道表南北，各种一行梓，假④夫子冢、颜母井、舍及鲁公冢守吏凡四人。"其详慎尽礼如此。

（清·王培荀《乡园忆旧录》卷五）

【注】

①食飨：此处指以酒食祭祀宗庙。

②道：或作"辽"。

③会市：集市。

④假：谓授以代理官职。

鹿门二井

白褒《鲁纪》①云：鹿门有二井，一臧武仲②井，一季桓子③所穿，即土缶中有羊④者也。鹿门，鲁东城南门。

（清·王培荀《乡园忆旧录》卷五）

【注】

①白褒《鲁纪》：白褒，西晋司马炎时任左丞、散骑郎等职。《隋书·经籍志》史部杂传类著录《鲁国先贤传》，称其为晋白褒所撰。按《鲁纪》一书不见记载，《鲁国先贤传》抑或为其异名欤？

②臧武仲：即臧孙纥，谥武，史称臧武仲。春秋时鲁国人，世袭鲁国司寇。

③季桓子：即季孙斯，春秋时鲁国大夫。

④土缶中有羊：事出《国语·鲁语下》："季桓子穿井，获如土缶，其中有羊焉。使问之仲尼曰：'吾穿井而获狗，何也？'对曰：'以丘所闻，羊也。丘闻之：木石之怪曰夔、蝄，水之怪曰龙、罔象，土之怪曰羵羊。'"

曲阜圣庙

曲阜城有二南门，左一门直对圣庙东华门、西华门。内正面仪门，非驾至不开。左右二门，祭时出入。仪门内古槐一株，仅余其半，大可蔽牛，斜卧于地，累石支之，枝叶向空竖起，仍自郁茂，谓之杖履槐，盖千百年物也。大殿前，筑台为杏坛，匝植杏二十余株，以存古意。两庑森列。正殿基高几二丈；台分三路，中间石刻二龙抱珠，不准人行。殿九楹，盘龙石柱，两人合抱，石质未甚细腻，就近山采取故也。殿后，地宽阔，桧柏郁然。有古桧，无枝叶，可三四人合抱，石栏护之谓之铁树。仪门众碑罗列，拓字者终岁不绝。庙东即公府。（修圣庙发帑银六十万两）

颜庙，在城内东偏，有陋巷坊。有井曰陋巷井，作亭覆之，穴其顶以受天光。庙五楹，亦巨丽。庙之东有小祠，龛中有石刻像，不知何人笔。

（清·王培荀《乡园忆旧录》卷五）

曲阜孔里

孔子卒后，鲁人就冢次而居者，百有余家，名曰孔里。《水经注》："曲阜上有季氏宅，宅有武子台，台今虽崩夷，犹高数丈。台西百步有大井，广三丈，深十余丈，以石垒之。""台之西北二里有周公台，高五丈，周五十步。台南四里许，则孔庙，即夫子之故宅也。宅大一顷，所居之堂，后世以为庙。"按北魏时所称之庙，仅三间……当时规制未备，故简略耳，今则巍焕如王者居矣！

（清·王培荀《乡园忆旧录》卷五）

李恂《曲阜访古》诗

曲阜城中有阜，委曲长七八里，因名曲阜。县东北八里，黄帝轩辕氏所生处，宋时以石封四围，制极工巧。前有祠，中有石像及石碑四，极高大，皆无字。曲阜本名寿丘，祥符元年改曰仙源，金天会中改寿陵。济宁李东璧恂《曲阜访古》诗甚宏伟，其始，先见少昊陵。诗云：

驱车云阳道，遥望古城隈[①]。

城空尽禾黍，金天安在哉？

道旁发光怪，玉石白皑皑。

每石大数围，颓然四五堆。

两石架一石，一石方如台。

其上四大字，绣涩生莓苔。

曰"金天玉纽"，铁画银钩排。

义奇不可解，援据多生猜。

扪石得题欵②，内侍官中差。

宋大中祥符，奉安玉像来。

此岂像之遗，不应四面摧？

吾谓少昊陵，石像祀崇阶。

即是此玉像，瞻拜犹奇瑰。

供像遗其龛，龛石委尘埃。

臆说虽创获，疑窦开金椎。

驱马入古城，荦确车轮限③。

行见柱础八，礧砢④相依挨。

下车披榛棘，乃得庆寿碑。

字大围数丈，愕眙⑤惊而唉。

岂有巨灵手，执笔大于桅？

信手扫之去，纵送走风雷。

古人实纵恣，作字亦渠魁。

旁有五大石，为麟复为龟。

其径皆百丈，岁久沦风霾。

复入野田中，一碑土中埋。

掘地探奇字，文义尚可谐。

云此轩辕墟，宋室所自来。

黄帝乃始祖，谱系历历推。

作宫祀圣寿，遂以圣母陪。

丹楹千三百，宫阙何崔嵬。

祥符某年建，天圣某年灾。

宣和重缮葺，规模益宏恢。

金元二百载，历劫成飞灰。

世尹孔克钦，练吉重鸠材。

委之潘道士，顿还宋世规。

读竟意惝恍，度地得颠崖。

地即景灵宫，宫仆成汗莱。

玉纽为后殿，八柱为前楣。

庆寿乃南阙，龟麟卧通逵。

想其全盛时，左庑而右斋。

璀错万楹列，壮丽无与侪。

怀旧撼蓄念，哑然起长咍⑥。

圣道隆于宋，昭如日星回。

守道乃在野，朝宁何其骏⑦。

曲阜古帝都，仙源名已乖。

巍巍至圣墓，君臣采芝莱。

东封与西禅，祈福祸乃胎。

太极连云起，金兵震天隈⑧。

危楼与飞阁，一旦余烬煨。

大哉盛世德，淫祀尽所裁。

独崇金天封，禋祀颂云罍⑨。

聊额辉御制，五色扶桑开。

凤鸣青鸟氏，百职雝鸣喈⑩。

立极亿万年，圣寿垂无涯。

（清·王培荀《乡园忆旧录》卷五）

【注】

①隈：音 wēi，角落。

②题欵：欵应为款。在书画、楹联、书信、石碑等上面题写上款或下款。

③荦确车轮隈：谓道路高低不平，车轮上下颠簸。荦确，本指怪石嶙峋，这里指路不平。隈，本义弯曲，这里指忽高忽低，颠簸不止。

④礌砢：同"磊砢"，聚积，堆积。

⑤愕眙：惊愕（眙，音 chì，惊愕的样子）。

⑥长咍：长叹（咍，音 hāi，叹气声）。

⑦骏：音 ái，愚蠢，笨呆。

⑧㕧：音 huī，喧闹。

⑨云罍：饰有云状花纹的酒壶（罍，音 léi，一种壶状的容器，盛酒或水）。

⑩"凤鸣"二句：传说古代东夷族首领少皞，名挚，号金天氏，以鸟为图腾，故亦称青鸟氏，曾以鸟名为官名。雝喈，音 yōng jiē，鸟和鸣声。

"尔家吾不如也！"

冯素庵，幼随其父办差，在曲阜闻高宗皇帝奉皇太后东巡时，衍圣公夫人率族中命妇跪接，太后谓之曰："尔家吾不如也！"圣母倾仰至圣如此。

（清·王培荀《乡园忆旧录》卷五）

衍圣公府

衍圣公府极富而用钱不便，有地亩将近万顷，其规制与帝王家相同。地各有佃户耕种，以供府用。有专供猪羊鱼鸡者，有专供绸缎布帛者，有专司修理宫室者，有专司梨园戏剧者，岁有定例。若欲随意挥霍，则须别行筹画。其地亩不能出售，出售亦无敢受者。但佃户耕种年久，不免隐没自肥。某年衍圣公至京，属①吾乡王文敏②公奏请饬下东抚③，按册详查，计查出三百余顷。地亩中尚有湖田若干顷，蓄水以闸，在运河左近。若天庾正供④，粮舶北上，运河水浅，漕督则行文向公府借水，即行启闸。

其湖田与汶水分流之处相近，一水分南北而流，亦为奇观。予在济宁时，亲往观之。见汶水与运河相交处，两河分南北而流，所谓"三分朝天子，七分下江南"是也。盖汶水自西⑤来，注于运河，其地北微高，南微低，汶水力强，故三分逼运河北注，七分逼运河南注。登龙王庙高楼，凭槛俯视，尽在目中矣。自此赴曲阜，一日可到。孔林、文庙、公府、陋巷、颜庙，再尽一日之力，可以遍瞻。山东士子，大概靡不亲往仰止者。

（清·陈恒庆《谏书稀庵笔记》）

【注】

①属：音 zhǔ。嘱咐，委托。

②王文敏：王懿荣（1845—1900），字正儒，一字廉生，山东福山（今烟台市福山区）人。中国近代金石学家、甲骨文的发现者和爱国志士。光绪六年（1879）进士，授编修。三任国子监祭酒。光绪二十六年（1900）八国联军入京时，投井自尽。

③东抚：山东巡抚的省称。

④天庾正供：指皇粮租赋。天庾：国家的粮仓（庾，谷仓，粮库）。正供：常供，法定的赋税。

⑤西：当为"东"之误。

颜庙元代残石

壬子八月，梁节庵①谒曲阜孔子庙，复遍谒周公、颜子之庙，于颜子庙得至正残石一，命工拓归见贻。石上截已断缺，下截存字七行。第一行仅一"铭"字。二、三行行八字，曰"云篆其中，玉寿其德""帝翊斯文，子孙千亿"。四行至七行行五字，曰"稷野遗民为""洙泗主人铭""至正乙酉仲""冬吉日谨志"。惜其人姓氏翳如②，要是③宋之遗老。山东郡县久沦于金，绵历至正，而犹不忘宋室，自号遗民，其志亦可哀矣。

（清·吴庆坻《蕉廊脞录》卷六）

【注】

①梁节庵：梁鼎芬（1859—1919），字星海，号节庵，广东番禺（今广州市）人。光绪六年（1880）进士，授编修。历任知府、按察使、布政使，后为溥仪的老师，担任"毓庆官行走"。

②翳如：湮灭无闻（翳，音 yì，遮蔽，隐没）。

③要是：应当是。

九钟

九钟者，余子士鉴①在京师所得，宣统己酉始出土在曲阜县西南十里。钟大小各不相侔②，铭文同，而行数多寡、字数疏密、篆体变化均不相袭③。文曰："鲁原作 钟其万年子子孙孙永保用享。"士鉴为考证一篇，定为鲁卿大夫名原者。卿大夫得用乐悬一肆，此编钟当十六枚，今仅得其九耳。长沙王祭酒师，称其引据经传，颇为精核④。闽县林畏庐纾⑤，为绘《九钟精舍图》，并精拓九钟于后，将遍征题咏以张之。

（清·吴庆坻《蕉廊脞录》卷六）

【注】

①余子士鉴：吴士鉴（1868—1934），近代金石学家、藏书家。字䌹斋，号公𥇡。钱塘（今浙江杭州）人。为吴振棫曾孙、《蕉廊脞录》作者吴庆坻之子。民国初因得商钟 9 件，遂以"九钟精舍"名其书室。

②相侔：齐等，同样。

③相袭：先后沿袭，因循不变。

④精核：精辟真实。

⑤林畏庐纾：林纾（1852—1924），字琴南，号畏庐，别署冷红生，福建闽县（今福州市）人。近代文学家、翻译家，著有《畏庐文集》《畏庐诗集》《春觉斋题画跋》及小说、笔记等。

东坡《谷庵铭》手迹

东坡《谷庵铭》手迹，未谷跋云："虚白堂在曲阜西门状元坊之东，去孔庙西墙数武而近。岸堂先生居之，自榜云：'宋朝遗栋规模远，鲁壁传经讲授真。'今为老宿陈述庵（颖）宅，曲阜令孔朴斋（毓琚）有横卷。皆宋元墨迹，此其一也。"

（清·缪荃孙《云自在龛随笔》卷二）

圣学东渐与西儒向风

甲寅四月，日本涩泽青渊男爵来游沪上，先之杭州，拜明儒朱舜水①先生祠墓。将游京师，取道曲阜，谒孔林。自言其生平得力，不出《论语》一部，诚彼国贵游中铮佼②者。余尝赋词赠之，《调寄千秋岁》。云：

> 云帆万里，人自日边至。
>
> 桑海后，登临地。
>
> 湖犹西子笑，江更春申醉。
>
> 谁得似，董陵浇酒平生谊。
>
>
> 九点齐烟翠，指顾停征辔。
>
> 洙泗远，宫墙峙。
>
> 乘桴知有愿，淑艾尝言志。
>
> 道东矣，蓬山回首呈佳气。

按：日本自魏明帝时通中国，其主文武天皇，释奠于先圣先师，尊崇孔子。彼国名儒著有《先哲丛谈》一书，恪守程朱之说，于性理之学，多所发明。盖圣学东渐，由来旧已③。又同治时，有雅里各④者，籍英吉利国，曾游历京师，先迂道山东，谒曲阜孔林。金匮王紫诠⑤《送雅君回国序》称其注全力于《十三经》，取材于马、郑，折衷于程、朱，于汉、宋之学，两无偏袒。译有《四子书》《尚书》二种，彼国儒者，咸叹其详明赅洽⑥，奉为南针云云。则西儒亦向风慕义⑦，尤为难能可贵矣。

（清·况周颐《眉庐丛话》卷六）

【注】

①朱舜水：朱之瑜（1600—1682），字楚屿（又作鲁屿），号

舜水，浙江绍兴府余姚县人，明末贡生。明清之际学者、教育家。清朝建立后，朱之瑜积极从事抗清复明活动，后看到清政权日趋稳固，复明无望，为保全民族气节而毅然辞别国土，流亡日本。著有《朱舜水文集》二十八卷。

②铮佼：亦作"铮皎"，比喻出类拔萃。

③旧：长久。《汉书·隽不疑传》："窃伏海濒，闻暴公子威名旧矣，今乃承颜接辞。"已：同"矣"，语气词，表确定语气，相当于"了"。

④雅里各：James Legge 的汉语音译，也译作理雅各布，英国传教士，汉学家，在王韬的协助下，把中国"十三经"中的十部经书译成英文，统称为《中国经典》（*The Chinese Classics*），在西方享有很高的声誉。

⑤金匮：亦作"金柜"。本指用以收藏文献或文物的铜柜，比喻博学。王紫诠：王韬（1828—1897），字仲潜，一字紫诠，清末长洲人。近代著名政论家、报人、文学家。曾协助英国传教士雅里各翻译中国经书。著有《弢园文录外编》《淞隐漫录》《法国志略》《扶桑游记》等。

⑥赅洽：广博，渊博。

⑦向风：谓仰慕其风雅或学问。慕义：倾慕仁义。

夙债

孔孝廉①广益，曲阜圣裔也。甲戌会试，入闱后，一人至孔号，口操南音，自云"浙人，张姓"，周旋数语，向孔索债。孔思自幼生长于鲁，何得负欠于南人？力辩其诬。其人逼索益急。孔怒与哗，张云："予实鬼也。尔前世欠予银若干，今日不偿，请对质于阎君。"言毕，攘臂②欲搏。孔怖甚，许以场后核算。张不可，欲碎其卷。孔大窘，泣请宽宥。张云："速缴尔卷，即不相扰。否则不尔活也！"孔不得已，从其言，鬼随之。缴卷后，鬼始去。

（清·李庆辰《醉茶志怪》卷二）

【注】

①孝廉：本是汉初为任用官员而设立的一种察举考试科目，含"孝顺亲长，廉能正直"之意。明清时沿用此语，为对举人的雅称。

②攘臂：捋起衣袖，伸出胳膊。形容想要打架的样子。

魏可式

魏可式，字子端，岁贡生，不求仕进，孝子魏防西之次子也。修七尺，丰颐疏眉，声清而远闻。可式固曲阜世族，当盛时，宾客接席，从父兄后谈燕无虚日。天津朱岷，金坛蒋衡，钱塘金农，晋安何琦，滋阳牛运震，同里桂馥，孔氏衍杕、衍谱、衍志，颜氏懋侨、懋伦、懋价、懋企，皆一时名流，可式周旋其间，挺身自拔，不在人后。性通率，好讥调①，往往面责人过，士友多畏其口。然庄谑间发言语，妙天下又善处人，骨肉间闻者莫不心折。事无大小辄决之，若严有司焉。昔人有言："见苏桓公，患其教责人；不见，又思之。"②可式非其俦③也？喜饮酒，一尊入手，不问生计。家计中落，年亦颓谢，生平游好殆尽。醉后，白眼望青天，落落然④不胜孤漂之感。

（民国《续修曲阜县志》卷五"人物志"）

【注】

①讥调：讥嘲戏弄（调，音 tiáo，戏弄，调笑）。

②"昔人有言"句：语出《后汉书·苏章传》："苏章字孺文，

扶风平陵人也。……祖父纯，字桓公，有高名，性强切而持毁誉，士友咸惮之，至乃相谓曰：'见苏桓公，患其教责人；不见，又思之。'"

③俦：音chóu，辈，同类。

④落落然：形容孤高、与人难合的样子。

由曲阜站至曲阜城所见

日晡①达曲阜站②。站虽小，有骣马车、小车、蹇卫③，候客赁乘。站东有曲阜宾馆，建筑一遵古式，坊门阼阶④，红檐四垂，榱桷⑤施彩绘，颇闳肆。广庭列植松楷，骤见之，几疑为祠庙。阙里在曲阜城内，距站东北十八里，大道通焉，唯无汽车。余欲领略沿途景物，以大车有幨帏，顾盼不便，乃赁小辇，风沙扑面弗恤也。

道甚宽，道旁尽麦畦，霜苗初苗，平野数十里，似铺碧绿氍毹，间以新柳郁金，霞光荡潏，便觉眼前生意满，不啻预为余今日咏。惟道无石铺，时当雨后，高确而低淖，车行颇颠簸。

途人无老少，韦布⑥宽博，状现质鲁。少妇着红绫祆裤，小足系彩带，堕马髻，插金银簪，上罩玄纱巾，跨羸蹇或坐独轮木车，控御者则为男子，鸡车马狗仿佛咸阳大道⑦。遇二洋人，一男一女，均着袯鼻裤⑧，仅掩大腿四分之一。从一我国人，为挑袱楮，坌息疾走。余好奇，遮而询之，盖午前往游林庙，要即日趁下行车返沪。道上行人咸注目于洋妇之臀腿。裸腿游林庙亵矣。

入一村，篱落萧疏，槐柳棠梨中，茅舍错落，间有瓦屋，短巷小庭颇清洁。村厖⑨三数，迎车昂吠，一妪扬芦秆止之。村尽处见土堤，中辟小闸，一水东南流，石灰桥贯焉。对岸一片砂碛，旁堤茅店二，小庙二，高碑三。下车就茅店市浆饮。阅其碑，知水为泗水，碑为修堤葺庙立。题名多孔姓，姓之上多冠以廪庠生。字固不佳，文亦欠妥。庙壁上贴省、县文告，新旧缀迭，中有一诫谕，一催科，白话，新标点，署衔不钤印，创见也。

……车过复前行。蓊睹古木挺秀，繁荫颇广。一古庙，制甚崇，戟门虚掩，停辇进观，则神为真武，旁列诸天君，或狞猛，或文秀，塑术极工。甬道左右古碑成列，丙舍厝柩⑩，几满阴恶之气，森森迫人。正殿后有层楼，乃从左便门出，向冷巷转进，拟登楼观究竟。将及门，遽闻嗥然声，一赤色巨獒扑出，张口作啮人状，牙丫且铦⑪，几触余额，悸极而呼。一僮奔出，约十二龄，短袍蔽膝，开声一叱，獒虽停扑，尚昂首前吠，僮即腾身跨獒背，两手抱獒项，吠乃止。问余何来。答："东粤陈某来瞻圣地。"转问："庙古远人家，小哥儿何独居？"此僮答云："此为社学，昨休假，员生皆去，仅咱与獒任留守耳。"肃余入时，余心仍忐忑，乃辞。

出庙右大道傍，一黑石蟠螭碑，乃明万历间鲁王以派及乐陵府尹某修庙记，读之方知地为奄墟。

……复东北行，约二里，遥见林霭间金光闪烁，射映斜阳，异之。再前行，见林端鸱吻昂霄，碧瓦焕彩，意系至圣庙。庭道傍，村落渐密，男妇作于野，尚未息。林疏初已隐隐见雉堞。稍折，北见高阜丛林，广可数里，长垣绕之。垣有数段系新甃者，知为圣林。

车经林东隅，一渠横路，贯以石桥，桥名"普济"。水由林墙闸口流出，桥北丝丝，桥南已竭，知水为洙水。泗涸洙湮，道微之征，其在斯乎？据《阙里文献考》："洙水源在城东北五里地，名'五泉庄'，西流入林东墙水关，径圣墓而出西墙水关，又西流折而绕城西南，入于沂，以达泗。"

……过普济桥，趋东南行，望东北隅，翠柏凌空，从林南迤逦接城北，间现飞楼崇坊，状极雄伟，知为圣林辇路。车经恩荣坊，坊高约六丈，以白石构成，分三门，云龙花鸟，琢磨极精。不二百武，进曲城北门，无瓮城，垣高约二丈余，甃以砖，谯楼、雉堞颇完整。门内互街两傍，小商贩就地上摆卖蔬肉什货，黄粉丝一项，前所未见。街颇广，无铺石，泥杂煤灰，成褐色，风微动，尘沙即飞扬，污物殆遍。车马往来颇稠。门左红墙半剥，长约三十丈，乔木高檐自内露出。才转东弄，一朱坊高揭"陋巷"二字，石栏绕戟门，颜子庙也。

（民国·陈沇⑫《曲阜林庙展谒记》）

【注】

①日晡：指申时，即十五时至十七时（晡，音 bū）。

②曲阜站：津浦铁路济南至兖州区间的一个四级小站，站址设在曲阜县（今曲阜市）姚村镇，距曲阜城约 10 公里处。自民国至 20 世纪 80 年代初一直沿用此称，今改称姚村站。

③蹇卫：指行动迟缓的驴子（蹇，音 jiǎn，跛行；卫，驴的别称）。

④阼阶：大堂前东面的台阶，为主人之位（阼，音 zuò）。

⑤榱桷：音 cuī jué，屋椽。《孔子家语·五仪解》："君子入庙，如右，登自阼阶，仰视榱桷，俯察几筵。"

⑥韦布：韦带（无饰的皮带）布衣。古指未仕者或平民的寒素服装。

⑦"鸡车马狗"句：化用宋贺铸《行路难·缚虎手》词："缚虎手，悬河口，车如鸡栖马如狗。白纶巾，扑黄尘，不知我辈可是蓬蒿人？衰兰送客咸阳道，天若有情天亦老。作雷颠，不论钱，谁

问旗亭美酒斗十千?"车如鸡栖马如狗,谓车像鸡笼马如狗跑。衰兰送客咸阳道,谓路边衰兰泣落,送我出京城。

⑧犊鼻裈:亦作"犊鼻裩",意为短裤(裈,音 kūn,满裆裤)。

⑨厖:音 máng。同"龙",多毛狗,亦泛指犬。

⑩丙舍厝枢:简陋的房舍里放置着棺枢。丙舍,指正室旁的别室或简陋的房舍。

⑪牙丫且铦:牙齿分叉并且锋利(铦,音 xiān,锋利)。

⑫陈沅:字梅湖,号光烈,广东潮州饶平人,清末秀才。曾任孙中山秘书室主任、大元帅府大总统府咨议官、广东通志馆编纂等职。

衍圣公府拜谒孔德成

驱车诣府。府位于城中央。车由东城大街向西行,崇楼在望,上覆碧琉璃瓦,重檐四垂,檐端悬铜风铎,窗户四敞,雕镂施丹艧①,中悬云龙大画鼓。下辟穹门,甚高广,可并车驰,门以内为广场,肩挑楗摆,分列两傍,南北二角门。门以外院落栉比,直弄通衢,为林庙百户宿卫处。再进则崇阶,南向,前障粉壁,阅阓②上竖一直榜③,景云④周遭,青光地金,书"圣府"二大字。

降车进门。门内左土地祠,右宿卫所。再进,升阶为戟门,朱楣中间,直额揭"圣人之门"四字。门左右列石鼓、石狻猊。复进,为甬道,道中为塞门,上揭"恩赐重光"额。甬道外为庭,古木参天,严肃无哗,庭外为公廨,黑柱、红栏各十二楹。

逾塞门,升阶即大堂,上起鸱吻,不覆绿瓦,制较王邸稍杀⑤。

堂七楹,中堂有屏,屏绘卿云捧日,屏前为座,座前为公案。

由云屏左门进，过穿堂，两傍列丹棱素绢方灯四对，高约一丈，朱书"世袭衍圣公"五字。

二堂左为启事厅，导者请余进，启事官起迎，导者代道来意，启事官肃余坐于匹⑥，呼茶进。余出名刺，启事官接而转授阍者递入。少顷，一吏举余刺出，向余鞠躬，道请随之入。再过穿堂，逾阈⑦，下阶向西转入阁门，复南行，过重门折西，入垂花门。广庭植花树，转北升云石阶，一院南向，户牖雕镂，金碧稍剥落。院外列吏四，蓝布袍加玄，见余升阶，趋辟中门，导余进院。

院五楹，中楹横匾金书"忠恕堂"三字……左壁为前袭衍圣公庆镕楷书《忠恕堂记》，堂为六十七代袭衍圣公谥恭悫毓圻燕居之所，右壁为前袭衍圣公令贻行书《列祖谟训》，布置极庄严典丽。从吏请余就宾位坐。

俄见一吏入白："公爷到！"余起立，见一少年从吏进，丹颜腴貌，玄绒褂、青缎袍、素袜、粉底玄缎方头履，神极端凝，知为袭公。相见礼毕，公就北向之椅坐，余起，请上主位坐，以童稚逊不敢，嗣语余曰："某不肖，不克恢宏先圣之大道，更劳老先生与海内耆俊相弼护，愧感不尽。"余答以谦词，旋谈圣门状况……余向袭公请谒圣期，公定以明晨复命，侍者转知奉祀官，谨为预备。余乃举茗兴辞⑧；公送至阁，余请止；公命莲舫送至大堂阶下。

（民国·陈沆《曲阜林庙展谒记》）

【注】

①虇：音 huò，同"臒"。赤石脂之类，古人以为上等的红色颜料。

②闳閌：高大的门上方木。闳，音 kàng，高大的样子。閌，

音 biàn，门柱上的方木。

③榜，牌匾，匾额。

④景云：祥云，瑞云。

⑤制较王邸稍杀：规制比帝王宫邸稍逊一些（杀，音 shài，等差）。

⑥匟："炕"的古字。

⑦阈：音 yù，门槛。

⑧兴辞：犹告辞。

谒孔庙

经东鼓楼，过圣府前，升层阶，进毓粹门，二警士左右立，门三间，绿瓦矫檐，柱栋丹腰，下阶为庭，古木交荫，有碑亭十余座，唐、宋、金、元各一，余为清代列帝祭告及修庙御制碑。转北为大成门，门北五间南向，丹楹朱户，沤钉兽环，楣阅金饰，层阶飞檐，列戟二十四；中楹悬清世宗御书联曰："先觉先知为万古伦常立极，至诚至圣与两间①功化同流。"两掖门，左曰"金声"，右曰"玉振"。

余由中左门进孔庭，奉祀官及耆老十余人长袍大褂，青鞋玄帽，分站两傍，肃立为礼，余遍答之。门内置长案，列凳八，马君导余坐案左，庙役进茶毕，奉祀官持钥前行启殿门。

降级为广庭，阶柏数十株，天矫凌霄。庭东南隅有古桧一，传为至圣手植……庭北为杏坛。考杏坛在宋以前本为庙殿旧址。宋真宗天禧间，四十五代孙道辅监修，祖庙移殿于北，不欲毁其旧迹，因庄子有"孔子游乎缁帷之林，休坐乎杏坛之上"语，乃除地为坛，环植以杏，名"杏坛"。石刻"杏坛"二大字，金党怀英篆。

杏坛东、西、南，古木蓊菱②，皆千数百年物。

坛北为大成殿。殿九间，高约八丈，红墙覆黄瓦，重檐修脊，瓴棱藻饰。中阅上有直榜金书"大成殿"三字。……正阶三出，陛中镶团龙文白石一方，东西阶各一出，亦护以白石雕栏。余从东阶升，转北即正殿。殿门凡五，中门已洞启。肃敬进，阈颇高，殿深四楹，地铺方炼砖，承尘方罫③，蓝底绘金团龙，间绕白交莲，榱桷、棼梲④、梁栋、楹槫⑤皆丹，刻青金彩楹，逾二围，下承琢花大础。

正殿奉至圣塑像，高约六尺，秉镇圭，冕十二旒，服十二章。……圣贤塑像极庄严，然色泽黯淡，似久未装饰者。殿枋⑥上挂清历代皇帝御书匾额，两楹悬清世宗御书联，曰"德冠生民溯地辟天开咸尊首出，道隆群圣统金声玉振共仰大成"。清高宗御书联，曰"觉世牖民诗书易象春秋永垂道法，出类拔萃河海泰山麟凤莫喻圣人"。奉祀官爇香，展拜席，余向至圣前，行三跪九叩礼。次四配，次十二哲，次出殿门。

降西阶，诣东西庑。庑供从祀先贤先儒木主。……祠后为家庙，庙五楹，奉至圣始祖，及二、三世祖与中兴祖木主。祠前为庭，庭右一井为至圣故井，井右为鲁壁即《尚书》发现处。庭南为诗礼堂，堂亦五楹，堂东庑为礼器库，有唐槐、宋银杏各一树，堂南为承圣门。

……由寝殿左北进，过重埔，入朱门，达圣迹殿。殿五楹，藏圣像及圣迹图诸石刻，内行教像一，晋顾恺之画，宋太祖及真宗赞。《传记》曰："家庙所藏（画像）衣燕居服，颜子从行，谓之小影最真。"唐刘禹锡《许州庙碑》谓"尧头禹身，华冠象佩之容，取之自邹鲁"⑦者，即小影也。又凭几像一，唐吴道子画、赞，同前记曰：

家藏唐吴道子画，先君夫子按几而坐，从以十弟子者，亦谓之小影。其立而颜渊，侍者谓之行教，已有石本小影，但摩传之。虑久而讹，今亦刻之，贞珉庶久，不失其真。又司寇像二，皆摩吴道子画。又燕居像二：一吴道子画，宋米芾赞；一失名，明陈凤梧赞。又乘辂像一，服司寇服，乘安车，一人执舆，一人策马，十弟子从行。又圣迹图百二十幅，无署款，均为世宝，尤以清圣祖御书"万世师表"四字，字大约二尺，勒于石上，石作古铜色，现云霞文，金光四射。初见之，皆以为镂于铜上者，诚稀世之珍。各石俱有木座，复以木框，嵌玻璃罩之外，并加锁，可观而不可扪也。

圣迹殿左为神庖，再左为后土祠，右为神厨，再右为瘗所⑧，各三间，有廊。再北为弄，弄北为崇垣，垣东西为角楼，重谯飞檐，拱卫圣域。

转南行经大成殿，低徊久之。出大成右门，下阶，西出观德门，折南循庙垣行，赭垩剥落，抵曲城正南门即仰圣门。门长闭，另于东南隅别辟一门曰"崇信"，以通内外。仰圣门内为金声玉振坊，坊南距仰圣门不百武，坊北为石桥，下穿洞而上护石雕栏，渠已湮，桥两端且陷于土，约四五尺。北为棂星门，门外左右列下马碑，门内正北为太和元气坊，左侧为德侔天地坊，右侧为道冠古今坊。又直北为至圣庙坊。又北为圣时门，五间三洞，门内为璧水桥三座，桥左侧为快睹门，右侧为仰高门，门各三间，直北曰弘道门，又北曰大中门，门各五间，二门左右皆有角门。又北曰同文门，制如大中，汉、魏、隋、唐诸碑在其下，左右不设垣，甬道旁列前明四御碑。又北为"奎文阁"七间，敬藏胜朝列帝宸翰于其上。"奎文"之名，金明昌五年章宗所命也。阁左右掖皆有门，门左右值房各五间，为庙庭有司斋所⑨。其东南院旧为衍圣公斋宿处，恭遇皇帝临幸阙里，皆驻跸于此。门西向内正斋五间，敬设宝座，左右厢各三间。

进奎文阁而北为广庭。庭北为大成门，由庭东复出毓粹门。自棂星门至奎文阁，古木成列，约四百株，从南向北望，蔚然深秀。各坊桥、门、阁隆崇雄伟，庄严不可名状。圣庙面积约地二大顷有半，较燕京太庙尤伟大。

（民国·陈沇《曲阜林庙展谒记》）

【注】

①两间：天地间。指人间。

②蓊薆：音 wěng ài，形容草木茂密多荫。

③承尘方罫：谓天花板呈整齐的方格形状（罫，音 guǎi，围棋盘上的方格）。

④棼桷：音 fén zhuō，泛指栋梁。

⑤楹：支持厅堂的前柱。欂：音 bó，即欂栌，柱上承托栋梁的方形短木，俗称斗拱。

⑥枋：两柱之间起联系作用的长方形木材。

⑦唐刘禹锡……取之自邹鲁：唐刘禹锡文原题为《许州文宣王新庙碑》，文中有云："尧头禹身，华冠象佩之容，取之自邹鲁。"陈沇文中有误记之处，已正之。

⑧瘗：音 yì，把祭品埋在地下以祭地神。瘗所：行祭地礼时用以埋葬祭品的地方。

⑨斋所：祭祀前斋戒、习礼的场所。

谒孔林

七时，出北城延恩门，过平桥。桥为隍设，其隍已湮。桥北为恩荣坊，坊北为通林神道，有白石穹桥，一度名文津，左右石栏，水道已塞，两端没于土。桥北古柏夹道，苍葱森郁，大者三数围，小者亦两围以上，近桥处有数株已枯。道广约三丈，多崩，陷车。由道左行约里许，横道一石坊，额标"万古长春"，高约五丈，下有重阶。坊左右有碑亭各一，上覆绿瓦兼施丹碧，周遭石雕栏亭，中碑，未暇停车观。再北为至圣林坊，坊北为林门三间，碧瓦朱檐，东西起红墙，直北接观楼，即圣林内门楼也。楼三层，下辟穹门，上层榜"至圣林"三大字。峻脊飞甍，雕桷藻绘，至为壮观。门内正中为辇路，两傍植柏，茂密蔽日，光翠欲滴而香袭人。近楼处石角端①二，昂首相向。由北城延恩门至林约五里余，林门外左右有人家，可百户，茅舍竹篱，垂杨披拂，景殊清雅，为守林人户聚族而居，即记所称孔里也。

进门折西行至下马碑前，下车经洙水坊。坊北为洙水桥，桥分三道，桥下浅水映人面，内多枯草干叶，飘壅阻流。桥北有碑二十余座，高低不齐，古今不一，文字有俗陋者。百余武为陵门，门三间，东偏为思堂三楹，左右厢如之，门一间，南向，堂为宗子及众子孙祭陵时更衣、享馂②处。门内甬道宽约十二尺，道东西峙石华表、角端、元豹、翁仲各二，翁仲左执笏、右按剑，高可及丈。甬道中间近享殿处置石鼎一，高六尺余。

升阶进享殿，殿五楹，黄瓦朱梁，金碧尚新。正殿有朱匮，中奉至圣神主，匮前一长案，陈香、鼎、烛、檠等供具。循殿东西而互于北，红墙周绕，方约一里，以卫圣陵，谓之内林墙。从殿左屏门北进，降阶，阶左为子贡手植楷，大可二围，惜已枯干半朽，分裂如劈，以铁板框之。楷北有亭，西向即楷亭。

阶中为甬道，凹于地盈尺。道左为明廊，护林警察驻焉。见余等至，肃立为礼，一警长迎余等进廊中央之客座，请坐待茶，休息片时。自林门至此夹道，古柏可四百株，森森不见日，阴寒之气，冽冽迫人。

出廊从甬道北行，廊北有驻跸亭四座，前为清高宗，后为清圣祖，再后为宋真宗。

道右为沂国述圣公子思子墓，起坟盈丈，丰碑屹立，前列翁仲二，高逾丈，幞头手版，状貌雄伟。墓南向，就内林墙辟一门通于外，进出毋须经享殿甬道。直北为泗水侯伯鱼子墓（宋徽宗崇宁元年春二月，封孔鲤为泗水侯。度宗咸淳三年春二月，封孔伋为沂国公）。转西约五丈许，至圣陵在焉。甬道何以不能直达陵前？因碍于沂国公墓，盖林陵之修建在沂国公葬侯后故也。

至圣陵碑高约一丈，宽约四尺，剡上为圆首，勒蟠龙，石质莹润如白玉，正中篆书贴金，文曰"大成至圣文宣王"，承碑石跌高约五尺，跌下为坛，纵横二丈有奇，碑前陈铜鼎一、烛檠二，洒扫甚洁。陵高约丈五尺，南北长约六丈，东西广约七丈，矮树生其上，榛芜未刈。

陵右稍南为端木子贡庐墓处，今即地筑室三间，中祀子贡神位。陵西为至圣曾孙沂国公子第四代宗子白字子上墓，墓南为子上曾孙第七代宗子穿字子高墓（箕子）。内林墙内陵墓共五。

……至圣陵昔时常生蓍草，既凋复青，茎有八棱，象八卦，叶五出，象五形，以一根五十茎者为贵，因采者多，殊不易得。林中复产芝，黄红紫不一，绚若文锦，盖林蕃古木，故蒸蕴而出。宋时王钦若曾采献以为瑞，则贡谀[③]矣。林有山药，坚细长嫩，形如地黄，以之入药，胜河南怀庆产。林多楷树，文理坚致，或削为杖，或制为棋枰，或刳其节为饮器，皆甚美观。其叶初生时，采制如焙茶法，清香可以烹瀹④。又有草曰文草，叶细而蔓生，冬夏不凋，深秋结实，具五味五色。有虫曰文虫，似蝉而小，二、三月即鸣树杪，若琴瑟笙簧之奏焉。

（民国·陈沆《曲阜林庙展谒记》）

【注】

①甪端：甪，音 lù，传说中的神兽名。

②享馂：泛指进餐。馂，音 jùn。

③贡谀：献媚。

④瀹：音 yuè，煮。

谒颜庙、周庙

入延恩门，东转陋巷，下车谒颜庙。棂星门外为长台，基高约三尺，台前护以石阑干，台之中有井一口，覆以石圈。傍一古桧，偃蹇如龙，蟠绕井上，传为复圣手植；井则相传复圣居陋巷时所汲饮者。由守者开左侧门进殿，庭廊庑瓦断垣颓，满目荒凉，复惧危墙下压。正殿五楹，复圣塑像冕旒元服，须髯长拂，不似三十二岁人。

……出东城秉礼门，车马喧阗，贸易颇盛。度濠桥不半里，有人家数十，折北一石坊，不甚高，坊北为辇路，广约丈，铺以砖，日久颇坍陷。再北百步，即周公庙。大门阅，上直榜朱地金书"元圣庙"三大字，庙貌颓残，门下键。……庙门三间，内为甬道，两傍碑碣如林，夹道古柏耸荫，殿庭东西为庑，空无一物。甬道直北为正殿五楹，规模卑陋，中匮奉元圣塑像，冕服秉圭，巨眼庞眉，隆准①高颧，须发皤皤，气象俨雅。殿东一匮，西向塑像亦冕服，伟貌修髯，余以为伯禽，莲舫云为鲁共王。殿西一少年塑像，眉目秀美，戴束发，紫金冠，玉带白龙袍，立于地上，莲舫告余："此为金人。"

……至庙后高阜处，纵目四顾，一天景物咸收眼底。附城地方，以周庙为最高。西瞰曲城，烟户可数；北望圣林，如在足下；距东北七里为云阳山，有少昊陵；此外复有穷桑城、奄里、舞雩坛、斗鸡台诸古迹，以途稍远，未获一游为憾。东南冈阜起伏，杂以田庄，外有陂陀②蜿蜒，巨阜相属，逶迤十余里，即古鲁城遗址。偏东青丘一点，传为季氏宅基，稍北一阜则为武子筑台地。华屋山丘，世家乔木，古今同慨。

（民国·陈沆《曲阜林庙展谒记》）

【注】

①隆准：高鼻梁（准，鼻子）。

②陂陀：音 pō tuó，倾斜不平，不平坦。

颜杲卿墓

颜杲卿墓，在曲阜旧鲁城内，颜之推墓内。颜真卿墓，在杲卿墓左。见《太平清话》①。

（邓之诚《骨董琐记》卷三）

【注】

①《太平清话》：明人笔记，陈继儒著。

济上旧闻辑注

邹城、微山、鱼台、金乡卷

孟母

邹孟轲之母也，号①孟母，其舍近墓。孟子之少也，嬉游为墓间之事，踊跃筑埋。孟母曰："此非吾所以居处子也。"乃去，舍②市傍。其嬉戏为贾人衒③卖之事。孟母又曰："此非吾所以居处子也。"复徙，舍学宫之傍。其嬉游乃设俎豆揖让进退。孟母曰："真可以居吾子矣。"遂居之。及孟子长，学六艺，卒成大儒之名。君子谓孟母善以渐化④。《诗》云："彼姝者子，何以予之？"此之谓也。

孟子之少也，既学而归，孟母方绩，问曰："学何所至矣？"孟子曰："自若也。"孟母以刀断其织。孟子惧而问其故，孟母曰："子之废学，若吾断斯织也。夫君子学以立名，问则广知，是以居则安宁，动则远害。今而废之，是不免于厮役，而无以离于祸患也。何以异于织绩而食，中道废而不为，宁能衣其夫子，而长不乏粮食哉！女则废其所食，男则堕于修德，不为窃盗，则为虏役矣。"孟子惧，旦夕勤学不息，师事子思，遂成天下之名儒。君子谓孟母知为人母之道矣。《诗》云："彼姝者子，何以告之？"此之谓也。

孟子既娶，将入私室，其妇袒而在内，孟子不悦，遂去不入。妇辞孟母而求去，曰："妾闻夫妇之道，私室不与焉。今者妾窃堕在室，而夫子见妾，勃然不悦，是客妾⑤也。妇人之义，盖不客宿⑥。请归父母。"于是孟母召孟子而谓之曰："夫礼，将入门，问孰存，所以致敬也。将上堂，声必扬，所以戒人也。将入户，视必下，恐见人过也。今子不察于礼，而责礼于人，不亦远乎！"孟子谢，遂留其妇。君子谓孟母知礼，而明于姑母之道。

孟子处齐，而有忧色。孟母见之曰："子若有忧色，何也？"孟子曰："不敏。"异日闲居，拥楹而叹。孟母见之曰："乡⑦见子有忧色，曰'不也'，今拥楹而叹，何也？"孟子对曰："轲闻之：'君子称身而就位，不为苟得而受赏，不贪荣禄。诸侯不听，则不达其上。听而不用，则不践其朝。'今道不用于齐，愿行而母老，是以忧也。"孟母曰："夫妇人之礼，精五饭、幂⑧酒浆、养舅姑、缝衣裳而已矣。故有闺内之修，而无境外之志。《易》曰：'在中馈，无攸遂。'《诗》曰：'无非无仪，惟酒食是议。'以言妇人无擅制之义，而有三从之道也。故年少则从乎父母，出嫁则从乎夫，夫死则从乎子，礼也。今子成人也，而我老矣。子行乎子义，吾行乎吾礼。"君子谓孟母知妇道。《诗》云："载色载笑，匪怒匪教。"此之谓也。

颂曰：孟子之母，教化列分，处子择艺，使从大伦，子学不进，断机示焉，子遂成德，为当世冠。

(汉·刘向《列女传》卷一)

【注】

①号：给以称号；称谓。

②舍：音 shè，居住，住宿。

③衒：音 xuàn，沿街叫卖。

④渐化：感染教化（渐，音 jiān，熏染，习染）。

⑤客妾：以妾为客，意为把妾当外人。

⑥客宿：在外住宿。

⑦乡：同"向"，原先，以前。

⑧幂：覆盖，遮掩。

邾文公卜徙于绎

邾文公卜徙于绎①。史②曰："利于民不利于君。"君曰："苟利于民，寡人之利也。天生烝民而树之君，以利之也，民既利矣，孤必与焉！"侍者曰："命可长也，君胡不为？"君曰："命在牧民。死之短长，时也；民苟利矣，吉孰大焉。"遂徙于绎。

（汉·刘向《说苑》卷二）

【注】

①绎：同"峄"。古地名，在今山东峄山附近。

②史：古官名。指在王左右的史官，担任祭祀、占卜、记事等职。

唐兖州邹县人

唐兖州邹县人，姓张忘字，曾任县尉。贞观十六年，欲诣京赴选，途经太山，因而谒庙祈福。庙中府君及夫人并诸子等，皆现形像①，张时遍礼拜讫。至于第四子傍，见其仪容秀美。同行五人，张独祝曰："但得四郎交游，诗赋举酒，一生分②毕，何用仕宦？"

及行数里，忽有数十骑马挥鞭而至。从者云："是四郎。"四郎曰："向见兄垂殷，故来仰谒。"因而言曰："承兄欲选，然今岁不合得官，复恐前途将有灾难，不复须去也。"张不从之，执别而去。

行经一百余里，张及同伴夜行，被贼劫掠，装具并尽。张遂祝曰："四郎岂不相助！"有顷，四郎车骑毕至，惊嗟良久，即令左右追捕。其贼颠仆迷惑，却来本所③。四郎命人决杖数十，其贼臂膊皆烂。已而别去，四郎指一大树："兄还之日，于此相呼也。"

是年张果不得官而归。至本期处，大呼四郎，俄而即至。乃引张，云："相随过宅。"即有飞楼绮观，架回陵虚，雉堞参差，非常壮丽。侍卫峻峙④，同王者所居。

张既入中，无何，四郎即云："须参府君始可安坐。"乃引张入。经十余重门，趋⑤走而进。至大堂下谒拜，而见府君非常伟绝。张时战惧，不敢仰视。判官判事，似用朱书，字皆极大。府君命侍宣曰："汝乃能与我儿交游，深为善道⑥，宜停一二日宴聚，随便好去。"即令引出至一别馆，盛设珍羞，海陆毕备。丝竹奏乐，歌吹盈耳。即与四郎同室而寝。

已经一宿，张至明旦，因而游戏庭序，徘徊往来。遂窥一院，正见其妻，于众官人前着枷而立。张还堂中，意甚不悦。四郎怪问其故，张具言之。四郎大惊云："不知嫂来此也。"即自往造诸司法所，其类乃有数十人。见四郎来，咸走下阶，并足而立。以手招一司法近前，具言此事。司法报曰："不敢违命，然须白录事知。"遂召录事。录事许诺，云："乃须夹此案于众案之中，方便同判，始可得耳。"司法乃断云："此妇女勘别案内，尝有写经持斋功德，不合即死。"遂放令归。

张与四郎涕泣而别。四郎乃嘱张云："唯作功德，可以益寿。"

张乘本马，其妻从四郎借马，与妻同归。妻虽精魂，事同平素。行欲至家，去舍可百步许，忽不见。张大怖惧。走至家中，即逢男女号哭，又知已殡。即呼儿女急往发之，开棺，见妻忽起即坐，辗然⑦笑曰："为忆男女，勿怪先行。"于是已死经六七日而苏也。兖州土人说之云尔。

（《冥报记辑书》卷三；出《法苑珠林》卷二八，《太平广记》卷二九七，文字稍异）

【注】

①形像：肖像，塑像。亦作"形象"。

②分：福分，缘分。

③其贼颠仆迷惑，却来本所：这些盗贼跌跌撞撞迷迷糊糊，又回到了实施抢劫的老地方。

④峻峙：高耸，耸立。此处指高大，魁伟。

⑤趋：古同"趋"，疾行，奔跑。

⑥善道：犹正道，好事。

⑦辗然：笑的样子（辗，音 zhǎn）。

邹峄山（一）

兖州邹峄山，南面平复。东西长数千步，广数步。其处生桐柏，传以为贡峄阳孤桐者也。土人云："此桐所以异于常桐者，诸山皆废地兼土，惟此山大石攒倚，石间周回皆通人行，山中空虚，故桐木绝响，以是珍而入贡也。"按《汉书·地理志》："下邳县西有葛峄山，古之峄阳下邳也。"郭缘生《述征记》①云："峄山在下邳西北，多生梧桐，则《禹贡》峄阳下邳者是也。"《邹山记》云："邹山，盖古之峄山，始皇刻碑处，文字分明，始皇乘羊车以上，其路犹存。"按，此地春秋时邾文公卜迁于峄者也。始皇刻石纪功，其文李斯小篆。后魏大武帝登山，使人排倒之，然而历代摹拓以为楷则。邑人疲于供命，聚薪其下，因野火焚之，由是残缺，不堪摹拓。然尤止官求请，行李登涉，人吏转益劳敝。有县宰取旧文，勒于石碑之上，凡成数片，置之县廨②，须则拓取。自是山下之人，邑中之吏，得以休息。今间③有峄山碑，皆新刻之碑也。其文云："刻此乐石。"学者不晓"乐石"之意。颜师古谓"取泗滨磬石作此碑"。始皇于琅琊、会稽诸山刻石，皆无此语。惟峄山碑有之，故知然也。

（唐·封演《封氏闻见记》卷八，亦见宋·王谠《唐语林》卷八）

【注】

①郭缘生《述征记》：郭缘生为晋末宋初人，《述征记》记载其跟随刘裕北伐慕容燕、西征姚秦的沿途所见。原书已佚，佚文多见古书征引。此书属古代行役记一类著作，具有行记的体例，地志的内容。

②廨：音 xiè，官舍，官署。

③间：间或。

峄山石

峄山在袭庆府①邹县，山土中产美石。间有岩穴穿眼，不甚宛转深邃。亦有峰峦高下，无崷崒②势。其质坚矿，不容斧凿。色如挼蓝③，或似木叶，翠润可喜。

（宋·杜绾《云林石谱》）

【注】

①袭庆府：北宋京东西路辖内二级行政区。北宋大中祥符元年（1008），兖州升为大都督府，政和八年（1118）改为袭庆府，隶属京东西路，下辖瑕县（今兖州）、奉符（今泰安）、泗水、袭县（今宁阳）、邹县（今邹城）、任城、仙源（今曲阜）、莱芜、金乡、鱼台十县。

②崷崒：音 qiú zú，高峻。

③挼蓝：本谓浸揉蓝草作染料（挼，音 ruó，揉搓），借指湛蓝色。

邹峄山（二）

邹峄山，秦始皇所登以立石颂功德处。一山皆无根之石，如溪洞中石卵堆叠而成，不甚奇峭，而颇怪险。《禹贡》"峄阳孤桐"，乃特生之桐，非以一树为孤也。桐生特生者，谓受风声而①，故堪琴瑟。今则枯桐寺前果只留一桐，足称孤矣。虽非禹时之旧，似亦不下千年物。万历戊己②间特荣一枝，次年旋坏。余癸巳③冬适行荒至，问之，已仆地，寺僧将曳入而斧爨④之，余急令扶植原所，累大石为坛，上为一亭覆之，各栖桐谢，以存禹迹，稍迟时刻则毁矣。固知神物成毁，良不偶然。

（明·王士性《广志绎》卷三）

【注】

①而：字疑有误（黄淳耀《山左笔谈》作"端"）。

②戊己："己"字当误，干支表中无"戊己"年。

③癸巳：明万历癸巳年即 1593 年。

④斧爨：用斧头劈开木头烧火做饭。爨，音 cuàn，烧火做饭。

拟绎山顶建铁塔铸铜碑募疏

禹敷下土，隶岱、霍、华、恒于九有之维。古圣贤各钟其灵气而生。孔子，邹人也，生于尼山麓，绎山①左背，去岱二百余里。其钟灵当主何山？且绎十倍不并于岱，尼三倍仅并于绎，邹则于岱远，尼则于绎近。窃拟之不得其端，想天纵之灵无专主也。

清康熙戊申季冬，有二老人，一姓田，一姓苏，登绎，旋呼余曰："散客诞生龟、蒙、凫、绎之乡，年近八十，孔圣人钟灵何处，曾留心未乎？"余再四静思而应曰："他山皆土石多于空洞，独绎空洞多于石而无土。他山皆下积垒而上巉岩，独绎则石悬钳垒系，仅相附着，或丸或扁，或片或拳，或如坠，或如断，或如箕，或如臼，或如柱，或如削，或方或圆，或上大下小，或顶平根尖，或如盘可转，或撼之而飐②，盖天地清虚之气所凝，山之智者也。古圣同，而智则孔子所独。孔子与绎二而一者也。余见止矣。"

夫自开辟后，水冲地震，名山崩移，高岸为谷，深谷为陵，独绎有不朽之枯桐，即代有封禅，亦假神道，以牖愚氓，或加以庙貌，总无损益于山灵。惟古今理数，剥复③互生，宣泄尽则返于玄穆，蒙尘久则焕其光明。于时，绎之神大呼修山之刘道童曰："尔琢吾石，尔营吾宫，其无射于厥终。"又呼苏、田二道人曰："尔来看山径，陟我颠，其镵十三级之浮屠，立铜碑以镇九渊。"三老伏听，齿错不能言。欲持钵沿门，先令余述之募疏之端。塔成铜汁镕灌，通锢尼山。亿姟④之世，勿替⑤绵绵。

（清·贾凫西《澹圃恒言》卷四）

【注】

①绎山：即峄山。

②飐：音 zhǎn，颤动，摇动。

③剥复：《易》二卦名。剥表示阴盛阳衰，复表示阴极而阳复。后谓盛衰、消长为"剥复"。

④亿姟：同"亿垓"，极言其数之多（姟，同"垓"，音 gāi，万万）。

⑤勿替：即"无替"。不废；无尽。

匡衡

匡衡，兰阳人，迁于邹之下羊村，从后仓受诗。诸儒为之语曰："无说《诗》，匡鼎来；匡说《诗》，解人颐。"①

（清·贾凫西《澹圃恒言》卷二）

【注】

①"无说《诗》"句：语出《汉书·匡衡传》，意思是说，没

人能解说《诗经》的时候，匡衡出现了；匡衡讲解《诗经》，能使人眉头舒展，心情舒畅。可见匡衡对《诗经》理解之深透。鼎：《汉书》颜师古注："服虔曰：'鼎，犹言当也，若言匡且来也。'应劭曰：'鼎，方也。'张晏曰：'匡衡，少时字鼎，长乃易字稚圭。'服、应二说是也。"

人祖庙

二座，祀伏羲。一在县西南隅六十里东凫山之西麓，亘古今存。按《左传》：周时须句风姓，司太昊有济之祀。邾灭须句，则太昊庙祀在此方久矣。其庙规制巍峨，檐以琉璃，像以金碧。历代增修，金元明俱有碑刻。每值上巳、重九，民间至庙祈子，有求必应，俗称为爷娘庙。一庙在城南二里。

（清康熙《邹县志》卷一）

峄阳孤桐

峄阳孤桐，在峄山（属邹县）孤桐观。前有小桐繁枝，相传为夏禹时孤桐，已枯，今从枯根发生者。初，桐曾发横枝，绿叶婆娑。中丞万含台[1]于对面大石书"峄阳枯桐"[2]四字。有道士叹曰："老桐不欲留名，不久将去矣！"遂成枯落。（见《邹县志》）埠有诗云："千载枯根偶发扬，幻形道士去何方？孤桐亦自存韬晦[3]，不欲留名在峄阳。"

予族祖太守公[4]，近得峄桐一段，长八尺，乃邹令娄君一均[5]所饷，琴材之最难致者也。付之名匠，斫为琴二张，而空其腹于后，名"无底琴"。或曰："琴者，禁也，禁制淫邪，正人心也。今名'无底'，义何取？"予曰："空其腹，则无量。无底者，言无量也。无量琴之制，自斯始。"

（清·金埴《巾箱说》）

【注】

①万舍台：金埴《不下带编》卷二亦有类似记载，作"万令台"。

②峄阳枯桐：金埴《不下带编》作"峄阳孤桐"。

③韬晦：指才能行迹隐秘不露。

④予族祖太守公：指金一凤，康熙末年任兖州知府，详见曲阜卷《颜光敏以非孔氏置副榜》注。

⑤娄君一均：娄一均，字维四，号秉轩，浙江会稽人，岁贡生，康熙年间任邹县知县，后升任贵州思南府知府。曾主修《邹县志》。

邹穆公令以秕喂凫雁

昔邹穆公令食①凫雁者必以秕，毋得以粟。于是食无秕，而求易于民，二升粟而得一石秕。吏请以粟食之，公曰："粟，人之上食也，奈何其以养鸟耶！且汝知小计而不知大会②。夫君者，民之父母也。取仓之粟，移之于民。鸟苟食邹之秕，不害邹之粟而已。粟之在仓，与其在民，与吾何择？"（此载贾谊《新书》）善哉，邹公之论！盖养鸟适所以养民，贵秕正所以贵粟也。

（清·金埴《巾箱说》）

【注】

①食：音 sì，给……吃，喂养。后来写作"饲"。

②大会：犹大计（会，音 kuài，总计）。

孟庙天震井

埴考《三氏志》[①]，孔子井在尼山，曾子井在徐州九里山，颜子井在陋巷，独孟子无以井传。皇清康熙十一年壬子春，邹县孟庙前演剧，忽日中声震如雷，众环顾失色。见阶前地陷，有甃甓[②]圆痕，熟视之，则居然井也。次年修庙，遂用此水。乃砌以甓，环以石，而题额之曰"天震井"。噫！异也！

（清·金埴《巾箱说》，亦见康熙

《邹县志·天震井碑记》，文字稍异）

【注】

①《三氏志》：全称《孔颜孟三氏志》，凡六卷，明刘浚编。刘浚，永嘉人，成化中官邹县教谕。浚因考证孔、颜、孟三氏世系，以及褒崇诸典，汇辑成书。

②甃甓：音 zhòu pì，用砖瓦等砌的井壁（甓，砖）。

宣献夫人祠

曲阜东南有九龙山，其南曰马鞍山。两山之间，松楸茂密者，孟林也。林南为邹县。县南有孟庙，庙左有宣献夫人祠。夫人者，孟母也。滕县在邹南，地平旷，可以行井田。

（清·孙嘉淦《南游记》，见张潮辑《虞初新志》卷十七）

隋造桥碑

隋开皇六年，兖州高平县石里村仲思那等四十人造桥之碑。《水经注》："泗水又南，径高平县故城西，洸水注之。"案：高平故城在今邹县南，石里村在县西南五十里，村临白马河，即洸水。此碑为洸水造桥也。碑言"漏佛丰坎"，谓碑首多深刻佛像。"丰"即"满"字，"漏"谓佛身雕镂通透。……碑又云："克己精诚，汰尸毗之救鸽[1]。"案：《洛阳伽蓝记》："惠生西行七日渡大水，至如来为尸毗王救鸽之处。吴越钱忠懿王金涂塔，镂尸毗王割肉饲鹰救鸽像。"即此事也。

（清·桂馥《札朴》卷第八"金石文字"）

【注】

①汰尸毗之救鸽：谓效法尸毗割肉饲鹰救鸽。汰，亦作"汰"，本谓选取，挑拣，此处意为学习、效法。尸毗救鸽为一佛教故事，为救鸽子免遭鹰吃，尸毗从自己身上割肉给鹰吃。

乐石

世俗志铭之文，每云刻之乐石，盖本峄山碑文有"刻之乐石"之语而袭用之，不知引用误也。《禹贡》"峄阳孤桐，泗滨浮磬"，言泗水之滨有石可为磬，始皇峄山所刻，即用此磬石，故谓之乐石（以磬乃作乐之具）。他处刻石文，不云乐石也。文士通用之于碑碣，误矣。说见颜师古《匡谬正俗》。

（清·赵翼《陔余丛考》卷三十二）

新莽天凤刻石

山东邹县野田间新出王莽时天凤二年刻石，七行，俱有界道，其后有"后子孙毋坏败"六字，似是墓间石也。今五经博士孟公继良移置孟庙。

（清·钱泳《履园丛话》卷九"碑帖"）

孟子故里

孟子言：去圣人之居，如此其近。按孟子故里今曰绿村，有坊，在邹县城北。迁于东北十二里，曰山口。其村三千家，多屠户，自战国至今习俗不移，殊不可解，宜孟母恶而去之。孟父卒，葬于是。又迁于邹县南关，有庙。

孟子自齐返鲁，葬母于嬴，即其故里之东。有笔架山，三峰秀峙，松林茂密，上与山接，有水环抱。去墓半里，水流入于沂。母未与父合葬，或有治命①，不敢违。孟子则葬于父墓侧。故里去邹县二十里，去曲阜三十五里，其近如此。

（清·王培荀《乡园忆旧录》卷五）

【注】

①治命：指人死前神志清醒时的遗嘱（与"乱命"相对）。后亦泛指生前遗言。

孟子父母

孟子父孟孙激，字公宜。明嘉靖九年配享启圣祠①。《史记》云邹人，司马贞《索隐》云本邾人，或云邹即邾。母梦神人乘云攀龙凤自泰山来，将止于峄，母凝视久之，忽片云坠而悟。时间巷皆见五色云覆孟氏之居。已而，孟子生，字子车，或云子舆……卒年八十四。葬四基山之阳，祠在墓前。宋孔道辅守兖州，修葺，孙明复作记。元初，邹尹司居敬又新之。今庙在邹县南关，凡七间，甚宏厂。庙内古松数株，撑风蔽日，大槐广荫庭除，藤花络满。后有小庙，祀子思。门前沂河，清流滔滔，甚壮观也。

孟母墓，在县北二十里马鞍山。孔道辅修孟母墓林，得孟子石像于墓前土中。相传孟子自肖其像于墓，岁久而湮，至是始出。今祀于孟母祠侧。

（清·王培荀《乡园忆旧录》卷五）

【注】

①启圣祠：亦称崇圣祠。祠中祀启圣，公，即孔子的父亲叔梁纥，并以颜回、曾参、孟轲三人的父亲配享，春秋祭祀。一般建于孔庙大成殿或颜、曾、孟庙主殿之后。

峄山

峄山，一名邾邑山，一名邹峄山，在邹县东南二十里。下临运河，山东、江南分界。峄山湖在其间，每早开闸，渔舟千百，入湖取渔，烟波浩渺，帆杆林立。登山一望，诚巨观也。峄山，山如垒卵，洞壑不可穷诘。《水经注》云："山东西二十里，高秀独出，积石相临，殆无土壤。石间多孔穴，洞达相通，往往有如数间屋处，其俗谓之峄孔。"其中可以避兵。又土俗相传，有玉真仙子步上高崖，倏忽不见，遗书一册，人不能读。

颜修来考功曾游，作诗甚多，录其一云：

岱岳遗神秀，名山依太虚。

居人迷洞壑，官路隐樵渔。

劫火无秦篆，仙踪有素书。

我来恣幽讨，风雨定何如？

昔秦始皇立碑此山，相传焚于野燎，故诗及之。

济宁州王书门游峄山，入洞过石梁，游山顶有云：

鱼贯下曲窦，猱攀凌窄路。

沉入杳昼冥，渐出豁天曙。

巨石忽砫矶①，夹溪相抵牾②。

　　飞梁悬千仞，微命争一度。

　　过险悔轻蹈，定性③却重怖。

　　默默履巉岩，遥遥肆指顾。

　　感秦失乐石④，怆纪余荒墓。

写景亲切，兼资掌故。

（清·王培荀《乡园忆旧录》卷五）

【注】

①砫矶：音 lù wù，高耸，突出。

②抵牾：此处意为碰撞，撞击（牾，音 wǔ，逢，触）。

③定性：安定心神，定下心来。

④乐石：指可制乐器的石料，秦朝李斯《峄山石刻文》用此石镌刻；后亦泛指碑石或碑碣（乐，音 yuè）。

郑燮《咏峄山》诗

　　峄山之上，丞、尉皆刻去思碑①，或谓自始皇为之作俑，踵之者愈众。此戏论，亦苛论也，然为名山之辱多矣。其石备五色。郑板桥《咏峄山》云：

　　徐州五色土，乃在峄山下。

　　凸凹见青黄，崩裂堕赤赭。

　　偃蹇十里石，蓄怒卧牛马。

　　苔斑古铜铸，黑骨积铁冶。

　　岝然触穹苍，千峰构云厦。

　　曲径回肠盘，飞泉震雷泻。

　　古碑断虫鱼，老屋颓壁瓦。

秋河舀可竭，寒星摘盈把。

悲鸟百群叫，孤鹤万年寡。

结茅此间住，万事棼②可舍。

山中古仙人，或有骑龙者。

他书及诗皆记山之形状，独此细写其色，详人所略。诗笔亦苍老，与平时率易之作不侔③。

（清·王培荀《乡园忆旧录》卷五）

【注】

①去思碑：即德政碑，旧时为颂扬卸任官吏的政绩而撰文勒碑，有"去后留思"之意。

②棼：同"纷"。

③侔：音 móu，等同，相当。

峄山妙光峒

峄山孔穴甚多，其大者曰妙光峒，相传中有穴与洞庭通，有洞，亦可回环至山顶。环鲁之山不一，而玲珑峭特莫如峄山。山西南二里有村，曰故县，即邹县旧治。上冠峰峦，下属岩壑，称为绝胜。宋大中祥符初，尝致封号，载在祀典。《诗》云"保有凫、绎"，凫山，在邹县西南。始皇东游峄山立碑，魏主南侵，至峄山见石刻，使人排而仆之。

（清·王培荀《乡园忆旧录》卷五）

凫山

凫山，县西南，距城五十里，其状如凫，与峄山对峙。《鲁颂》曰"保有凫绎"，凫即此也。山分东西，名曰双凫。东凫西麓有人祖庙，庙内有吕公洞。洞有丹井，水仅盈掬，不竭不溢，冬温夏凉，虽众饮之不尽。

（清光绪《邹县续志·方域志》）

徐宝贝传

徐宝贝，忘其名，山东兖州府邹县人①。面黑如漆，两颧突出，口可纳拳，力大而性类痴。贫无聊赖，饮博好斗，乡人概目为匪类。川陕贼炽②，元戎檄山东兵协剿。徐请为胯兵以随。胯兵者，为兵服役，兵额有缺，可充补者也。

既至军营，随军行止。代饲马，鸣刁斗，人无以异之也。一日，我兵击贼获胜，总兵督某兵逐贼。徐见贼遗骣马遍野，捉得一骏乘之，前驱追捉，遇窜贼辄便击杀。一贼奔投水中避之，亦下马跃入水，杀之而出。某总兵望见，善其骁勇③，问左右为谁，有识者答以"胯兵徐某"。总兵曰："此真宝贝也。"令骑兵追回，拟加赏赉。而徐见追骑，疑将罪其撄④马，惧，策马狂奔，冲杀益多。及与追骑偕回，则衣马朱殷⑤，两目直视，犹有杀气。总兵笑而抚之，入其名于兵籍，使侍左右。由是徐宝贝之名大振。宝贝感总兵恩遇，每战首冲贼阵。战时又每袒胸裸股，露里毛毿毿然⑥，大呼径刺贼渠，贼见之即惊溃。贵帅争欲使隶麾下，而宝贝亦所至立功。数年，自步兵擢至守备，号为巴图鲁⑦，赏戴花翎。然宝贝勇实无谋，既贵，心胆益放，视贼蔑如，觉他将弁之勇，悉出己下。一闻贼警，往往单骑深入，屡濒于危。军帅尝切戒之，不悛。

一日，我兵追贼，贼负险结寨。时已日暮，帅拟来旦剿。宝贝请即攻之，不许，意怏怏。夜饮酒醉，呼营弁起，与掷骰，每掷辄负。久之，探囊出元宝一，为孤注，又负。遂止不掷，以中指击骰

· 305 ·

盆，乌乌作秦声高歌。歌毕，出视月色皎然，竟挟其长矛，跨马径出赴贼，从者二三人，而营弁不知也。及觉，惊报帅，帅亦惊，恐失之。山东武举某素勇，急使往追。追将及，见宝贝斜坐马上而负矛右肩，高歌前进。武举某遥呼曰："宝贝，勿再进，有帅令在！"宝贝勒马视之而笑曰："汝非吾东武孝廉某乎？帅令汝来佐我杀贼，而汝怯，不敢进，则自归可耳，乃欲诳我同归耶？"武举闻之大怒曰："宝贝，汝有何武艺？侥幸得功名，乃敢藐视我耶？汝能往，我亦能往！先退非夫也！"遂并骑前进。及险，又并舍骑而徒。帅待追骑弗至，恐并失之，见天已将曙，遂进兵。大败贼，捉数贼至，问二人所在。贼指山麓视之，二人已僵卧于乱石间矣。问其死状，则曰："我等畏宝贝如虎，兹探知其独来，先伏数百人于山旁，拟俟其来活擒之。不意又有一人偕之来，至则并肩叫战。下与之战，辄死，死已数十人；伏起，并围刺之。二人刀矛已钝折，又手夺我刀矛，刺杀我数十人，始并倒。然我健者已半死于二人手矣。"帅哭，往收二人骨。而宝贝创特甚，自顶至踵，处处滴血，不知创孔之几千百也。此战虽胜，而失宝贝，一军丧气。惜武孝廉之姓氏亦不传。

（清光绪《邹县续志·艺文志》，作者为济南周乐）

【注】

①"徐宝贝"句：清光绪《邹县续志·人物志》中的人物简介可与本文相互参证："徐有山以宝贝名，生有勇力。嘉庆元年川楚教匪之乱，兖州镇督所部协剿，有山与焉。屡立功，由步兵擢守备，并保花翎勇号。后因追贼深入，贼以计诱入山，攒刺之，体无完肤而死。恤荫云骑尉。有《徐宝贝传》，详《艺文》。"

②川陕贼炽：指清嘉庆初年四川、陕西、湖北、河南边境地区的白莲教武装反抗清政府的事件。

③善其骁勇：称赞他勇猛（善，赞美，褒扬）。

④攫：攫取，掠取。

⑤衣马朱殷：衣服和马全被鲜血染红（朱殷，赤黑色）。

⑥毵毵然：毛多而散乱的样子（毵，音 sān）。

⑦巴图鲁：蒙语，意为勇士。清初，满族、蒙古族有战功者多赐此称。在巴图鲁称号之前，复冠他字为"勇号"。

邑人王仲磊《邹鲁岁时记》

正月。元日，早起祭先，焚香楮，燃爆竹，曰"发纸"。家人团聚，爇柳炭，饮椒①酒，啜馉食。亲朋相见曰"拜年"。布麻秸于地，碎践之，曰"躪岁"②。三日，农夫操箕帚卜田蚕。五日，农夫置酒相招，曰"五忙"。七日，祀祝融以少牢③，举烛，同社毕至，曰"守驾"。八日，晴宜谷。十日，作脯，曰"纳福"。十五日，亲朋相馈以牢丸④，名曰元宵。至夜，张灯烛，放花炮，田家制面灯十有二，照百虫，卜水旱。十六日，士女出游，曰"走百病"。或以艾灸衣物，炷石人，曰"灸百病"。是日也，宜暖蚕。童子入塾。十八日，喜晴，卜木棉。

二月。二日，田家黎明以灰画地为囷，置五谷，以砖石覆之，验其萌生之迟早，曰"围仓"。炒大豆食之，烹鱼，曰"熏虫"。十二日，置名花于盘，曰"供花朝"。妇人候谷西埘蚕，农乃种秫。

三月。三日，临云水，观桃杏，采山花。士民相会聚。清明节扫墓，插柳于门。儿童戴柳花，吹柳笛，踏青于尼、防、凫、峄诸山，惟所陟。是月有纸鸢⑤、秋千之戏。食榆钱、榆粥、榆饼。十一日，卜麦，喜晴。

四月。八日，士女祀娘娘庙，曰浴佛节。农家作市会，具农器。十九日，置各花于水面，曰浴花日。是月樱桃熟，荐于寝。芒种前，有鸟名"麦黄葚熟"，其名自呼。大麦初黄，农以为饵，名曰䜣䜣⑥茧。工人织花绢、素绢、茧绸、茧缎。

五月。五日，插艾于门，儿童簪艾叶，饮雄黄酒，亲朋相馈以角黍。田家早起，采枣花、桑叶为茶。十三日，祀关庙，雨曰"磨刀雨"。是月种菽及粟；梅子熟，作梅酱。

六月。朔日，蒸馒头祭神于中溜⑦，曰"祭雹冰"。六日，食炒面，曝书籍，田家煮酱麦。伏日，饮冰水，好事者入峄山洞中避暑。初伏刈麻。是月宜种菽麦。

七月。七日，妇女织彩线，对织女星穿针，曰"乞巧"；是日雨曰"相思雨"。十五日，祭坟墓，与清明同。三十日，放河灯，为盂兰会。是月取槐花储之，可以染。有虫名促织，农妇效其语曰："拆拆洗洗，锁到柜里。"夜始寒，秫则熟。

八月。上丁⑧，士子率往阙里观礼。十五日，亲朋相饷以月饼、瓜果；家人团聚，拜月于庭，曰"圆月"。村人用牛酒为会。是月宜剥枣，回家制醉枣、胶枣⑨。二十七日，乡塾中设位，拜先师生辰。

九月。九日，食枣糕，饮菊花酒，登尼、防、凫、峄诸山，曰"登高"。白露降，农始种麦。有黄雀自北来，名曰"北禽"。

十月。朔日，祭墓，送寒衣。凫山有伏羲庙，居民于是日往祀之。霜降，田家取桑叶为茶。少年入山猎。是月农事藏，村人嫁娶多以时举。

十一月。冬至，写九九图，蒸饽饦⑩祭先，曰"蒸冬"，古礼冬烝之遗也。梅始放，亲朋以寒具相遗。村童分曹相戏，曰"拿寨"，曰"打瓦"。少年学武艺，曰"看冬"。农家筑窖室，织席，织木棉花。

十二月。八日，为黍粥，杂枣栗，家人同饮，曰"腊八粥"。二十三日，以糖饼祀灶，曰"辞灶"。酿甜酒，蒸起胶饼⑪，作黍糕，曰"年年糕"。田家取雪制醋，刌⑫羊炮羔，击豚湆⑬鱼，曰"忙年"。亲朋以果肴相馈，曰"送年"。小除，易春帖子，换桃符。除夕祭先，家人辞岁，长老散带岁钱。烧柴荆，酌醴，通宵不寐，曰"守岁"。是月谷贱，曰"小开仓"。俟立春日，妇女剪彩为鸡，儿童佩之，曰"戴春鸡"。啖生果，曰"咬春"。

（清光绪《邹县续志》附录⑭）

【注】

①椐：音 jū，木名，即灵寿木。

②躧：音 xǐ，踩，踏。含有踩碎（财随）的寓意。

③祀祝融以少牢：谓用羊、猪二牲祭祀火神。祝融，帝喾时的火官，后尊为火神。少牢，旧时祭礼的牺牲，牛、羊、猪俱用叫太牢，只用羊、猪二牲叫少牢。

④牢丸：食品名，汤圆。一说为蒸饼。

⑤纸鸢：鸟状的风筝（鸢，音 yuān，鹞鹰）。

⑥缲：音 sāo，抽茧出丝。

⑦中溜：堂室的中央。溜，屋檐或檐下滴水处，借指屋宇或堂室。

⑧上丁：农历每月的第一个丁日。旧时于每年阴历二月、八月第一个丁日祭祀孔子，称丁祭。

⑨醉枣：用酒浸泡过的枣。胶枣：蒸熟的枣。

⑩饽饦：指面饼、饺子之类的面食（饦，音 tuō）。

⑪起胶：即"起酵"（胶，借作"酵"），发酵。起胶饼，指

发面馒头之类。

⑫刲：音 kuī，割，刺。

⑬菹：音 zū，腌，腌制。

⑭附录后有《续志》编者赘语曰："右较旧志所载岁时为详。王君，乾、嘉时人。"

小邾子故城

峄山之间，为春秋邾故地。邾入于鲁，其后乃迁于邹。宣统三年春，津浦铁路工掘地见故城址。据《兖州志》考之，知为小邾子故城。

（清·罗惇曧《宾退随笔》）

绑票

其始只绑民人，未闻有绑官员者；有之，自丁巳年①始。山东土匪蜂起，无地无之。邹县县长赴乡公干，乘肩舆，带护勇出城二十里，突出匪徒数百，挥轿夫、护勇使去，县长乃束手以待。随后匪首策马而至，问其徒所绑何人，曰："县长。"匪首急下马，与县长为礼，曰："党徒粗率，得罪长官，予之过也。正有言禀告，今日相过，一罄衷怀。予为王德邻，先为匪，后投诚，为防营营长。有同营季玉霖者，本有夙嫌，又羡慕小妾姿首②，乃造蜚语，谓予通匪。统帅不察，将置于法。予闻而窃逃，栖身无地，仍入匪伙。季玉霖竟霸吾妾。县长如为昭雪，逐季而还予妾，则终身为国家效力，弗敢有贰③。"县长曰："此事予一力担任，不出一旬，定有以报命④。"匪首乃传集轿夫、护勇，送归署。至县长如何办理，不得而知。

（清·陈恒庆《谏书稀庵笔记》）

【注】

①丁巳年：此处指 1917 年。

②姿首：美丽的容貌。亦泛指容貌。

③弗敢有贰：不敢有二心。贰，怀有二心，背叛。

④报命：即复命。奉命办事完毕回来报告。

王粲（仲宣）好驴鸣

王仲宣好驴鸣。既葬，文帝①临其丧，顾②语同游③曰："王好驴鸣，可各作一声以送之。"赴客皆一作驴鸣。

《魏志》曰：王粲，字仲宣，山阳高平人也。曾祖龚，父畅，皆为汉三公。粲至长安，见蔡邕，邕奇之，倒屣迎之，曰："此王公孙，有异才，吾不及也。吾家书籍尽当与之。"避乱荆州，依刘表。以粲貌寝④，通侻⑤，不甚重之。太祖以从征吴，道中卒。

（南朝梁·刘孝标注《世说新语·伤逝》）

【注】

①文帝：即魏文帝曹丕。

②顾：回顾，回头看。

③同游：指一同出席活动的人，同伴。

④貌寝：面貌丑陋。

⑤通侻：亦作"通脱"，放达不拘小节。

微山纪程（夏镇、南阳镇、鲁桥、仲家浅）

壬午。……二十里夏镇闸。西距沛县三十里，南达昭阳湖，亦大湖也。工部郎分司徐州者，驻节夏镇。自新河城，夏镇为都会，康阜楼、会景门，并雄踞河上。又万安朱尚书（衡）①祠，华亭徐文贞（阶）记之，吴人周天球书。岁尚二祭②，微尚书，人鱼而市沼矣③。时苦大水，菽粟涌直④。

癸未。……十五里南阳镇闸，孟氏所戒慎子取南阳⑤者。地产菽，多大贾。嘉靖末，朱尚书自南阳至留城⑥，开新河百四十余里。又六里野泊。是日见白杨，初谓白杨柳类，乃梓叶桐干，玉挺可爱。

甲申。晓望南阳湖，烟帆霏微，开翕殊状。四里枣林闸，元延祐五年立，亦小市。五里鲁桥闸，永乐十三年立。西岸月河千余丈，隆庆四年改正河，复灶重枅⑦，商贾奔鹜。闸下宣圣⑧墨池，俗名研瓦沟，其水黑，有古碑曰"宣圣墨池"。沙洲寺围柳如幕。七里师家庄闸，元大德二年立，悬流颇悍。自韩庄来，阡陌通波，堤危一线。十里仲家浅闸，明宣德五年立，居人俱仲氏。楼台参差，遭乱不衄⑨。屡寇至，阻水合拒，勇哉，其子路之遗乎？有家庙，又敕建仲庙，丹楹红垣，不克展谒。夕失南阳，昼失仲庙，二憾往矣，释于何日？

（清·谈迁《北游录·纪程》）

【注】

①朱尚书（衡）：朱衡（1512—1584），字士南，江西万安人。嘉靖十一年（1532）进士。累官山东布政使、南京刑部尚书，加太子少保。隆庆六年（1572）兼任左副都御史，经理河道，完成了新

河的开通工程，给河道运输带来了很大便利。

②岁尚二祭：每年春秋二季都举行祭祀（尚，盛行，习尚）。

③微尚书，人鱼而市沼矣：谓如果没有朱尚书浚通河道，市镇会变成湖沼，人也都要喂鱼了。微，无，没有。

④菽粟涌直：谓粮价腾涌飞涨。菽，音 shū，豆类；粟，谷类。直，价值。

⑤孟氏所戒慎子取南阳：事见《孟子·告子下》："鲁欲使慎子为将军，孟子曰：'不教民而用之，谓之殃民。殃民者，不容于尧、舜之世。一战胜齐，遂有南阳，然且不可。'"

⑥留城：古地名，位于今微山县夏镇南25公里，微山岛西偏南6公里处。周时为宋国留邑。

⑦复灶重枅：谓房屋炉灶颇多（供来往商旅之用）。枅，音 jī，本指柱上方木或门上横栿，泛指房屋。

⑧宣圣：即孔子。汉平帝元始元年谥孔子为褒成宣尼公，此后历代王朝皆尊孔子为圣人，亦称"宣圣"。

⑨衄：音 nǜ，挫折，挫伤。

仲家浅庙

山东仲家浅庙，三进，康熙六年巡盐御史顾如华建。案碑文：子路父名㺃。子路生于泗水，葬于开午。衍圣公孔胤植请于朝，以六十一代孙于陛字玉铉者，为翰林院五经博士，世袭。

（清·刘献廷《广阳杂记》卷一）

窖金隔世走归原主

夏镇属滕县。有蒋翁者，勤俭成家，生一子，失教，长而游荡，家渐落，蒋翁以为忧。有关帝庙陈道士，河南固始人，素与蒋翁善，乃私携五百金嘱道士云："吾子不肖，谅不能守业，后日必为饿殍^①。今以此金付汝，我死后，俟其改悔，以此济之。倘终不悛^②，汝即以此金修庙。"道士应允，藏金瓦罐，上覆破磬，埋殿后，无有知者。

后数月，翁死，子益无忌，家业尽废，妻归外家，至无栖身之地，交游绝迹，始萌悔念。道士时周恤之，蒋亦渐习操作。道士见其改过，乃告以其父遗金，将掘出畀之。乃携锸至藏金处，遍觅，已失所在，相与大骇。蒋归，告其匪类，因共哗然，嗾^③控于官。官讯之，道士不讳，官断赔偿。道士罄其蓄，犹不满十分之二。里人多不直^④道士，道士遂舍庙去。

云游数年，过直隶莲池禅寺挂单^⑤。将行，值寺僧为某观察公诵《寿生经》作佛事。有老仆抱公子戏于山门，公子遽牵道士衣，投怀不舍。家人不能解，因命道士抱送公子归。观察厚赠道士遣去，而公子啼哭追之。不得已，留道士于后园小庵，饮食之。一日，道士欲诵经为观察公子祈福，需木鱼钟磬，家人以破磬付之，道士惊云："此我之磬也。"家人白其主。诘之，道士云："磬覆瓦罐，内贮五百金。"问："安所得金？"乃具述蒋翁遗金之事。观察恍然，知其子为蒋翁转世，此金即翁所藏而走归原主者也。告以生此子三日，掘地埋胞衣，因得此金。以无所用，付之布肆中，取息已五年矣。怜道士之无辜受赔，且与其儿有宿缘，因此以此金子母^⑥赠道士，并遣使送归夏镇，致书于滕邑令，将此事镌石以纪之。

（清·袁枚《子不语》卷十二）

【注】

①饿殍（音 piǎo）：饿死的人。

②悛：音 quān，悔改。

③嗾：音 sǒu，教唆，指使。

④不直：不以之为是；不信任。

⑤挂单：指行脚僧到寺院投宿。单，指僧堂里的名单；行脚僧把自己的衣物挂在名单之下，故称挂单。

⑥子母：本利（子，利息；母，本金）。

鬼妻

任城东仲家浅，贤裔仲氏①居焉。有为仲氏佣者，母子二人，诚朴谨笃，任劳力，寡言笑。其子年二十未娶。仲氏故家鲜有礼，子弟豪肆，多狭斜，群妓淫娃聚于临水一楼，丝竹笑语之声，朝夕不绝。楼临运河，过客望之，未尝不逆而送②焉。独佣子仆役其间，终若勿顾。

一日，主人役往卞泗寄物，归至班村凹③中，夕阳在山，暮烟将垂，疲息柳荫路旁，击石镰吸淡巴菇④。往来无人，遥见一女子飘逸而来，年若十八九，蒙髻网，衣服朴洁，面白皙，着秋色裤，小红布两翘，疑近村女。佣不敢视。至近，女即跌⑤地坐，佣他顾焉。女曰："尔吸者，济宁烟草耶？乞假一管。"佣欲易而与之，女曰："不劳更换，我不胜此力，但令唇尖一嗅香味足矣。——尔居何庄？"佣曰："仲家浅。为人佣。"女曰："有父母否？"曰："母在堂。"女曰："有家室否？"佣曰："未有也。"女曰："我作尔妇，何如？"佣颊赪曰："还我烟具，日暮，当遄归。"女笑曰："骏块⑥！年若许，尚腼腆作羞态！野合⑦本非礼，今夜尔俟我于尔寝所。"佣漫应之，取具而去，亦意料为谁家荡妇耳。

晚抵舍，返面主人毕，与老佣同草炕，阖户就寝。残月明灭窗㭔，目未交睫，急见门枨⑧下露妇人足，心忆其来，佯睡。女已入室，且依其床云："路远弓窄⑨，尔先我多时至。"佣不答。女曰："尔勿怖，我固非人，然不为尔害，实与尔有夙缘。我亦善经理，垂白⑩母，我事之，环堵室、负郭田⑪，我当为尔办，何必向玉川先生家作裹头奴⑫一世哉？"佣曰："此事当容我告母，许则遂，不许则已。我不敢擅专，请俟异日。"俄而老佣起溲，赤身出户。女怒曰："老奴太无礼！女流在，何亵？"以手指之，老佣遂以手自批其颊十余下，佣为告免。女不得已，订之而贻以一物，嘱勿令他人见。言讫而灭。

及晨，老奴起操田事，自云半面皆肿，不知何故。佣寻枕畔，有纸裹，启视，则绣鞋一只、折花囊一枚。持以入告其母，母戒勿与通。易其处，而女又来，佣坚不与合。其少主人索鞋藏之而病呓，乃还佣。后，女子每夜必至，求媒合，母颇厌患之，无能治。

适济上落拓生乡进士⑬刘天骥者，过仲太史家，言其事而异，继而疑，终乃呼其母子而告之曰："夫鬼，人为人也。人能为鬼，鬼即可以为人。使人即与人合，而以鬼道处其人，则人亦与鬼近矣。苟人而与鬼合，而以人道交其鬼，则鬼特即为人用，即人也，何鬼之有？"乃指架上《通书》云："我当与尔诹吉⑭。今夜天德合，河魁不房⑮，无再诿。今不取，恐反受殃矣！"遂与之合。

后年，春夏多雨，将漫莲堤，佣母子夫妇先其灾而去。之西乡，果置产力田，今称小裕。而佣之谨悫⑯，见之者以为不异其初。

七如氏曰："佣以愿守，维今之人意其遭际穷约，殆不可以庇一身，又乌料其拥妻子享庸庸之福，而鬼神且阴护之？是故佻达儇薄⑰，巧终见拙，又何异于所适之多不偶也？"

（清·曾衍东《小豆棚》卷十一）

【注】

①贤裔仲氏：指仲由的后裔。仲由，字子路，春秋鲁国卞邑（今山东泗水县东）人，孔子贤弟子之一，性爽直勇敢。西汉时子路后裔全族由卞邑迁至仲家浅村（今属微山县）。

②逆而送：即逆送，谓迎来送往，多有接触。

③凹：同"洼"。此处用于地名。

④淡巴菇：亦作"淡巴菰"，西班牙语译音，烟草。

⑤趺：音 fū。双足交叠坐下。也作"跗"。

⑥骏块：傻瓜；笨蛋（骏，音 ái，愚，呆）。

⑦野合：男女不合礼仪的结合；私下结合。

⑧门桢：门两旁竖立的木柱（桢，音 chéng）。

⑨弓窄：谓脚小，行走困难。弓，指旧时妇女缠裹后发育不正常的脚，以其形如弓，故称。窄，狭小，窘迫。

⑩垂白：须发将白。指年老。

⑪环堵室、负郭田：四周环绕着每面一方丈土墙的简陋居室，靠近城郭的田地，代指家产。

⑫向玉川先生家作裹头奴：唐代诗人卢仝，自号玉川子。韩愈《寄卢仝》诗云："玉川先生洛城里，破屋数间而已矣。一奴长须不裹头，一婢赤脚老无齿。"语本此。

⑬乡进士：指乡试中式的人。明清时称举人。

⑭诹吉：选择吉日（诹，音 zōu，挑选）。

⑮天德合，河魁不房：星象术语。意为与主吉的天德之神相合，而月中的河魁凶神不在位（不房，即不在其位），正是嫁娶的吉时良辰。

⑯谨悫：谨慎诚朴（悫，音 què，诚实朴素）。

⑰佻达儇薄：轻薄放荡，轻佻无行（儇，音 xuān，轻佻，浮薄）。

仲永檀（一）

仲副宪永檀①，山东济宁人。中乾隆丙辰进士，为鄂文端公②得意门生。时步军统领鄂善受商人俞某之贿，公首发之，鄂遂伏法。又劾大学士赵国麟、侍郎许希孔等往工部胥役俞姓家吊丧，有失大臣之体，诸人为之降黜有差③。纯皇帝④嘉其敢言，由御史立擢副宪，以旌其直。时张尚书照⑤以文学供奉内庭，尝预⑥乐部⑦之事，公劾之，有"张照以九卿之尊亲操戏鼓"之语。张衔之次骨，乃谮公泄禁中语，下狱。上知其枉，立释之，张恐其报复，因用其私人计，携樽往贺，暗置毒酒中，因毙于狱。傅文忠时为户部侍郎，大不服张所为，欲明言于朝，以公尸如常，事无左验⑧，乃已。逾年，张病噎⑨，告假旋里，卒于济宁舟中，盖见公为祟也。

（清·昭梿《啸亭杂录》卷六）

【注】

①仲副宪永檀：仲永檀（1698—1742），字仲虹，一字襄溪，号乐园，济宁州仲浅村（今属济宁市微山县鲁桥镇）人。乾隆元年（1736）进士，考选陕西道监察御史，擢佥都御史，再擢左副都御史。为官抗直敢言，不惧权贵。其作品《窝窝赋》脍炙人口，时人俗呼"窝窝进士"。

②鄂文端公：鄂尔泰（1680—1745），西林觉罗氏，字毅庵，满洲镶蓝旗人。清朝中期名臣，与田文镜、李卫并为雍正帝心腹。谥号文端。

③降黜有差：或降职或革职，所受处罚不等（黜，音 chù，罢免；有差，不一，有区别）。

④纯皇帝：即清高宗弘历，年号乾隆。

⑤张尚书照：张照，详见曲阜卷《孔继涑》。

⑥预：参与；参加。

⑦乐部：泛指歌舞戏曲演出团体。

⑧左验：证人；证据。

⑨噎：音 yē，噎食病，中医指食不能下咽的病，即食道癌。

仲永檀（二）

　　仲夫子后有名永檀者，居济宁。少粗戇①，家贫，习鄙事，族众恶之。节序祀祖庙，永檀与焉，众斥逐，不令入班。行祭毕，请曰："吾亦先人后，纵不得与祭，独拜其许我乎？"众曰："可!"乃市瓣香爇于垆②。叩拜时，众见香烟浓郁，结成"子路来享"四字，大惊，选入乡塾。来往必过土地祠，神见梦③村人曰："仲大人经过，吾起坐不剩烦。"一日，过庙前，土偶起立为人所见，遂不复坐。至今，像犹挺立。后官都宪，抗直④敢言，一疏参至三四十人，有祖风焉。仲子来享，非徒以后日之贵也。

（清·王培荀《乡园忆旧录》卷一）

【注】

①戇：音 zhuàng，迂愚而刚直。

②市瓣香爇于垆：买一炷香在香炉上点着。瓣香，佛教语，犹言一瓣香、一炷香。垆，用同"炉"，烧香用的陶制器皿，即香炉。

③见梦：托梦（见，音 xiàn，同"现"）。

④抗直：刚直不屈。

南阳湖

　　自济宁泛舟，八十里至南阳村，自此九十里抵夏镇，中间运河一线，两堤夹立。堤外，左峄山湖，右俗呼南阳湖。烟波浩渺，渔舟千百，冲风逐浪。或妇转柁，夫撒网，以舟为家。左湖产鱼鳞黑，右湖鱼鳞金色，尾鬐皆红，味鲜美。两湖相去只隔运河，且有水门启闭，不时相通，而鱼迥不相同，亦异矣！运河水浅，引湖水以济，运水盛，则泄之于湖。特恐盛则均盛，且虑湖水倒灌，运为之阻，是又当事者之忧也。

（清·王培荀《乡园忆旧录》卷四）

微山湖

微山湖界山东、江南，烟波渺茫。渔舟千百只，往来以船为家。来市卖鱼，每为豪强夺取，不敢争值。遇狂飙掀箦，舟相撞击，沉碎可悯。不许登岸置田宅，习俗相沿日久。八月既望，天无纤云，波澜涌处，一浪照见一月，他时则否，此湖中第一奇观。赵秋谷[①]《微山湖舟中》云：

舟前湖决溽[②]，湖上山横斜。

湖中何所有？千顷秋荷花。

山雨飒然来，风香浩无涯。

移舟青红端，飘若凌绮霞。

林光村远近，楼影帆交加。

疑是桃花源，参差出人家。

流览情所喜，避地想更佳。

何必博望后，虚无乘海槎。

（清·王培荀《乡园忆旧录》卷四）

【注】

①赵秋谷：赵执信（1662—1744），字伸符，号秋谷，晚号饴

山老人。山东青州府颜神镇（今属淄博市博山区）人。十八岁中进士，后任右春坊右赞善兼翰林院检讨。二十八岁因佟皇后丧葬期间观看洪昇所作《长生殿》戏剧，被劾革职。此后终身不仕，徜徉林壑。著有《饴山诗集》《饴山文集》等。

②泱漭：音 yāng mǎng，昏暗不明的样子。

孔子洗墨池

济宁李白浣笔池最著，其地先有孔子洗墨池。古无笔而有墨，丹和漆书，字赤；墨和漆书，字黑。昔文中子梦捧丹漆随孔子[①]，孔子读《易》，漆书三灭。古人不解造墨，而有石墨，故孔子相传有砚。既以砚磨墨，即当有洗墨池。但不知何以在济宁，故存其说。池在鲁桥镇。

（清·王培荀《乡园忆旧录》卷五）

【注】

①昔文中子梦捧丹漆随孔子：南朝梁·刘勰《文心雕龙·序志》云："齿在逾立，则尝夜梦执丹漆之礼器，随仲尼而南行。旦而寤，乃怡然而喜，大哉圣人之难见哉，乃小子之垂梦欤！"王培荀《乡园忆旧录》谓"梦捧丹漆随孔子"的是文中子。文中子：王通（584—617），字仲淹，门人私谥文中子，隋朝河东郡龙门县通化镇（今山西省万荣县，一说山西省河津市）人，著名教育家、思想家。王通精习《五经》，其著作在唐代就全部失传，只留下其弟子仿照《论语》体例编辑成书的《中说》。

南阳、夏镇门联

余游历之地，不过七八省，每见古碑石刻及匾额楹帖之类，其最佳者，辄为手记，而最可笑者，亦不能忘也。如酒店匾额曰"二两居"，楹帖曰"刘伶问道谁家好，李白回言此处高"，在处皆有。河南永城、睢州一带，又有酒店一联云："入座三杯醉者也，出门一拱歪之乎。"已足供喷饭矣。而南阳、夏镇各处，家家门上有一联云："五湖天马将，四海地龙军。"竟不知作何语。尤可笑者，湖北武昌府城隍庙大殿上，有金书大匾四字，曰"不其然而"。又山东济南府省城，有酒店曰"者者居"。余不解，一日在孙渊如观察①席上，谈及此条，有一土人在座，答曰："此出之《论语》。"余问曰："《论语》何章？"曰："近者悦，远者来也。"一时为之绝倒。

（清·钱泳《履园丛话》二十一"笑柄"）

【注】

①孙渊如观察：即孙星衍，详见任城（济宁）卷《李东琪与江秬香》注。

鲁桥

任城之南六十里有曰鲁桥者，馆传①在兹，东通齐鲁，西连巨野，南引淮楚，北抵京师。岁时诸王大臣朝会贡献，经涉于此者，非舟即驿，桥当冲要，非细务也。

（清咸丰《济宁直隶州志》卷二"山
川志"附潘士文《重修鲁桥记》）

【注】

①馆传：馆驿，驿站，传舍。

鱼台犹釜底然

鱼台之在兖西，犹釜底然。黄河身渐高，单、沛堤日益以高，而鱼台水不出，淹处至经四五年。舒司空欲开中心沟，泄之以达宿迁。泄之良是也，第沟首接吕孟湖[1]，而湖高又不能泄鱼台之水，新沟下又多礓砂，浚不深，仅仅一线泄漕河、汶、泗之溢者濡缕[2]尔。故费五万金而卒无益于事，不出张宪副朝瑞[3]之所料也。

（明·王士性《广志绎》卷三）

【注】

①吕孟湖：古湖泊名，位于今微山县郗山东南。今已与微山湖连为一体，统称为微山湖。

②濡缕：沾湿一缕。形容沾湿范围极小，引申指力量微弱。

③张宪副朝瑞：张朝瑞（1536—1608），字子祯，号凤梧，明朝海州（今属江苏省连云港市）人。历任河南鹿邑县令、浙江金华知府、杭嘉湖参政、大鸿胪寺卿等。曾上书认为分黄导淮是失策。后黄河夺淮淹没大片农田，朝野钦佩其有先见之明。

任秀

任建之，鱼台人，贩毡裘为业。竭资赴陕，途中逢一人，自言："申竹亭，宿迁人。"话言投契，盟为弟昆，行止与俱。至陕，任病不起，申善视之。积十余日，疾大渐[1]，谓申曰："吾家故无恒产，八口衣食，皆恃一人犯霜露[2]。今不幸，殂谢异域。君，我手足也，两千里外，更有谁何！囊金二百余金，一半君自取之，为我小备殓具，剩者可助资斧；其半寄吾妻子，俾輦吾樰而归。如肯携残骸旋故里，则装资勿计矣。"乃扶枕为书付申，至夕而卒。申以五六金为市薄材，殓已。主人催其移槽③，申托寻寺观，竟遁不反。任家年余方得确耗。任子秀时年十七，方从师读，由此废学，欲往寻父枢。母怜其幼，秀哀涕欲死，遂典资装治任④，俾老仆佐之行，半年始还。殡后，家贫如洗。幸秀聪颖，释服，入鱼台泮。而佻达善博，母教戒綦严，卒不改。一日，文宗案临，试居四等⑤。母愤泣不食。秀惭惧，对母自矢。于是闭户年余，遂以优等食饩⑥。母劝令设帐，而人终以其荡无检幅⑦，咸诮薄⑧之。

有表叔张某，贾⑨京师，劝使赴都，愿携与俱，不耗其资。秀喜，从之。至临清，泊舟关外。时盐航舣集⑩，帆樯如林。卧后，闻水声人声，聒耳不寐。更既静，忽闻邻舟骰声清越，入耳萦心，不觉旧技复痒。窃听诸客，皆已酣寝，囊中自备千文，思欲过舟一戏。潜起解囊，捉钱踟蹰，回思母训，即复束置。既睡，心忪忡，苦不得眠；又起，又解，如是者三。兴勃发，不可复忍，携钱径去。至邻舟，则见两人对博，钱注⑪丰美。置钱几上，即求入局。二人喜，即与共掷。秀大胜。一客钱尽，即以巨金质舟主，渐以十余贯作孤注。赌方酣，又有一人登舟来，眈视良久，亦倾囊出百金质主人，入局共博。张中夜醒，觉秀不在舟，闻骰声，心知之，因诣邻舟，欲挠沮之。至，则秀胯侧⑫积资如山，乃不复言，负钱数千而返。呼诸客并起，往来移运，尚存十余千。未几，三客俱败，一舟之钱尽空。客欲赌金⑬，而秀欲已盈。故托非钱不博以难之。张在侧，又促逼令归。三客燥急。舟主利其盆头⑭，转贷他舟，得百余千。客得钱，赌更豪；无何，又尽归秀。天已曙，放晓关矣，共运资而返。三客亦去。主人视所质二百余金，尽箔⑮灰耳。大惊，寻至秀舟，告以故，欲取偿于秀。及问姓名、里居，知为建之之子，缩颈羞汗而退。过访榜人⑯，乃知主人即申竹亭也。

秀至陕时，亦颇闻其姓字；至此鬼已报之，故不复追其前郄⑰矣。乃以资与张合业而北，终岁获息倍蓰⑱。遂援例入监⑲。益权子母⑳，十年间，财雄一方。

（清·蒲松龄《聊斋志异》卷二十一）

【注】

①大渐：病危（渐，剧）。

②犯霜露：冒霜露，形容旅途艰辛。

③槥：音huì，小而薄的棺木。

④治任：谓整理行装（任，担）。

⑤试居四等：试，指岁试。清代科举制度，各省学政在三年的任职期间，要巡回所属府州县学，考试生员，称岁试或岁考。清初，岁考成绩分为六等。一二三等前列者赏，四等以下者罚。

⑥以优等食饩：因成绩优异补选为廪生。清代岁试，一等前列者可补廪生。饩，音xì，廪饩，官府支付的生活补助。

⑦荡无检幅：行为放荡，不自检点。检幅，检点约束（幅，边幅，范围）。

⑧诮薄：讥笑和轻视。

⑨贾：音gǔ，做买卖。

⑩盐航：盐船。舣集：泊舟。

⑪钱注：赌注，用为赌博的钱物。

⑫胯侧：指大腿边（胯，股，大腿）。

⑬赌金：指以白银作赌注。

⑭盆头：掷骰子时，赢者抽头交钱给设赌者，称为"盆头"，俗称"抽头钱"。

⑮箔：纸箔，表面涂有金属粉的烧纸，作冥钱用。

⑯榜人：船夫（榜，音 bàng，船桨）。

⑰前郤：过去的嫌隙，冤仇（郤，音 xì，同"隙"，嫌隙）。

⑱倍蓰：加倍（蓰，音 xǐ，五倍）。

⑲援例入监：根据条例纳资取得监生资格（监，音 jiàn，国子监）。

⑳权子母：语本《国语·周语》，原谓国家铸钱，以重币为母，轻币为子，权衡其轻重而使行，有利于民。后遂称以资本经营或借贷生息为"权子母"。

醋姑娘

王梅，鱼台人。美丰格，读书目过辄不忘，廿年来困于青衿①。后读书济上萧寺中，尝拾薪数粒为炊，鹑衣百结，望之咸若浼②也。

一日，鬻书以易食。时当春初，草桥上风如刀刺，至日昃无问者。适一老翁见而异之，王呈书以进，翁曰："君家书几何？"王曰："只此一策。"翁曰："是戋戋③者，何足与畀哉！君请纳袖中，盍从我而餐焉？"生随翁至一处，去市较远，柴门掩映，颇不俗。入门，一女子笑迎翁曰："爹爹购得芙蓉粉未？"翁曰："有客戾至④。"女趋而入。生登堂拜翁，翁让生坐，备问旅况。翁入内，出无何，女捧馔至檐下，翁接进曰："家止此女，应门更无三尺童。足下努力加餐。"生曰："一饭之恩，百日之泽，盖不敢不饱。"翁曰："自今以始，但来就食。一饭主人，我力能办。"生起谢。翁呼女曰："醋儿，出来见客。"女出，丰容白皙，目长而角，眉细而弯，年约十八。翁指生谓女曰："此王郎，有才无命，倘我不家，来时当款留之。"女笑曰："穷措大⑤一日不过八勺米，儿何恤⑥余炊以待？"

生归。越三日，馁甚，又往。至门，呼无人，径入，见女坐室中捏水角子。女见生，起曰："来趁阇黎饭后钟⑦耶？"生曰："长者命，故不敢辞。"女延之坐，乃以手捏馅，问生所自。生见女有慢士风，略吐生平，颇形肮脏⑧。女曰："未免自负。人不患有司不明，当患吾学不成耳。"生请女面试，女曰："且出一对何如？鸟惜春归，衔住落花啼不得。"生构思良久不就，生曰："卿固作此以相厄⑨。"女笑曰："足下何不以此厄人？"生亦出一对曰："芍药花开，红粉佳人做春梦。"女知其谤己也，应声曰："梧桐叶落，青皮光棍打秋风⑩。"女起，拍掌胡卢⑪，面簌簌应手如烟。生方惭怍，翁忽自外至，见生，谓女曰："王郎尚未晨餐。"令女速具馔。

女入厨下，翁曰："老夫有一言奉告，未审尊意允否？"生曰："尊丈所谕，何敢违。"翁曰："弱息⑫年已及笄，尚未委禽⑬。知足下现在求凰，倘不相弃，愿缔良姻。"生曰："三生何幸，得附鸾鸣！惟自愧兼葭，不堪倚玉⑭。"翁曰："女幼时，有相者谓必配一穷儒，此固前定数也。但彼此客中，繁文胥简，为老夫计，且为足下计，今日即当成就。"生唯唯。翁入，携女出，令生合拜，既而拜翁。女着一红衲袄，余无修饰。女复入，炊水角为饷。夜合卺焉。生将书簏携至女居，不作老僧伴矣。

是年省试，翁备行资。至期生就道。未几试毕，至济访故居，惟见荒原蔓草，野冢累累而已。询之土人，云此地素无人居，为狐兔出没所。生怅惘，号痛失声。彼王子贫者也，当友朋畏避、亲戚惧匿之时，独翁能识之，翁之恩义可谓厚已。宜乎其感恩，而知己之，又何论狐兔哉！生仍寓萧寺，屡次侦访，杳无踪迹。

榜发，王中第二。入都，僦^⑮住果子巷。一日，生偶步窑台，归途见翁来，趋拜于道，泣诉想慕。翁曰："我以匆匆去济，故未留信于坦^⑯。后欲相访，又恐坦不在济，遂不果。固料礼闱之必来都也。坦盍随老夫一叙离悰^⑰？"生随往。至一园亭，极幽敞，书策几榻，莫不精良。翁曰："舍女今番未入都，在曲阜依外母家。有侄女今随侍在侧。"遂呼："偙儿，出见姊夫。"女哝哝不肯出，翁曰："自家人，毋相避也。"出见生。生揖，视女，约十五六，低首含睪，妙丽无双，流动处微逊其姊。立顷遂入。翁曰："坦客中想无人，何不携行李来？此间亦可读书。"饭毕，生遂移来。

翁舍无婢仆，只偙姑一人董司饮食。翁在舍，生则与翁谈；翁出，生则与偙姑两人嬉笑终日。偙姑又善得人意，尝持绣匣来齘^⑱，窗前相与闲话。翁归猝遇，亦不之怪。一日，女偶持一卷诗曰："姊夫，你看这是谁家帖子？"生视之，乃回文诗三首。其一曰：

> 泉水新煎香味寒，薄罗轻试小冰纨。
>
> 翩翩弄影花飞蝶，点点垂丝雨上坛。
>
> 怜爱若扶今后醉，只单频忆旧时欢。
>
> 缘因问据为谁语，弦尾焦余空欲弹^⑲。

其二曰：

> 东窗小坐夜深凉，默默清寒透薄裳。
>
> 风片片秋三径水，月钩钩处一亭霜。
>
> 红灯独照孤衾冷，翠袂双凝别路伤。
>
> 同梦客时行道远，空空意绪别愁长。

其三曰：

> 长路关心悲道难，妾应愁叹客衣单。

黄花菊老秋风厉，赤叶枫飘晚照残。

行断雁迷云黯黯，梦多人阻水漫漫。

伤神吊影空思忆，凉月晶悬映彻看。

生读罢，知为妻所作，遂什袭⑳珍藏之。女笑曰："姊夫将醋姐物视同白玉，恐人以为砆㉑也。今日无事，与姊夫击蒙小叶子格戏，负则打掌心。"先是生负，女批之。忽生击得双叶，生狂喜，遂欲批女掌。女笑，以手缩袖中不出，生固捉之。女曰："必欲打耶？"乃挽袖，舒臂生前，曰："请打。"生见指葱如，而腕藕若，遂承之以口，曰："吾欲食西子臂耳。"女急缩手，生抱求欢。女不得已，遂与之合。生亦备极温存，十分亲爱。既而浃席流丹，娇红似染。

女自此往往不自检点。生时悚惕，惟恐翁之知也。女告生曰："我早孤，叔抚我，最所钟爱，谋之当无不从。"生曰："我既姊也，而又妹之，是两坦也，恐事不谐。"女于是病而不起。翁忧之，问女，不答。复问生，生跽自首，翁怒曰："得陇又望蜀也！"愤愤入内。见女呻吟床笫，又出，生复跽，翁挽之曰："非坦之罪也。始我揖盗开门，今已成舟刻木。将罪坦则小女忧，小女忧则大女辱。使一坦获戾，两女失所，我必不忍。今迫我以不得不从之势也。"生谢。翁曰："但我家女无与人为妾者。"生曰："如事齐、楚㉒。"翁曰："请为质。"生即书曰（略）。翁览毕喜，遂令佽姑与生成婚。

生捷南宫，入词垣㉓。后一年，翁已去都。生假归省墓，与女偕程。至里，营旧居数处，家人亲串如蚁。生遣人至曲迎翁并醋娘，不知其处。生问佽姑，亦复含糊应之。一夜将半，生闻叩户声，凝听，一女子与小儿语。佽姑曰："似醋姊来。"生急起，披衣启扉，果醋。入便问床前女子为谁，佾姑前拜问曰："大姊别来无恙耶？"醋娘怒曰："贱婢！谁不是一个汉，汝何竟坐我床耶？"生亦前为陪礼。女愤坐，挽儿膝间，曰："当日无升斗粟，孤影对四壁，谁复问你一杯水？今贵矣，床上接踵，都不知从何处得信来！"女呜呜泣，曰："姐无怨妹，此叔父陷人也。姐如必不相容，下令逐客，妹亦不敢强自逗留，以自取戾，盍返我外母家。"乃咽声，振衣欲去。生惶恐，两处拜揖哀恳。女乃挽佾姑而笑曰："前言戏耳！但不如是，恐天下后世议我徒负有'醋'之名，而无'醋'之实，故忍而为此态耳。"生与佾姑破涕为笑曰："愿夫人有虚名而无实践也。"醋娘令其子认父。佾娘问外母安。生问岳翁近履㉔，女告以入晋。后翁自晋来，常至生家探二女。二女亦常去省外母云。

生得房中之乐，不愿利达，适意林泉，闭门谢客，日与两妇诙谐诗酒，瀹茗敲棋㉕，唱和颇多。有《漉酿集》诗，惜未梓。尝见其四绝云：

> 一双金菊对芙蓉，取次风流在个中。
> 恰似鱼游莲叶底，刚从西去又还东。

> 亚字栏中花两枝，娇含嫩蕊未开时。
> 东君着意和香摘，不使无端蜂蝶知。

> 一边送暖一偷寒，二女同居志也安。
> 自是联辉兰蕙好，不教左右做人难。

> 川字烟儿品字茶，鼎称恩爱总无差。

乘鸾合在三株树，化雪还同六出花。

生每问二女命名之义，"醋"字以女生之日时，"偣"字以女生之月也。后，生寿八十，无疾终。生终身未尝问二女为何物也。二女亦同是日死。合葬日，女枢皆空。其子孙皆科第相望。

（清·曾衍东《小豆棚》卷九）

【注】

①青衿：青色交领的长衫。古代学子和明清秀才的常服，故借指学子或秀才。

②浼：音 měi，沾污，玷污。

③戋戋：少（戋，音 jiān，少）。

④戾至：来到（戾，音 lì，至，到达）。

⑤穷措大：称贫寒失意的读书人，含有轻慢意。

⑥恤：愁，忧愁。

⑦趁阇黎饭后钟：意为吃白食，蹭饭。趁，寻求，寻取。阇黎：梵语音译，意为高僧，泛指和尚（阇，音 shé）。饭后钟：据五代王定保《唐摭言》卷下，唐王播少年孤贫，客居扬州惠明寺木兰院，随僧斋食。日久，众僧厌恶，故意斋后才敲钟。王播闻声就食，扑空，因题下"上堂已了各西东，惭愧阇黎饭后钟"的诗句。

⑧肮脏：高亢刚直的样子（肮，音 āng）。

⑨厄：为难，刁难。

⑩打秋风：谓假借各种名义向人索取财物，吃蹭饭。此处一语双关。

⑪胡卢：笑，嗤笑。

⑫弱息：幼弱的子女，此处专指女儿。

⑬委禽：下聘礼。古代婚礼，纳采用雁，故称。

⑭蒹葭倚玉：蒹葭，音 jiān jiā，芦苇；比喻地位低贱者。玉，指玉树；比喻地位高的人。

⑮僦：音 jiù，租赁，租房而居。

⑯坦：指女婿。语本宋刘义庆《世说新语·雅量》中"坦腹东床"故事。

⑰离悰：离别的心情（悰，音 cóng，心情，情绪）。

⑱黹：音 zhǐ，缝纫，刺绣。

⑲弦尾焦余空欲弹：意为知音已杳，没有情绪弹琴。弦尾焦余，指琴，语本《后汉书·蔡邕传》中蔡邕以焦桐制作焦尾琴故事。

⑳什袭：重重包裹（什，十，谓多；袭，重叠），谓郑重珍藏。

㉑砆：音 fū，泛指石块。

㉒如事齐、楚：意为对两人一视同仁，平等对待。语出《孟子·梁惠王下》："滕文公问曰：'滕，小国也，间于齐楚。事齐乎？事楚乎？'"

㉓词垣：亦称"词署"，词臣的官署，如翰林院之类。

㉔近履：近来的行止；近况。

㉕瀹茗敲棋：烹茶下棋（瀹，音 yuè，煮）。

史鹿泉

史元中鹿泉①，知鱼台县事。值岁大祲，盗贼起，有简瑞者为盗魁，善运稍②，驰马出没官道，鹿泉以计缚之。简卧庭下，瞠目曰："吾左手持稍，右短兵，横行千里间，今为书生掩取，天也！"公笑曰："汝轻书生邪？"即起，着短衣，持其所用稍运之，左右回旋，如舞匹练。忽稍断为三，掷示简曰："汝稍岂足用耶？"简叩头，称死罪。乃系之狱。至冬月，将论决，简求见公，曰："身亦山东男子，不敢负公，乞假十日，一生别老母。"公即纵之去，众皆惧。及期，先一日，简就狱。

离鱼台三十里为独山，大盗刘仪，久啸聚其中，有众数千。开府曾公铣③，议进剿，以公为前锋。既择日，陈兵祃祭④毕，公知独山有谍者在军，乃命植一竿百步外。公挟矢誓曰："某以书生任将，兵若一举灭贼，当三矢中此竿。"时万目齐注，监司诸将俱色变。公从容三发三中，呼噪震地。是日，公即察得谍者三人，释其缚，赐以美酒食，笑谓曰："汝来观我射邪？"谍者股栗，尽吐贼虚实及所入独山径道。公立提兵袭其寨，擒刘仪还。曾公大喜，方论荐公，会曾公迁制三边，寻为相嵩所害，赴市。鹿原叹曰："事尚可为邪？"即日挂冠归里，时年四十二，守令思一造见不可得。老益贫，惟卖文以自给云。⑤

（清·王培荀《乡园忆旧录》卷三）

【注】

①史元中鹿泉：史元中，号鹿泉，鄞县（今浙江省宁波市鄞州区）人。明嘉靖间人，曾任鱼台知县。有《青莲集》三十卷。

②矟：音 shuò，同"槊"，古代兵器，即长矛。

③开府曾公铣：曾铣（1509—1548），字子重，浙江黄岩（今台州市黄岩区）人。明嘉靖八年（1529）进士，始任福建长乐知县，任满升御史，巡按辽东，擢迁为大理寺丞、右佥都御史，巡抚山东。曾铣在山东三年，署衔为山东巡抚、右副都御史。平定刘仪之乱，修筑临清外城，治绩昭著，今曲阜孔庙的前厅悬匾"太和元气"即其手迹。

④祃祭：古代出兵，于军队所止处举行的祭礼（祃，音 mà，

军中祭祀)。

　　⑤文末有本文作者原注云：元中，鄞县人。

李九标

　　李家阁①增生李九标，以贼李卓立谋逆事密告巡抚。知贼必雠②，携家避入城。贼焚其枢。迨③卓立战败逃窜，九标设计擒之于曹县孙家老屋，并其家属四十七人。学使黄左田先生钺④入奏，赏给举人，一体会试。余见于京师，少年精悍，善运矛，言杀贼事甚悉。

（清·王培荀《乡园忆旧录》卷六）

【注】

　　①李家阁：今鱼台县有李阁镇，靠近金乡境。

　　②雠：音 chóu，报复。

　　③迨：音 dài，及，等到。

　　④黄左田先生钺：黄钺（1750—1841），字左田，号壹斋，安徽芜湖人，清朝大臣，历仕乾隆、嘉庆、道光三朝。嘉庆年间曾任山东学政。

焦花女

　　唐焦花女。焦村，其故庐也。母冬病，思食燎麦。女于陇畔悲哭，麦忽穗，燎以奉母，疾遂愈。俗呼焦花女，堌堆者是其墓。

（清光绪十五年《鱼台县志》卷末）

高岱友家畜

　　高岱，住高家店。家奇贫，事继母孝，抚幼弟，友家畜。一犬、一猫、一鸡，猫生子，犬代乳；犬生子，猫与同眠。会大雪，犬出，鸡以翼覆其子，人至则嗔。犬来，鸡起而让之。

（清光绪十五年《鱼台县志》卷末）

山阳死友传

汉范式，字巨卿，山阳金郡人也，一名汜，与汝南张劭为友。劭字符伯，二人并游太学，后告归乡里。式谓元伯曰："后二年当还，将过拜尊亲，见孺子焉。"乃共克期日①。后期方至，元伯具以白母，请设馔以侯之。母曰："二年之别，千里结言，尔何相信之审②耶！"曰："巨卿信士，必不乖违。"母曰："若然，当为尔酝酒。"至期果到。升堂拜饮，尽欢而别。

后元伯寝疾甚笃，同郡郅君章、殷子征，晨夜省视之。元伯临终叹曰："恨不见我死友。"子征曰："吾与君章尽心于子，是非死友？复欲谁求？"元伯曰："若二君者，吾生友耳。山阳范巨卿，所谓死友也。"寻而卒。

式忽梦见元伯，玄冕垂缨，屦履而呼曰："巨卿，吾以某日死，当以尔时③葬，永归黄泉。子未忘我，岂能相及！"式恍然觉悟，悲叹泣下。便服朋友之服，投④其葬日驰往赴之。未及到，而丧已发引。既至圹，将窆⑤，而柩不肯进。其母抚之曰："元伯岂有望耶？"遂停柩。移时，乃见素车白马，号哭而来。其母抚之曰："是必范巨卿也！"既至，叩丧言曰："行矣元伯！死生异路，永从此辞！"会葬者千人，皆为挥涕。式因执绋⑥而引柩，于是乃前。式遂留止冢次，为修坟树，然后乃去。

（三国魏·蒋济《山阳死友传》，亦见晋·干宝《搜神记》

卷十一、南朝宋·范晔《后汉书·范式传》，文字稍异）

【注】

①共克期日：共同约定下次相会的时间。克：严格限定（时日）。

②审：确实，果真。

③尔时：彼时，指某个时间。

④投：到；待。表示时间。

⑤窆：音 biǎn，下葬。

⑥绋：音 fú，特指下葬时引柩入穴的绳索。

菏水

又东过金乡县南。《郡国志》①曰：山阳有金乡县。菏水径其故城南，世谓之故县，城北有金乡山也。

又东过东缗县北。菏水又东径汉平狄将军扶沟侯淮阳朱鲔冢。墓北有石庙。菏水又东径东缗县故城北，故宋地。《春秋·僖公二十三年》，齐侯伐宋围缗。《十三州记》②曰：山阳有东缗县，邹衍曰"余登缗城以望宋都"者也。后汉世祖建武十一年，封冯异长子璋为侯国。

……

黄水又东径咸亭北。《春秋·桓公七年》，《经》书焚咸丘者也。水南有金乡山，县之东界也。金乡数山，皆空中穴口，谓之隧也。戴延之《西征记》③曰：焦氏山北数里，汉司隶校尉鲁峻穿山得白蛇、白兔，不葬，更葬山南，凿而得金，故曰金乡山。山形峻峭，冢前有石祠、石庙，四壁皆青石隐起，自书契以来，忠臣、孝子、贞妇、孔子及弟子七十二人形像，像边皆刻石记之，文字分明。又有石床，长八尺，磨莹鲜明，叩之声闻远近。时太尉、从事中郎傅珍之，咨议参军周安穆拆败石床，各取去，为鲁氏之后所讼，二人并免官。

焦氏山东即金乡山也，有冢，谓之秦王陵，山上二百步得冢口，堑深十丈，两壁峻峭，广二丈，入行七十步，得埏门，门外左右皆有空，可容五六十人，谓之白马空，埏门内二丈，得外堂，外堂之后，又得内堂，观者皆执烛而行，虽无他雕镂，然治石甚精，或云是汉昌邑哀王冢，所未详也。东南有范巨卿冢，名件犹存。巨卿名式，山阳之金乡人，汉荆州刺史，与汝南张劭、长沙陈平子石交，号为死友矣。

（北魏·郦道元《水经注》卷八"济水二"）

【注】

①《郡国志》：当指《后汉书·郡国志》。

②《十三州记》：书名，也称《十三州志》，北魏地理学家阚骃撰。约传至北宋以后散佚，清代学者张澍、王谟等人有辑本。

③郦道元《水经注》中多处引用戴延之《西征记》中的话语，可惜史籍中对其人其书罕有记载。

郗公值永嘉丧乱

郗公①值永嘉丧乱②，在乡里，甚穷馁。乡人以公名德，传共饴之③。公常携兄子迈及外生周翼二小儿往食。乡人曰："各自饥困，以君之贤，欲共济君耳，恐不能兼有所存。"公于是独往食，辄含饭着两颊边，还，吐与二儿。后并得存，同过江。郗公亡，翼为剡县④，解职归，席苦于公灵床头，心丧⑤终三年。

（南朝宋·刘义庆《世说新语·德行》）

【注】

①郗公：郗鉴（269—339），字道徽，高平郡金乡县（今山东省金乡县）人。累官司空、侍中，封南昌县公。晋成帝咸康四年（338）拜太尉，次年去世，赠太宰，谥文成。

②永嘉丧乱：晋怀帝永嘉年间，政治腐败，民不聊生，匈奴屡次南犯，永嘉五年（311），攻破京都洛阳，俘虏怀帝，史称"永嘉丧乱"，西晋由此衰亡。

③传共饴之：一起轮流供他饭吃。传，依次轮转，轮流。共，一起。饴，同"饲"，拿食物给人吃。

④翼为剡县：周翼做剡县令。剡，音 shàn，古县名，晋时属会稽郡，在今浙江嵊州市。这里以地名代替官职。

⑤心丧：不穿丧服，在心中服丧。

郗愔（一）

郗愔①信道甚精勤，常患腹内恶，诸医不可疗。闻于法开②有名，往迎之。既来便脉，云："君侯③所患，正是精进④太过所致耳。"合一剂汤与之。一服即大下⑤，去数段许纸如拳大。剖看，乃先所服符也。

（南朝宋·刘义庆《世说新语·术解》）

【注】

①郗愔（音 yīn）：字方回，高平金乡人，东晋太尉郗鉴长子，王羲之内弟，官至平北将军、徐兖二州刺史。

②于法开：东晋高僧，剡县人，精于医术及佛释之道。

③君侯：对列侯和尊贵者的尊称。

④精进：佛教语，指专心无杂念而上进不懈怠，此指对道教的虔诚。

⑤大下：大泻。

郗愔（二）

郗愔字方回，高平金乡人，为晋镇军将军。心尚道法，密自遵行。善隶书，与右军相埒①。手自起写道经，将盈百卷，于今多有在者。

（《太平御览》卷六六六引汉《太平经》）

【注】

①埒：音 liè，等同，比并。

郗家奴

郗司空①家有伧奴②，知及文章，事事有意③。王右军④向刘尹⑤称之。刘问："何如方回？"王曰："此正小人有意向⑥耳，何得便比方回？"刘曰："若不如方回，故是常奴耳。"

（南朝宋·刘义庆《世说新语·品藻》）

【注】

①郗司空：指郗鉴。详见本卷《郗公值永嘉丧乱》注。

②伧奴：原籍为北土的奴仆（伧，音 cāng，晋、南北朝时南人对北人或南渡北人的蔑称）。

③知及文章，事事有意：懂得文辞，对什么事都有一些见解（意，见解，见识）。

④王右军：指王羲之，字逸少，东晋时人，著名书法家，号称

"书圣"。曾官会稽内史，领右将军。

⑤刘尹：指刘惔（音 dàn），字真长，东晋著名清谈家。历任司徒左长史、侍中、丹阳尹等职。

⑥意向：志向。

檀茂崇丧亡

义熙①中，高平檀茂崇丧亡，其母沛郡刘氏昼眠，梦见崇手执团扇云："崇年命未尽，横被灾厉，上永违离。今以此扇奉别。"母流涕惊觉，果于屏风间得扇，上皆如蜘蛛网络，抚执悲恸。

（南朝宋·刘敬叔《异苑》卷四）

【注】

①义熙：东晋安帝司马德宗年号（405—418）。

檀道济

元嘉①中，高平檀道济②镇浔阳。十二年入朝，与家分别，顾瞻城阙，歔欷逾深，识者是知道济之不南旋也，故时人为其歌曰："生人作死别，荼毒当奈何。"济将发舟，所养孔雀来衔其衣，驱去复来，如此数焉。以十三年三月入③伏诛。道济未下，少时有人施罟④于柴桑江，收之，得大船，孔凿若新。使匠作舴艋，勿加断斧。工人误截两头，檀以为不祥。杀三巧手，欲以塞侃言。匠违约加斫，凶兆先构矣。

檀道济居清溪⑤，第二儿夜忽见人来缚己，欲呼不得，至晓乃解，犹见绳痕在。此宅先是吴将步阐所居，谚云："扬州青，是鬼营。"清溪，青扬是也。自步及檀，皆被诛。

（南朝宋·刘敬叔《异苑》卷四）

【注】

①元嘉：南朝宋文帝刘义隆年号（424—453）。

②檀道济：高平金乡人。南朝宋名将，随刘裕征战，功勋卓著。宋文帝即位后，拜征北将军、征南大将军、江州刺史等职。参加元嘉北伐，救援滑台未果，被宋文帝视为养寇自重。于元嘉十三年（436）全家遇害，赠司空。

③入：特指入朝。

④罟：音 gǔ，网。

⑤清溪：地名，在今扬州市。清王士禛《浣溪沙·红桥》词："北郭清溪一带流，红桥风物眼中秋，绿杨城郭是扬州。"

郗超

郗嘉宾①丧，左右白郗公②："郎丧。"既闻不悲，因语左右："殡时可道。"公往临殡，一恸几绝。

《续晋阳秋》曰：超党戴桓氏，为其谋主③。以父愔忠于王室，不令知之。将亡，出一小书箱，付门生曰："本欲焚此，恐官年尊④，必以伤愍为毙。我亡后，若大损眠食，则呈此箱。"愔后果恸悼成疾。门生乃如超旨，则与桓温往反密计⑤。愔见即大怒曰："小子死恨晚！"后不复哭。

（南朝梁·刘孝标注《世说新语·伤逝》）

【注】

①郗嘉宾：郗超（336—378），字景兴，小字嘉宾，高平金乡人，东晋太尉郗鉴之孙，会稽内史郗愔之子。他是东晋权臣桓温谋主，曾劝说桓氏废帝立威。

②郗公：指郗超的父亲郗愔。郗鉴长子，王羲之内弟，在东晋

官至平北将军、徐兖二州刺史。郗鉴去世后他承袭其父的南昌县公爵位。

③"超党戴"句：谓郗超亲近拥戴桓温，是为桓氏出谋划策的主要人物。桓氏，指桓温，东晋时大臣，曾西灭成汉，三次北伐，战功显赫。官至丞相、录尚书事、大司马，后独揽朝政，欲废晋帝自立，终未能如愿。

④官年尊：谓父亲年迈。官，对尊长的敬称。年尊：年高，年长。

⑤"门生"句：意思是，郗超的学生于是遵照老师的旨意，将书箱送给了郗愔，箱子里边装的全是郗超与桓温密谋夺权的往返信函。

令宗尼传

令宗，本姓满，高平金乡人也。幼有清信，乡党称之。家遇丧乱，为虏所驱。归诚恳至，称佛法僧①，诵普门品②。拔除其眉，托云恶疾，求诉得放。随路南归，行出冀州，复为贼所逐。登上林树，专诚至念。捕者前望，终不仰视，寻索不得，俄尔而散。宗下复去，不敢乞食，初不觉饥，晚达孟津③，无船可济，憛惶忧惧，更称三宝。忽见一白鹿，不知所从来，下涉河流，沙尘随起，无有波澜。宗随鹿而济，曾不沾濡，平行如陆，因得达家。仍即入道，诚心冥诣，学行精恳，开览经法，深义入神。晋孝武④闻之，遣书通问。后百姓遇疾，贫困者众，宗倾资赈给，告乞人间，不避阻远，随宜赡恤⑤，蒙赖甚多。忍饥勤苦，形容枯悴。年七十五，忽早召弟子，说其夜梦见一大山，云是须弥⑥，高峰秀绝，上与天连，宝饰庄严，晖耀烂日，法鼓铿锵，香烟芳靡。语吾令前，愕然惊觉。即体中忽忽[7]，有异于常，虽无痛恼，状如昏醉。同学道津曰："正当是极乐耳。"交言未竟，奄忽迁神[8]。

（南朝梁·释宝唱《比丘尼传》卷一"司州令宗尼传"）

【注】

①称：称道，称扬。佛法僧：指佛教三宝，即佛宝、法宝、僧宝，是佛教的教法和证法的核心。

②普门品：全称"观世音菩萨普门品"，是《妙法莲华经》第二十五品。叙述观世音菩萨救七难、解三毒、应二求、普现三十三种应化身，千处祈求千处应，苦海常作渡人舟的事迹。

③孟津：黄河古津渡名。在今河南省孟津东、孟州市西南。相传周武王伐纣，在此盟会诸侯并渡河，故一名盟津。

④晋孝武：即晋孝武帝司马曜，373—396 年在位。

⑤赡恤：救济，抚恤。

⑥须弥：即须弥山（须弥，梵语音译），意思是宝山、妙高山。山顶有三十三天宫，为帝释天所居之处。

⑦忽忽：迷糊，恍惚。

⑧奄忽迁神：很快地去世了。奄忽，疾速，倏忽。迁神，指僧人逝世。

怨报

宋高平金乡张超与同郡翟愿不和。愿以[1]宋元嘉中为方与[2]令，忽为人所杀，咸疑是超。超后除[3]金乡县令，解职还家，入山伐木。翟兄子铜乌执弓持矢，并赍酒醴，就山觎[4]之。斟酌已毕，铜乌曰："明府[5]昔害我叔，无缘同戴天日。"引弓射之，即死。铜乌其夜见超云："我不杀汝叔，枉见残害。今已上诉，故来相报。"引刀刺

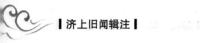

之，吐血而死。

（北齐·颜之推《还冤记》，亦载
《太平广记》卷一一九，文字稍异）

【注】

①以：介词，在，于。

②方与：秦置方与县（今山东省鱼台县西）。汉属山阳郡，晋属高平国，刘宋及后魏因之，北齐天保七年（556）废。

③除：授，拜（官职）。

④贶：音 kuàng，赐给，赐予。

⑤明府：称县令。

孔、范段金之交

《史记》曰：孔嵩者，山阳人也。共乡人范巨卿为友。二人同行，于路见金一段，各自相让，不取遂去。前行百步，逢锄人语曰："我等二人见金一段，相让不取，今与君。"其人往看，唯见一死蛇在地，遂即与锄琢之两段①。却，与嵩曰："此是蛇也，何言金乎？"二人往看，变为两段之金。遂相语曰："天之与我此金也。"二人各取一段，遂结段金之交也。

（敦煌石室藏句道兴《搜神记》）

【注】

①与锄琢之两段：用锄把蛇截为两段。与：以，用。琢：砍，剁。

徐明府隐而有道术

金乡徐明府者，隐而有道术，人莫能测。河南刘崇远，崇龟从弟也，有妹为尼，居楚州。常有一客尼寓宿，忽病劳①瘦甚，且死，其姊省②之，众共见病者身中有气如飞虫，入其姊衣中，遂不见。病者死，姊亦病，俄而刘氏举院皆病，病者辄死。崇远求于明府，徐曰："尔有别业在金陵，可致金陵绢一疋，吾为尔疗之。"如言送绢讫。翌日，刘氏梦一道士执简而至，以简遍抚其身，身中白气腾上如炊。既寤，遂轻爽能食，异于常日。顷之，徐封绢而至曰："置绢席下，寝其上即差③矣。"如其言，遂愈。已而视其绢，乃画持简道士，如所梦者。

(五代·徐铉《稽神录·拾遗》，亦见《太平广记》卷八五)

【注】

①劳：病名。中医称积渐而成的慢性疾患，如五劳。

②省：音 xǐng，省视，探望。

③差：后作"瘥"，音 chài，病除，病愈。

古冢（朱鲔墓）

济州金乡县发一古冢，乃汉大司徒朱鲔①墓。石壁皆刻人物、祭器、乐器之类。人之衣冠多品，有如今之幞头者，巾额皆方，悉如今制，但无脚耳。妇女亦有如今之垂肩冠者，如近年所服角冠，两翼抱面，下垂及肩，略无小异。人情不相远。千余年前冠服已尝如此。其祭器亦有类今之食器者。

(宋·彭乘《续墨客挥犀》卷四，又见宋·沈括《梦溪笔谈》卷十九，亦载清咸丰九年《金乡县志》卷十二)

【注】

①朱鲔（音 wěi）：字长舒，汉阳（今属湖北省武汉市）人。西汉末年曾为绿林军首领，因拥立刘玄登基有功而被拜为大司马。

后刘秀称帝建立东汉，朱鲔投降刘秀，被拜为平狄将军，封扶沟侯。

檀超放诞任气

宋檀超①放诞任气，为州西曹，萧惠开②为别驾，稍相凌辱，而超举动啸傲，目惠开曰："何足以一爵高人！"超嗜酒，好谈咏，自比晋郗超，言："高平有二超。"又谓人曰："犹觉我为优也。"

（宋·孔平仲《续世说》卷七）

【注】

①檀超：字悦祖，高平金乡人。南朝宋曾官国子博士，迁司徒右长史，与江淹同掌史职。

②萧惠开：南兰陵（今江苏武进）人。南朝宋曾官秘书郎、南徐州治中从事史、中书侍郎等职。

残碑

嘉庆庚午春，山东金乡县马进士又于巨野县之昌邑聚田间得残碑一段，仅存铭文，上下亦不相连续，有云"宣仁播威，赏恭纠囗"，又云"奋旅扬旌，殄灭丑类，勋烈焕尔，聿用作诗"云云，似此人以武功而显者。惜无纪年可考，惟存"七月六日甲子造"七字而已。

（清·钱泳《履园丛话》卷九"碑帖"）

马姑

崇祯末年，高杰①等为乱，兖、豫不靖。盗贼蜂起，肆掠城邑，掳玉帛子女，所过一空。贼寇金乡，有贼部将翻天鹞等。金乡令韩键能兵，在邑多美政。闻警，先激父老以忠，以重赏募敢死士，设战守具。及贼薄城，攻数日，不能下。夜，贼以牛车数十辆，直拥城下。贼伏辕底，挖垣。令以灰瓶硫掷车上，贼多烟毙。旦，贼哗曰："弹丸小邑，悉力死守。得尔城不足以威，吾去矣。"遂哄而散。众曰："寇退，应樵汲②。"令不可，曰："诈也。吾见其散而整也，严备之。"

日昃，闻钲③声自西北来，令即率众登陴以观。逾时，尘扬马骤，旗帜鲜新，众疑之。及临城堙，声言曰："鲁王师至，来护民。"众皆喜；即令，初不料贼之伪也。方欲启管④，忽队中一妇女，颧面猿臂，骑铲马⑤冲而出，大呼曰："是贼也，将赚尔城。何王师之有！"贼闻之怒，围之三匝，脔⑥斩于马下。令与城上人皆见之，守益力。贼无计，乃去。三日，士民出城敛其尸，视衣幅上有小字一行云："济宁城南马防屯⑦马思敬之女，誓不从贼。"邑人感其义，葬而祀焉。颜曰："忠义烈马姑祠。"

前不载邑乘。闻济宁潘兆遴《芳晨小记》有之。今秀水盛百二⑧修《济宁志》，载入此条，惜太略。

呜呼，妇人女子之德，恭顺慈贞以为贤；至若流离颠沛，明大义，救全城，勇烈凛凛，此须眉丈夫之所难能。马姑之行，虽古仲连何以加此，况又蹈郦生之祸哉！

（清·曾衍东《小豆棚》卷一）

【注】

①高杰：见任城（济宁）卷《任民育（三）》注。

②樵汲：打柴取水。

③钲：音 zhēng，一种古代乐器。行军时用以节制步伐。

④管：钥匙。此处指城门钥匙。

⑤铲马：不施鞍辔的马（铲，同"划"，光，裸）。

⑥脔：音 luán，碎尸。

⑦马防屯：今山东省济宁市任城区唐口镇有马房屯村。

⑧盛百二：见曲阜卷《鲁城石人》注。

鹦鹉辞

兖州之金乡，有太学生李某，性好音。落魄无聊，畜一鹦鹉，教之逾年而能歌，按板针腔，清婉合律。尝肩负小架，栖鹦鹉于上，跨蹇驴出游，逍遥山水，得意时则命之歌，而自吹笛以和之。久之，邑令麦君子亭，强纳百金以买。生不能辞，听持去，而捐金于途，歌哭尽日乃去。令得之甚喜。明日大会宾客，开筵命歌，而鹦鹉暗然①，不出一声。不食，数日死。

任城王生伯敏言之，因缀以诗云：

> 新词自谱教鹦哥，玉笛低吹慢倚歌。
> 倘遇垂虹桥畔路，风流争似小红多②。

> 人间何事足欢场，策蹇逍遥云水乡。
> 曲子相公③真雅韵，按歌犹带雪衣娘④。

> 教曲经年费苦吟，相依为命更劳心。
> 珍珠一斛倾喉出，金谷无缘惠好音。

> 羞向华筵唱渭城，相思一夕顿捐生。
> 吟魂莫恋知音者，安否难传陇上声。

（清·曾衍东《小豆棚》卷十五）

【注】

①喑然：哑然不语的样子（喑，音 yīn，哑）。

②"倘遇"句：据传，北宋范成大侍婢小红善歌，词人姜夔诣成大，制词命小红习唱，音节清婉，成大因遣小红归夔。姜夔《过垂虹》诗："自作新词韵最娇，小红低唱我吹箫。"即咏此事。按，垂虹即垂虹桥，北宋时建，在今江苏省苏州市吴江区。

③曲子相公：宋孙光宪《北梦琐言》卷六："晋相和凝，少年时好为曲子词，布于汴、洛。洎入相，专托人收拾焚毁不暇。然相国厚重有德，终为艳词玷之。契丹入夷门，号为'曲子相公'。"本指五代时词人和凝，此处指金乡李某。

④雪衣娘：唐明皇的爱鸟，为白色鹦鹉。明皇吟颂诗篇，几遍以后雪衣娘便能成诵。

范巨卿故里

金乡，汉山阳郡，治昌邑。《水经注》云：山有昌邑哀王冢，东南有范巨卿墓，石柱犹存。巨卿，名士，汉荆州刺史，与汝南张劭、长沙陈平子石交①，号为"死友"。今大路旁立石碑，曰"巨卿故里"。《水经注》不言墓碑，蒋心余②不知从何得拓本。碑，青龙三年③立。巨卿，山阳金乡人，传素车白马会葬者。黄仲则④于心余斋头见《碑额诗》云：

> 忆昔北上经金乡，车襜⑤不卷卧且僵。
>
> 忽如有人促我起，道旁碑书巨卿里。
>
> 慨然怀古双眼明，欲为一诗迄未成。
>
> 乃近见此墓碑额，似索心盟话畴昔。
>
> 直是生平死友心，上作星芒堕为石。

碑穿已失文不完，此石亦没蛟螭⑥渊。

龙门坊口披沙得，离垢庵中剪烛看。（离垢，即心余先生自署斋名）

青龙三年此碑设，乡人翟循县君薛。

冀州事与范史殊，名件亦补郦生缺。

浑沦制少盘螭痕，精坚体仿玉筋文。

黄初诸刻若优劣，以殿魏碑差得真。

文云枯毙润荆汉，治郡威名事奚案。

世乱方矜独行名，名高不必循良传。

邳郡章与邢子真，欲为死友适得生。

张元伯后陈平子，纵不生交亦堪死。

不知君死友者谁，身后百年开此碑。

沧桑不烂西山石，陵谷如含岘首悲。

过眼烟云欣落手，愿抱此碑同石友。

仿佛空中走素车，来共风前一杯酒。

惭愧生平结客游，山阳空听笛声愁。

南归定下坟前拜，埋骨期分土一丘。

（清·王培荀《乡园忆旧录》卷三）

【注】

①石交：交谊坚固。

②蒋心余：蒋士铨（1725—1785），字心余，号藏园，江西铅山人。清代戏曲家，著有《忠雅堂集》等。

③青龙三年：即235年。青龙，三国魏明帝曹叡的年号。

④黄仲则：黄景仁（1749—1783），字仲则，常州府武进县人，宋诗人黄庭坚后裔，清乾隆时诗人。

⑤车襜：车上的帷幕（襜，音 chān，车帷）。

⑥蛟螭：蛟龙（螭，音 chī，传说中无角的龙）。

金乡山

济水径金乡、鱼台。《水经注》：鱼台，鲁棠邑，有武棠亭。城有高台二丈许，其下临水。"矢鱼于棠"①即此地也。金乡数山皆空穴。戴延之《西征记》曰：焦氏山北数里，有汉司隶校尉鲁恭穿石得白蛇、白兔，不葬，葬山南。凿地得金，故曰金乡山。山形峻峭。冢前有石祠石庙，四壁皆青石隐起，自书契以来忠臣、孝子、贞妇、孔子及弟子七十二人形象，像边皆刻石记之，文字分明。又有石床，长八尺，磨莹鲜明，叩之声闻远近，后为人拆取。又有秦王陵。山上二百步，得冢口，堑深十丈，两壁峻峭，广二丈，入行七十步，得埏门②。门外左右可容五六十人，谓之白马空。埏门内二丈，得外堂，外堂之后又得内堂。观者皆执烛而行。虽无他雕镂，然治不甚精。或云是汉昌邑哀王冢。东南有范巨卿冢，郦注《水经》言之甚详。

（清·王培荀《乡园忆旧录》卷四）

【注】

①鱼于棠：语出《春秋左传·隐公五年》："春，公矢鱼于棠。"谓于棠邑（在今山东鱼台县东北）使渔人陈设渔具，观其捕鱼。

②埏门：墓道门（埏，音 yán，墓道）。

金乡县令吴阶

嘉庆十七年，金乡县令吴阶，刊昌新吾①《救命书》遍送寅好②。此书筹划守城事宜最切要。时方无事，众不解其意。俄直隶长垣、河南滑县俱有贼匪起事。村民高光贵求见，言："有旧识程明修云'明日有大难，造白旗可免祸'，此必贼也。"阶选兵囚程，赏高百金。偕绅士守御，点班役，募壮丁，得百二十余人，授以兵械。明日，获贼谍三人于茶肆。茶肆为柳甸华所设，其幼女见客衣底似藏白刃，以告甸华，聚众擒之。赏银五十两。

贼将李卓立、吕华栋、吕华棠，骑马被红，分道入寇，焚掠诸村，烈焰涨天。难民从火光中奔窜，哭声震数里。幸河标游击海凌阿、守备蒋廷杰、参将齐国珍、守备孙魁先、千总张庆，先后以兵至，连战皆胜，夺其器械骡马。捷闻，皆蒙赏，吴阶升授桃源厅同知。阶守城法令严明，调度有方，危而获安，由③其忠义激发得士心也。赴新任，士民遮道泣，阶亦流涕，饮酒大醉。旋升曹州知府，遽卒。光贵，或云光贤，未知孰是。

（清·王培荀《乡园忆旧录》卷六）

【注】

①吕新吾：吕坤（1536—1618），字叔简，一字心吾、新吾，自号抱独居士，河南宁陵人。明神宗万历二年（1574）进士，历任大同知县、山东参政、山西按察使、陕西右布政使、都察院佥都御史、刑部侍郎等职。著有《呻吟语》《去伪斋集》等。

②寅好：指有交情的同僚；官中好友。

③由：由于，因为。

吴阶首发林清之变

林清之变①，吴曹州阶实为首功。嘉庆十八年七月，金乡县邪教萌卉②，巡抚同公兴③以吴可任大事，属④往捕，遂由泰安权金乡。时八卦教潜煽曹、卫⑤间数十州郡，密订变期，倡言八九月有白阳大劫，诵八字诀可不死，愚民狂骛恐后。金乡教首崔士俊，遥戴刘林为教主，刘林即林清也。逆情日恣，吴至，走诇⑥其迹，以计获士俊并其徒党数十人，亟送省狱，悉斩之。大府⑦始得以士俊等从林清谋逆内连宦竖状，飞章上变⑧，并以逆党之隶直隶者驰告直督。贼由此惊惶，自乱其约，而凶渠林清阑入禁闼，首尾失应，遂得旦夕歼灭。吴在金乡，运奇缚奸，完危城，保良弱，贼锋猝兴，累战皆靡，乡团助顺，缚贼送城下者，凡斩馘⑨五十，断胫析筋者八十有奇，而金乡以靖。明年，曹、卫悉平。仁宗著《天人交感说》，亦以吴之竭忠济囏⑩，为足多也。论功，赐花翎，升署曹郡。入都，上急欲见之，询大臣曰："吴阶来未？"大臣以告，特旨令即日入见。召对，询战守颠末⑪，奖励优异。越三年，复朝京师，天颜霁和，重褒乃绩，深廑⑫其病喉，慰谕至再。既而失察所属郓城、单县狱，部依法两议降调，仁宗始则优诏许留，继则召至阙下，予复秩。见喉音未愈，圣情惓惓⑬，命善自养。每山东大吏述职，必咨询及之。吴虽未大显，而远臣之遇主至于如此，则亦足慰其劳也已。

（清·陈康祺《郎潜纪闻二笔》卷四）

【注】

①林清之变：指清朝嘉庆十八年（1813）发生在北京的以林清为首领的天理教起义，亦称"癸酉之变"。下文所谓"八卦教"，为天理教的一个分支。

②萌卉：草木发芽；萌发；兴起。1915年9月《新青年》杂志创刊号发刊词《敬告青年》："青年如初春，如朝日，如百卉之萌动，如利刃之新发于硎，人生最可宝贵之时期也。"

③同公兴：同兴，清满洲镶黄旗人，嘉庆十六至十八年（1811—1813）任山东巡抚。

④属：音 zhǔ，嘱托，委托。

⑤曹、卫：清时曹州府、卫辉府，在今鲁西南菏泽市和豫北新乡、濮阳市一带。

⑥调：音 xiòng，侦察，刺探。

⑦大府：此处当指山东巡抚。

⑧上变：向朝廷告发有人谋反等非常事变。

⑨斩馘：斩敌首割下左耳计功（馘，音 guó，割下的左耳朵）。泛指斩首杀敌。

⑩艱：音 jiān，"艰（艱）"的古字。艰险，危难。

⑪颠末：本末，前后经过情形。

⑫廑：音 qín，"勤"的古字，勤劳，殷勤。此处意为担心，忧虑。

⑬惓惓：音 quán quán，恳切的样子。

邵姑庙（二则）

贞姑庙，城西柳园村，明嘉靖时建，曰"邵姑庙"。知县彭鲲代改为"贞姑"，为之记。相传即鲁秋胡妻，不可考。里人祠之，祈雨立应。

贞姑庙，祠邵姑也。

按：邵姑，鲁秋胡妻。秋胡，鲁南武城人。娶邵氏五日而宦于陈，越五载乃还。将抵家，悦采桑妇，挑以金。妇人拒之去。胡至家，奉金遗母。索妇，妇至，即向采桑妇者也。妇谓胡曰："子宦游远归，不急于省母，而悦道旁妇人，是忘母也。忘母不孝，是污行也。不孝不义，难与终矣。"遂投河而死。世传邵氏族居戊戌乡。

（清咸丰九年《金乡县志》卷五、卷十二）

嘉祥、汶上、梁山、泗水卷

济上旧闻辑注

曾子有罪不自知

　　曾子芸①瓜而误斩其根，曾皙怒，援大杖击之。曾子仆地，有顷苏，蹶然②而起，进曰："曩③者参得罪于大人，大人用力教参，得无疾乎④？"退屏，鼓琴而歌，欲令曾皙听其歌声，令知其平也。孔子闻之，告门人曰："参来勿内⑤也！"曾子自以无罪，使人谢⑥孔子。孔子曰："汝闻瞽叟有子名曰舜，舜之事父也，索而使之，未尝不在侧；求而杀之，未尝可得。小棰则待，大棰则走⑦，以逃暴怒也。今子委身以待暴怒，立体而不去，杀身以陷父不义，不孝孰是大乎？汝非天子之民邪？杀天子之民，罪奚如？"以曾子之材，又居孔子之门，有罪不自知，处义难乎！

（汉·刘向《说苑》卷三）

【注】

　　①芸：同"耘"，除草。

　　②蹶然：急忙起来的样子。

　　③曩：先时，以前。这里指刚才。

　　④得无疾乎：不会伤着了吧。得无：岂不，莫非。

　　⑤内："纳"的古字。使进入；放入。

　　⑥谢：告诉；对……说。

　　⑦小棰则待，大棰则走：用小棍打，就等着挨打；用大棒打，就跑掉。

鲁黔娄妻

鲁黔娄，先生之妻也。先生死，曾子与门人往吊之。其妻出户，曾子吊之。上堂，见先生之尸在牖下，枕墼席稿①，缊袍不表②，覆以布被，首足不尽敛。覆头则足见，覆足则头见。曾子曰："邪引其被，则敛③矣。"妻曰："邪而有余，不如正而不足也。先生以不邪之故，能至于此。生时不邪，死而邪之，非先生意也。"曾子不能应，遂哭之曰："嗟乎，先生之终也！何以为谥？"其妻曰："以'康'为谥。"曾子曰："先生在时，食不充虚，衣不盖形。死则手足不敛，旁无酒肉。生不得其美，死不得其荣，何乐于此而谥为'康'乎？"其妻曰："昔先生，君④尝欲授之政，以为国相，辞而不为，是有余贵也。君尝赐之粟三十钟⑤，先生辞而不受，是有余富也。彼先生者，甘天下之淡味，安天下之卑位；不戚戚于贫贱，不忻忻于富贵；求仁而得仁，求义而得义；其谥为'康'，不亦宜乎！"曾子曰："唯斯人也而有斯妇。"君子谓黔娄妻为乐贫行道。《诗》曰："彼美淑姬，可与寤言。"此之谓也。

颂曰：黔娄既死，妻独主丧，曾子吊焉，布衣褐衾，安贱甘淡，不求丰美，尸不掩蔽⑥，犹谥曰"康"。

（汉·刘向《列女传》卷二）

【注】

①枕墼席稿：头枕坯块，以草为席。墼，音 jī，砖，坯块。稿，同"稾"，禾秆。

②缊袍不表：意为穿着没有面的破絮袍子。缊，音 yùn，乱麻，旧絮。

③敛：此处指遮蔽、遮盖。

④君：至尊者；国君。

⑤钟：古代容量单位。

⑥掩蔽：遮蔽；遮盖。

鲁秋洁妇

洁妇①者，鲁秋胡子②妻也。既纳之五日，去而宦于陈，五年乃归。未至家，见路旁妇人采桑，秋胡子悦之，下车谓曰："若曝采桑，吾行道远，愿托桑荫下餐，下赍③休焉。"妇人采桑不辍，秋胡子谓曰："力田不如逢丰年，力桑不如见国卿。吾有金，愿以与夫人。"妇人曰："嘻！夫采桑力作，纺绩织纴，以供衣食，奉二亲，养夫子。吾不愿金，所愿卿无有外意，妾亦无淫泆④之志，收子之赍与笥金。"秋胡子遂去。至家，奉金遗母，使人唤妇至，乃向⑤采桑者也，秋胡子惭。妇曰："子束发修身，辞亲往仕，五年乃还，当所悦驰骤，扬尘疾至。今也乃悦路傍妇人，下子之装⑥，以金予之，是忘母也，忘母不孝。好色淫泆，是污行也，污行不义。夫事亲不孝，则事君不忠；处家不义，则治官不理。孝义并亡，必不遂矣。妾不忍见，子改娶矣，妾亦不嫁。"遂去而东走，投河而死。

君子曰："洁妇精于善。夫不孝莫大于不爱其亲而爱其人，秋胡子有之矣。"君子曰："'见善如不及，见不善如探汤。'秋胡子妇之谓也。"《诗》云："维是褊心，是以为刺。"此之谓也。

颂曰：秋胡西仕，五年乃归，遇妻不识，心有淫思，妻执无二，归而相知，耻夫无义，遂东赴河。

（汉·刘向《列女传》卷五）

【注】

①洁妇：贞洁的妇女。

②鲁秋胡子：鲁国一个名叫秋胡的男子（子，古代对男子的美称）。秋胡传为鲁国南武城（今山东嘉祥县）满硐乡人。明于慎行主修的《兖州府志·祀庙志》"嘉祥"条："秋胡庙，在县南五十里许平山之上，其来甚久。"平山，位于嘉祥与金乡两县之间。庙虽以秋胡命名，受祭者却不是秋胡本人，而是其妻邵氏。

③赍：音 jī，捧持，携带，赠送。下文"赍"指所赠之物。

④淫泆：淫荡；淫乱（泆，音 yì，放荡，放纵）。亦作"淫佚"。

⑤向：先前。

⑥装：行装；包裹。

曾参

曾参，字子舆，南武城人也①。不仕而游，居于卫。袍无表，颜色肿哙②，手足胼胝③。三日不举火，十年不制衣，正冠而缨绝，捉襟而肘见，纳屦而踵决，曳纵而歌。天子不得臣，诸侯不得友。鲁哀公贤之，致邑焉。参辞不受，曰："吾闻受人者常畏人，与人者常骄人。纵君不我骄，我岂无畏乎！"终不受。后卒于鲁。

（晋·皇甫谧《高士传》卷上，事亦见《庄子·让王》，文字有异）

【注】

①"曾参"句：一说曾参为山东嘉祥人。今嘉祥县有曾庙，曾林等古迹。

②肿哙：虚肿，浮肿（哙，音 kuài）。

③胼胝：音 pián zhī，手掌脚底因长期劳作而长出老茧。

过嘉祥纪程

　　庚申。早望河左右各有三山，非兖、青诸山也。左属宁阳，右属嘉祥，河左南旺湖。先宋尚书礼，割湖而堤之以通漕。湖产菱芡。转湾曰通济闸，有土堡。十里耐老坡闸，元时置，今废，居人百余家。五里安居镇，居人数百家，有土堡。

　　十五里济宁州下闸。

（清·谈迁《北游录·后纪程》）

曾映华见鬼

　　嘉祥曾映华言：一夕秋月澄明，与数友散步场圃外，忽旋风滚滚自东南来，中有十余鬼互相牵曳，且殴且詈，尚能辨其一二语，似争朱、陆异同也。门户之祸，乃下彻黄泉乎？

（清·纪昀《阅微草堂笔记》卷十二"槐西杂志"二）

冬烘生

　　吾乡有前辈学者，饩于庠①，诚笃，太古风，教胄②为业，三十而鳏。终日静坐，课读之外，一无所问，亦一无所事事。与人言谈，蔼如也。尝自塾中归，手持一卷书，行路诵之，失足坠眢井③中。自妻没后，皆就馆谷，东家某爱敬之。

　　一日，其东纳一姬，家人哄其事。老生微闻之，嘱其徒曰："请若翁来，告一事。"顷，东来。相对坐半晌，老生注视之，不发一语。东人曰："师适召，何事？"老生曰："无甚事。"东人以冗，辞之出。老生蹀躞④沉想，又以指圈画空处，复命其徒请若翁。东再至，曰："师有何事？直言勿隐。"老生乃趑趄⑤曰："闻君纳一新宠，有诸？"东曰："然。适买得一村女子耳。"老生曰："女来几日矣？"曰："昔者。"老生乃曼声曰："昔者盍⑥与我？"东笑，谓之曰："吾亦知师鳏居久，当为吾师娶一佳偶。此特奔走婢，不足当师中馈主⑦。容再图之。"老生起谢。家人闻而粲然，在老生固不以为非。

会前村有新孀，其东遂于老生媒焉。媒婚于馆后小园，屋一椽，釜、杓、床、帐，悉东与之办。合卺之夕，老生簪花衣蓝，中坐青庐，行交拜礼，而腼腆胜于少年，观者殊不以为再访蓝桥⑧也。三朝谢客，老生喜形于色。后，其妻欲归宁，老生亲为控驴。妻至前夫墓所，下驴而泣，老生亦泣。妻呼夫而恸，老生则呼之为兄云。时妻煮麦缕，少齑辛，欲乞诸邻，嘱老生勿过火。老生酣读忘之。及妻归，而缕亦成糊矣。

邻女子汲于井上，裙幅为风扬起，老生就而下之，女诟骂焉。老生曰："妇道，衣裙不当如是。我不为整，是我之过也。"乡人知其诚，而不之咎。其生平大率类是。举一子，有夙慧，长能文。会征鸿博⑨，擢第二，晚岁至滇黔节制。咸以为忠厚之报。

七如氏曰："冬烘生一生行谊，皆如老树着花，无一丑枝⑩，而古艳跃跃纸上。盖悃款⑪出于自然，风流亦自不免。时对此篇，令人神往于函丈春容⑫之际耳。"

（清·曾衍东《小豆棚》卷三）

【注】

①饩于庠：考取生员，成为由政府提供膳食的廪生。饩，音xì，廪给，俸禄。庠，音xiáng，古代的学校，科举时代指府、州、县学。

②教冑：谓向后学讲解经义。

③罨井：废井，枯井（罨，音 yuān，井枯无水）。

④蹀躞：音 dié xiè，往来徘徊。

⑤趑趄：音 zī jū，形容犹豫，踌躇不定。

⑥盍：副词。表示反诘，犹何不。

⑦中馈：指家中供膳诸事。中馈主：指妻室。

⑧蓝桥：唐裴铏传奇故事云，裴航曾于蓝桥遇到仙女云英，并结为夫妇。后因以谓男女婚恋之事。

⑨鸿博："博学鸿词"的省称。

⑩老树着花，无一丑枝：化用宋梅尧臣《东溪》诗句："野凫眠岸有闲意，老树着花无丑枝。"喻指冬烘生品行高古忠厚。

⑪悃款：诚挚，诚恳（悃，音 kǔn，诚实，至诚）。

⑫函丈春容：谓师长讲学。函丈，本指讲学者与听讲者坐席之间相距一丈，后用以指讲学的坐席或对前辈师长的尊称。春容，意为声音悠扬洪亮。

塾师称"匠"

吾乡富甲某，忽欲延师课子。会当夏日，晒麦于场，雨骤来，诸佣工皆为之盖藏。富甲问曰："教书匠何以不至？"师闻之，怒而去。……今富甲以教师说礼之儒，侪之梓匠轮舆之列①，猥曰②"其志将以求食也。"夫亦思一器一物，倩人成就，尤必殷勤至而款洽③申，况以子弟之受裁于师，何等关系！何等慎重！顾④以轻薄相偿耶？

（清·曾衍东《小豆棚》卷三"陆修"〔节选〕）

【注】

①侪之梓匠轮舆之列：意为（把塾师）跟普通匠人等量齐观。

侪，音 chái，等同，并列。梓匠轮舆，古代对梓人（工匠的一种）、匠人、轮人（制作车轮的工匠）、舆人（造车的工匠）的并称，亦泛指工匠。

②猥曰：随便一说；胡说（猥，苟，随便）。

③款洽：亲密，亲切。

④顾：岂；难道。

黑毡帽

吾乡有愚老，有田数十亩，城中有包管其事者，五年荡其产。老饮恨日甚，以至病渐将死。曰："吾必作恶犬嗾①杀之！"其家殓以黑毡帽、紫花布袍。未几，来一犬，黑头氎②身，遂不去。家之人亦忘此老之言也。及犬壮，包者又来索其子之物。犬闻其声，跃而出，啮其腓③不释，百计不能脱。门前故有积水一池，遂相滚入水，犬竟曳至深处，两毙焉。闻于官，具述冤报。官令其妻自行收殓，且埋其犬，毋再结怨。

（清·曾衍东《小豆棚》卷三）

【注】

①嗾：音 sǒu，方言，谓将口凑近，咬。

②氎，借作"褐"，黄黑色。

③腓：音 féi，小腿肚。

偿负驴

吾乡刘心木者，家素封①，好济贫乏，有善人之目。时有田姓，济宁人，单寒，流落井里间。刘翁与之语："岁聿云暮，云胡不归②？想尔家亦不远，岂无父母兄弟，而踽踽③若是？"田姓以负逋④告，翁曰："几何?"田曰："十五缗⑤。"翁归，出镪金⑥八两与之。田曰："予负不能偿而避于此，今复负翁以偿负，是一负也，徒多此转移耳，不如不偿。"翁曰："彼求偿急，汝不得归；我求偿缓，汝得归。且偿不偿，任汝也。"田喜，谢而去。则不知田之果归、果偿所负与否，且不知果有是负否也。后，翁遂置之。

数年，翁偶坐，夜半闻扣扉声，且呼刘翁。翁启户，无所见。是夜槽间老骞下一黑驴，阅月而驳⑦，唇眦⑧白皙，浑身如墨，且善伺人意，呼之即来。童稚任控辔，从无蹄啮事。秋夏场圃，每系凉于柳荫下。有晋人过，爱之，曰："噫! 个粉眼粉嘴好，愿以八金求售。"翁与之。翁即于是夜梦田姓人来偿负云。

（清·曾衍东《小豆棚》卷三）

【注】

①素封：无官爵封邑而跟封君一样富有。

②岁聿云暮，云胡不归：谓就到年底了，为何还不回家呢。语出《诗经·小雅·小明》："曷云其还? 岁聿云莫（暮）。"

③踽踽：音 jǔ jǔ；单身独行、孤零零的样子。

④负逋：拖欠，亦指拖欠钱财（逋，音 bū，拖欠）。

⑤缗：音 mín，量词，古代通常以一千文为一缗。

⑥镪金：指银子或银锭（镪，音 qiǎng，成串的钱）。

⑦驳：驳杂；毛色不纯。

⑧眦：音 zì，上下眼睑的接合处，通称眼角。

地市

余少时返里，随先君子①晨兴出城，上故阡。时当秋初晴晓，白露晞阳②，平野之间，忽现山林城郭，仿佛有人物车马往来驰骤之状。周遭皆水，相映诸影，悉倒其下，历历可指。水中又起一小陂陀③，上有数人环坐，举杯共酌。余洞视，无毫发间。先君子不之见，但以为晓雾迷漫耳。顷之日出，幻灭不见。人谓近海有海市，近山有山市，南方有鬼市，兹则地市也。

（清·曾衍东《小豆棚》卷十二）

【注】

①先君子：称去世的父亲。

②晞阳：指天刚亮，拂晓（晞，音xī，拂晓，天明）。

③陂陀：音pō tuó，台阶。

亦畅园芝鹤小辨

吾乡庶常①孙某，早年读书其妇翁亦畅园中。夏日，有芝一本生于斋。未几，有鹤止斋前树。既赴省，而宿桂齐花。北方桂来年不花，仅有叶在。而庶常是科果捷，乙未联榜②。人遂以妇家之瑞瑞其倩③。

噫！何不瑞其子，而瑞其倩？宁若芝、若鹤、若桂，庶常斋头独不当位置一本耶？

（清·曾衍东《小豆棚》卷四）

【注】

①庶常：庶吉士的代称。明清官名，属翰林院，选进士中文学优等及善书者为之，三年后根据考试成绩授以不同官职。

②联榜：亦称"联捷"，谓科举考试中两科或三科接连及第。这里指中举后接连中进士。

③倩：音qìng，女婿。

汉武氏祠画像石刻记

　　乾隆丙午，吾邑春早，人皆掘鼠为食。南武宅山之阴，有墓道陷甬，旧志载汉太子墓也。爇^①食火以入，则四壁石砌，皆刻画人物犀鹤车皿形象，又有"武氏祠"三字并武氏石阙铭，其画像为石满室，亦有横分为二者。画自伏羲以来古帝王忠臣、孝子贤妇，如老莱子母、秋胡妻、长妇儿之类，合七十六人，各以小字识其旁。又为赞，最古拙。其事则《史记》《汉书》《列女传》诸书，其名氏磨灭与初无题识及重复刻入者九十余人。考洪适《隶释》《隶续》《金石录》等书，确是后汉从事^②武梁祠画像无疑。朱彝尊《曝书亭集》亦载武梁祠碑跋："右汉从事武梁祠堂画像传，是唐人拓本，旧藏武进唐人家，前有提督江淮海兵马涨章，后有襄文公顺之暨其子鹤征私印。"余与此碑亦无异，岂唐时尚在人间耶？汉人图画，如所载《寿藏图》，以及朱浮、鲁竣、李刚皆闻而未见，今武梁祠画则所见矣。从来绘画之事，莫古于此，是不唯增出汉碑一室，又有汉画谱一本矣。

　　余欲集汉碑十三通并武氏画合为一卷，藏之一室，颜曰"汉画碑室"，有志未逮也，今武宅山之名亦可证。兹山去我祖庙仅十余里，愚谓以是石迁入诚斋三省堂中，或另建一室，与圣泽并垂久远，如石鼓之石太学者，然闻当事欲于山下祠之，未见其善，且又不果，风雨磨蚀，牧竖榛莽，诚不如湮没不出之为得也。士有栖穴处，不与人间事，忽一旦罗而致之，又复用违其才，又不如潦倒抑塞者，类若是也。

　　又，嘉邑城东洪家山观音庙大门东角砌一石，径围皆二尺许，面横作两层画：上刻三人，一人握如鸠形，一人执巾，又一小人如捧巾进状；下刻功曹车一辆，马一，未入辕，作回顾车状，无标。其西墙脚根叠二石，可三尺许长，一尺许阔，边皆水纹，其面入墙里，露二鸟形、一人巾首。又东台址一石，亦作水浪菱花，其画亦入址里，皆与武氏无异。然刻手较深，安知不为鲁恭、李刚冢之所遗耶？按戴延之《西征记》：焦氏山北数里，有汉司隶校尉鲁恭冢，前有石祠画像。当是鲁冢不远，疑是此物。又，县南五十里我祖庙旁芸瓜台，有古墓陷，推人探之，又如此画像石室云。今予东西南北之人也，时去乡井，偶一归田，忙忙衣食计，亦不能携谢家劳山屐③来。并书所闻见，以俟探奇博雅之君子表而出之，幸甚。

（清·曾衍东《小豆棚·补遗》）

【注】

①爇：音 ruò，烧，点燃。

②从事：官名。汉以后三公及州郡长官皆自辟僚属，多以从事为称。

③谢家劳山屐：即谢公屐。本为南朝宋诗人谢灵运登山时穿的一种木鞋，鞋底前后安有木齿，上山去其前齿，下山去其后齿，便于山路行走。

武氏石室

嘉祥南武山有曾子墓，有渔者陷入其穴，得石碣而封志之。或疑周世未有石碣，科斗古文①，亦非今人所识。全谢山②谓："嘉祥，汉任城县地，南武山当因武氏所居得名，渔者所见，殆即汉武氏石室也。"

（清·王培荀《乡园忆旧录》卷五）

【注】

①科斗古文：也作蝌蚪文、蝌蚪书，古文字体的一种。笔画多头大尾小，形如蝌蚪，故称。

②全谢山：全祖望（1705—1755），字绍衣，号谢山，浙江鄞县（今宁波市鄞州区）人，生活于雍正、乾隆年间，浙东学派的重要代表人物，著作颇丰，有《鲒埼亭集》等。

武氏石室辨

武氏石室，初未详所由。全谢山以嘉祥县为汉任城地，今属济宁。云武氏为任城名家，汉有执金武丞名荣者，石碑犹存。金石之文，有武氏石阙铭，有从事掾①武梁碑、吴郡丞武开明碑、燉煌长史②武班碑、武氏石室画像。按，石室既有画像，亦当如蜀文翁石室之类，不当在地中。谢山以渔人陷入土穴得石碣，疑为武氏石室，恐未确也。然谓是曾子墓则缪③，因南武山而讹为南武城，去曾子所居甚远。

（清·王培荀《乡园忆旧录》卷五）

【注】

①从事掾：官名。即从事的助手、副从事（掾，音 yuàn，佐贰官）。

②燉煌：同"敦煌"，古代郡名，治所在今甘肃省敦煌市。长史：官名。汉相国、丞相，后汉太尉、司徒、司空、将军府各有长史，其后为郡府官，掌兵马。

③缪：音 miù，错误，乖误。

获麟堆

《春秋》哀公四年获麟。杜预注："大野在高平巨野县。"今山东济宁州嘉祥县西二十里有台，广轮①十五步，俗谓"获麟堆"。

（清·王培荀《乡园忆旧录》卷五）

【注】

①广轮：指纵深或直径。古人以东西为广，南北为轮。

琴台

琴台，在萌山之阳。石砌极工，内刻"金太和七年嘉苏思忠修建"。相传为曾子鼓琴处。昔有人于此掘得古琴，思忠慕之，为筑台，明嘉靖中毁。旁有甘泉，清冽异他所。

（清光绪三十四年《嘉祥县志》卷一）

邵姑姑庙

秋胡庙，在平山顶。内设秋胡及胡妻邵氏像，创建无考。按唐王勃有诗，则庙由来久矣。相传邵氏以贞烈为神，祈雨辄应。山下戊戌乡居民多邵氏族裔。至元间，济宁教授赵思祖因祷雨有应，为之立石作记。略云：丹青炫耀，相貌俨然王者。祠前松柏青葱，花卉争妍；西枕洛河，北跨英山。岁旱，邵氏裔率田畯①，荷蓑笠往祈，归途即雨。亦呼邵姑姑庙。乾隆间知县倭什布②辩其非言，载艺文。

（清光绪三十四年《嘉祥县志》卷一）

【注】

①田畯：泛指农民（畯，音 jùn，农民）。

②倭什布：字乔庵，满洲正红旗人。据乾隆年间《惠民县志》记载，乾隆四十四年（1779）倭什布曾任惠民知县并主修此志，则其任嘉祥知县当在此前后不久。倭什布于嘉庆年间升任两广总督。

老史湾

史老者，宣德时人，修道焦城之牛山，一小涧中有一巨蛇护之。其山平夷处，皆种粟于上，获，蓄洞内；天雨雪，散粟其间，以饲其鸟。每遇雪雨，即有飞鸟数百噪其洞门。忽一日谓人曰："吾某日当为某人医牛。"至日竟去，不知所之。蛇亦无迹。后有人见老人于太和山中，旋不见。土人以为登仙。今山下田犹名曰"老史湾"。

（清光绪三十四年《嘉祥县志》卷三）

梁逃改名黄裳

元丰中，汶上梁逃一夕梦奏事殿中，见御座前揭一牌，箔金大书"黄裳"二字。意必贵兆也，因改名黄裳。明年，御前唱进士第，南剑黄裳为天下第一。

（宋·王辟之《渑水燕谈录》卷六）

汶上节妇

北兵破汶上县，驱一妇上马，誓死不从，强迫之。上复大骂投地，遂被杀。以血书片瓦，置其怀中，云"此妇可风"。惜忘其姓。此予过汶上，土人所言。

（明·李清《三垣笔记》"附识上·崇祯"）

济河在汶上北

济河在汶上北，云即大清河。《禹贡》："出于陶丘北。又东至于菏，又东北会于汶，又北东入于海。"郦道元谓济水当王莽之世，川渎枯竭，伏地而行。蔡九峰①谓今历下凡发地皆是流水，世谓济水经流其下，故今以趵突当之。然趵突又引入小清河，则大清河乃济之故道，非济之本流。世间水惟济最幻，即其发源处盘涡转毂②，能出入诸物，若有机者。然昔人以糠试之，云自趵突出。

（明·黄淳耀《山左笔谈》）

【注】

①蔡九峰：蔡沈（亦作蔡沉，1167—1230），字仲默，号九峰，建州建阳（今属福建）人。南宋学者。少从朱熹游，后隐居九峰山下，专意为学，不求仕进。注《尚书》，撰《书集传》，其书融汇众说，注释明晰。

②盘涡转毂：水急速流动形成漩涡，就像转动的车轮（毂，音gǔ，车轮）。比喻行进迅速。

老媪退劫匪

汶上有响马肆劫，众捕方逡巡①，见翁媪并辔来，识之，遮②拜翁马首求助。翁笑曰："余夫妇朝泰安娘娘③，何暇为人擒贼？"众哀请，媪岔然曰："老娘出一臂可乎？"众喜，遮拜媪前。媪挈④怀中所抱孩付翁，以己驴易翁马，挟弹呼众曰："速随来。"骑如飞鸟，踪旋灭。众驰二三十里，见媪缓辔返，有愉容："车装财物，若辈前往收还，诸贼奴，老娘已纵之矣。"遂去。众趋前林，果不谬。盖老媪能挽铁胎弓，以铁丸弹人，无不立死；所乘又追风马，贼众素呼为某太太，闻其名即遁耳。

（清·赵吉士《寄园寄所寄》卷十"驱睡寄"）

【注】

①逡巡：徘徊不进，迟疑不前（逡，音 qūn，退让，退避）。

②遮：遮阻，阻止。

③泰安娘娘：即泰山娘娘，亦称碧霞元君、泰山圣母、泰山奶奶，其道设于泰山（在泰安境内）。

④挈：音 qiè，提起，持举。

檀邃芳诣拜张天师

汶上檀邃芳为江右令，诣拜张天师。有一人着青衣守门，状貌甚异。问以言，默然。及见天师，言其故，天师曰："彼乃先生乡里郭家潭大鼋也。"

（清·金埴《巾箱说》）

范文若治汶

范文若[①]，江南上海人，丰神俊异，才智超群。其治汶也，以德化民，以礼自持。剪恶安良，吏胥守法。时白莲教贼起乱，陷郓城，过汶上，惮文若威名，不敢近，盖有所以畏之也。任二年，调繁[②]浙江秀水县。

（清·康熙五十六年《续修汶上县志》卷四"宦迹"）

【注】

①范文若（1590—1637）：原名景文，字更生、香令，自称吴侬荀鸭，上海人。明万历四十七年（1619）进士，累官至南京大理寺评事。明代传奇作家，作品有《花筵赚》《鸳鸯棒》等。范文若

治汶当在明万历末年。

②调繁：谓调任政务繁剧的州县。

一咳万金

汶上令某，见巡抚某，偶患寒疾，失声一咳。某怒其不敬，必欲提参①。央中间人私献万金方免。人相传为"一咳万金"。

（清·袁枚《子不语》卷二十一）

【注】

①提参：追究法律责任；弹劾（参，音 cān，弹劾）。

折铁叉

折铁叉者，汶上老翁手中物也。壬辰自都返里，小道归山城，宿小盂集旅店。茅屋数椽，檐前风鳞鳞入窍鸣。主人翁年七十余，发苍然，健步履。问所自，告以比邻邑，称情款①焉。篝火饭蔬，皆翁自为奔走。翁曰："僻野绳枢②，客欲卧，当以此物顶枨③可也。"视之，乃半截铁叉，约重十余斤，折叠剥蚀，如海舶大锚柄。讶曰："此何物也？"翁曰："嘻！此是衰朽壮岁所弄铁叉也。一折后，盖三十年于兹矣。"予请竟其说，翁曰："可俟少间。"为马刍豆④毕，归谋老妇，持一壶酒来，坐对余言曰：

"这铁叉曾与衰朽跋履山川，纵横吴越秦晋间，黄白物⑤取之如几上肉。往往一人一叉，相依相傍，千里若户庭也。即绿林豪客，亦不识我为谁何。

"一年，自汉上归，橐有中产。当初秋夜，夜行，月明野阔，遥见树杂烟稠，高楼连亘，意此必富伧⑥居也。吾橐中尚不满意。乃置行李树杪间，挂叉逾重垣，耸身入院。四面围楼，蟾光照井，人静声寂。因以叉击石阶，訇然一鸣，以观其动。闻北楼有声曰：'妮子，看谁来？'南楼忽开，闻如鸟翔下，乃十五六女子，执双刀，光争皎月，挥刀入胁。我则轮叉与斗。斗且久，叉重臂沉，不可支；而刃锋雪片，飕飕绕项脑间。将危，楼上声曰：'止！'女子一跃上楼，窗阖如旧。俄闻北楼下胡梯，启门，一凛凛大汉满部髭⑦，执炬曰：'不速之客，突如其来。请入我室而假榻焉。'我栗慑⑧不敢进。汉喝曰：'草莱⑨如此，敢禽夜⑩入人家耶？'我乃蹒跚入，坐隅。问乡贯，告以汶南。问此次南来，计所得，告以树杪金。汉曰：'远来，些些⑪不足充行李。明夕偕我往劫某处，可以满篝⑫。'我唯唯。树间物想汉已攫去矣。

"翌午，见所至皆魁梧，十数辈。汉告曰：'此山东友也，但雏耳，可携往。若有羡，当标伊⑬。'众诺。晚餐，束装暗器，各选骁骑风驰，而我固健步，遂杂于奔蹄队行中。至官道，闻束铃远哨，哄然而来，乃某省解淤黄项⑭也。其一豪纵辔弯弓发矢，直入夺一鞘⑮。啸聚群起，绝尘皆奔；惟我以脚力，官弁追捕益迅，忙迫无计，负叉旁逸，伏秫丛中，几就获。踉跄返，而汉已候道左，鹰顾我曰：'懦奴几败乃事！昨夜来，幸入吾女宅；若西院吾大郎宅中，汝其休矣。今事不济，自贻戚，去休！'我哀之：'鞘中金，无功诚不敢分惠，盍返我囊中物？'汉眦裂须竖，起曰：'吾向欲收尔功，故不即灾汝身。汝今更索汝金，汝姑且试吾刃！'遂从腰间掣刀相向。我乃走，汉亦不追。幸我能行，一日夜归。

"我于是深自悔曰：'这铁叉，十余年来未逢敌手；一囊金，本非长物，独半生锐气顿挫于小女子、髭汉之手。今使不自计决，还向豺虎猿猱之际，枭争夺劫，其祸恐益烈矣。'因断此叉，誓不复用。今田园自力，梁间事⑯绝口不谈。积有余储，结庐道旁，终老天年，盖亦幸矣！我年七十有三，已事耳，亦足以佐一觞乎？参[17]横夜半，客请执折叉御户以安。"

（清·曾衍东《小豆棚》卷十四）

【注】

①称情款：情意很是诚挚融洽（称，音 chèn，相当）。

②绳枢：以绳子代替转轴拴门（枢，门轴），形容家贫。

③枨：音 chéng，门两旁竖的木柱，借指门。

④刍豆：草和豆。此处指喂马草料。

⑤黄白物：指黄金白银。

⑥富伧：犹言土豪，土地主（伧，音 cāng，指粗鄙之人）。

⑦满部髭：意为满脸胡须。部，量词，用于胡须。《水浒传》第十三回："杨志看那人时，身材七尺以上长短，面圆耳大，唇阔口方，腮边一部落腮胡须，威风凛凛，相貌堂堂。"髭，音 zī，本指嘴唇上边的胡子，泛指胡须。

⑧栗慑：吓得发抖。栗，哆嗦，发抖。

⑨草莱：杂草，比喻无用。

⑩奄夜：深夜（奄，音 yín，深）。

⑪些些：少许，一点儿。

⑫篝：用以盛物的竹笼。

⑬若有羡，当标伊：如果有剩余，可以奖励给他。羡：剩余；多余。标：标赏；给竞赛者以奖赏。伊：他。

⑭解淤黄项：押解治理黄河淤积的款项。

⑮鞘：音 qiào，即饷鞘。古时贮银以便转运的空心木筒。

⑯梁间事：指偷盗之事。旧时称窃贼为"梁上君子"。

⑰参：音 shēn，参星。二十八星宿之一，在西方天空。

铁腿韩昌

韩昌，汶上人，幼佣于路氏。路子弟喜讲少林拳勇之技，韩从旁剽窃，颇有所得。曾一腿扑倒败堵，人遂呼为"铁腿韩昌"，而昌亦顾盼自喜。及壮，恃其能，遂流为匪，充兖州捕。百里之间，眼目悉熟，狗偷辈亦时纳小贡献韩，固一时叱咤，称泗水雄。

日者①，遂批出缉寿昌②境。宵征独行，遥见村外有茅舍数间，灯光一缕出篱落中。探之，板扉半掩，土炕上坐一二十许妇人，发漆漆，着淡红裤，穿小靴，理缫车轧轧不绝。韩知其非尴尬③者，遂排闼入。妇手轧而问曰："尔来寻谁？"韩曰："寻伴尔者。"近妇前蹲为语。妇微哂，跂足④交韩裆，韩仰仆，曰："蹄子⑤敢恶作剧！"及韩起，而妇人已面立，执浣杵扫韩胫，复仆。韩怒，起右腿，妇右腾；起左腿，亦左腾。方一转踔⑥，韩三仆。妇乃骑韩背，举杵击其胯。韩疼欲折，忍不敢声。妇人拖地上箔⑦，卷扎韩为捆，倒栽于室南隅，妇仍纺绩如故。

俄而其夫归，妇告之曰："深更不返，席中人访汝者，想已睡熟。"其夫解视，则名捕韩昌，旧曾相识。妇人笑而致词曰："伯伯莫嗔奴太孟浪，幸伯伯不复饶舌，倘絮絮然，将杵断小骨子！"其夫亦笑责之。时东方既白，妇入厨，罗酒浆，作炊饼，韩乃强打精神，啖而去。自此豪气顿淡于初云。

按：先岳孔德溢公讳毓光，早年失怙。入武庠，性慷爽，有勇力。家日落，尝从草泽中游，与绿林辈往来甚悉，尝得其润余以为供给。一日午间，至颜家楼之关圣庙，酣睡神案下，梦帝呼之："快入城去，干正经勾当！"醒，不为异，复睡。又呼之如前。遂入城。时出示招募勇健营入伍，遂应名。随征噶尔，以军功得守御。

乾隆年间，洊升⑧至粤省军标游击。尝行刑海盗，其队兵决囚不如法，自撩衣手刃卅余囚，无一失者。其勇力能挟八十斤铳，发机御敌。又言曾在至圣庙中，随班襄祀。族官轻其武职。慨然曰："诸君顶戴红蓝，皆沾祖宗余荫耳。若我这官职，是冷枪头热肚皮挣得来的。"韩昌等辈，皆其少年所结识者。

（清·曾衍东《小豆棚》卷十四）

【注】

①日者：某日，有一天。

②寿昌：历史上浙江境内的一个县，今并入建德市，设寿昌镇。

③尴尬：事情棘手，难以应付。

④跂足：举足，抬腿（跂，音 qǐ，踮起脚跟）。

⑤蹄子：对女人的蔑称。

⑥踔：音 chuō，踢，腾跃。

⑦箔：音 bó，帘子。多用苇子或秫秸织成。

⑧洊升：被荐举提升（洊，音 jiàn，荐举）。

谒汶上分水龙王庙

戊子。晓走里许，谒分水龙王庙。禹王庙在漕渠西，直①汶河。汶自莱芜寨子村，至泰安州静封镇合焉，名曰堑汶。西南流，与祖徕山之阳水汶河合，又西南流，注洸水。其源有三。自泰山之旁仙台岭。一自莱芜原山。……明洪武辛酉，河决原武，漫及安山，淤河四百余里，起城村诸所陆运至德州。永乐戊子，命工部尚书宋礼疏之，于开河闸至南沙湾，比故河道北徙几二十余里，余皆循其故道。济宁则引泗、洸、汶水旧泉二百二十六，新泉三十六资运，至沙湾则引黄河支流，自金龙口者合之，达于临清。役济、兖、青、东十五万人，登、莱愿役者万五千人。用老人白英计，筑戴村坝五里，遏汶勿东流，从西南专汇于南旺，漕挽^②利之。分水闸北距临清三百七十里，地高九十尺；南距徐州四百里，地高百十六尺。庙在永宁。宋尚书礼（大本）祠，祔^③刑部侍郎泗州金纯、都督天长周长（谥忠毅）、济宁州同知潘正叔及汶上老人白英。时新筑砖堡，以水浅，上下闸俱闭，待分水庙前泉溢，始放舟。晚过南旺下闸，同朱太史循涯入分水庙及宋祠，往返十里。是日发舟六里，泊下闸（东平）。

（清·谈迁《北游录·纪程》）

【注】

①直：当，对着。

②漕挽：指水运和陆运。

③祔：音 fù，指配享，附祭。

汶上分水处

汶上县分水之处，在元时为会源闸，即今济宁之天井闸也。元人遏汶水北出阳谷以通卫水，南出济宁以通泗水。然按地势，南自沽头以达河、淮，殊为便利。而北由安居至南旺，南旺地高于天井，安能激水逆流而使之分乎？故当时虽多设闸坝，常患漏竭。至明永乐时，总督河道宋礼用老人白英之计，筑戴村坝以遏汶，导之出鹅河口，入南旺湖，然后分流南北，从分水口为水脊，因势均导，南得四分，北得六分，增修水闸，以时启闭，漕运遂通。今南北流惟吾所用，如浅于南，则闭南旺北闸；浅于北，则闭南旺南闸。湖、泉并注，南北合流，虽有旱暵^①，靡不有济。每岁东南漕艘，无或滞留，此皆白英遏汶水之功也。

（清·赵慎畛《榆巢杂识》上卷）

【注】

①旱暵：天旱，干旱（暵，音 hàn，干旱，干枯）。

汪琬

汪钝翁琬①，吴人，而其宗居吾东汶上。钝翁自序汪姓缘起云："鲁成公庶子，生而有文在手，左水，右王，故名汪。"又云："食采②于汪，子孙因以为氏。"汪氏其始盖鲁人也。钝翁汶上遇宗人交臣有诗。又《汶上与同宗诸兄弟入田氏园赏芍药》诗云：

尘中驱马已十日，急雨颠风不可当。

不信南来好风气，径容阑入药栏旁。

无数名花压径开，暂携浊酒为花来。

帽檐欹侧横船覆，始信吴儿尔许呆。

二诗颇颓唐③自喜。

按，汶上田家紫荆演为传奇④，妇孺皆知其事。谢在杭肇淛⑤《过田真墓》云：

汶河如带日西斜，禾黍荒村四五家。

惟有田真坟畔树，春风犹发紫荆花。

第不知有园者犹为其后否耶？

（清·王培荀《乡园忆旧录》卷一）

【注】

①汪钝翁琬：汪琬（1624—1691），字苕文，号钝庵，人称钝翁，长洲（今江苏苏州）人。清初散文家、诗人，与侯方域、魏禧

并称清初散文三大家。

②食采：享用封邑的租赋（采，音 cǎi，采地，古代卿大夫的封邑）。

③颓唐：凄凉萧索。

④田家紫荆演为传奇：田家紫荆故事始见南朝梁吴均撰《续齐谐记》："京兆田真兄弟三人，共议分财。生资皆平均，惟堂前一株紫荆树，共议欲破三片。翌日，就截之，其树即枯死，状如火然。真往见之，大惊，谓诸弟曰：'树本同株，闻将分斫，所以憔悴。是人不如木也。'因悲不自胜，不复解树。树应声荣茂，兄弟相感，合财宝，遂为孝门。真仕至太中大夫。"《续齐谐记》谓田真为京兆人，王培荀谓"汶上田家"，又借谢肇淛诗，云汶上还有田真坟，有待考辨。

⑤谢在杭肇淛：谢肇淛（1567—1624），字在杭，福州长乐人，出生于钱塘（今浙江杭州），号武林、小草斋主人，明代博物学家、诗人。明万历二十年（1592）进士，官至广西右布政使。著有《五杂俎》《太姥山志》等。

汶上某少年

汶上某少年，有才，县、府、院试皆第一，科试亦高等。乡试得售，会试中明通榜①，补教职。年二十余耳，佻达不羁。一日，召门生为妻祝寿，门生麇至②，送贺仪，必欲入内拜祝。辞之不得，命帘外铺毡。既行礼，年少诸生出不意，揭帘竟入，盖欲一觇③丽质耳。果有少艾④而华妆者，素识之，哗曰："此城中妓也！"众大恚⑤，诉于宰。宰念其才，为之居间，令赔罪于诸生，事乃已。某愧甚。来年会试中式，以知县分发别省矣。

（清·王培荀《乡园忆旧录》卷六）

【注】

①明通榜：清代科举会试中一种增录或补录的榜额。雍正、乾隆间，在会试落第举人中选取文理明通者，补授出缺的学官，于正榜之外另出一榜，故名。

②麇至：群集而来（麇，音 qún，成群）。

③觇：音 chān，观看，观察。

④少艾：指年轻美丽的女子。

⑤恚：音 huì，怒，愤怒。

漕督周公

漕督周公敬修，名天爵，汶上人。嘉庆丁卯举人，其后成进士，为安徽令。邑多盗贼，横行无忌。公力绝人，能双挽十二力弓①，尤精击刺。手擒巨盗，剜目断手，剔其脚筋。御史某，劾以残酷。时邓公廷桢为巡抚，覆奏某爱民如子，嫉恶如仇，凡所究治，皆穷凶极恶。自是治声益著，历升至封疆大臣。

初，公与涪州陈驭珊葆森相知最深，驭珊能吏，公为邑令升去，陈代其任。及公总漕运，驭珊升寿州牧，严于治贼，悬三千金购要犯。捕役贪赏，贿小窃冒认。狱具，以事关粮艘，送公覆讯②。公云："陈驭珊审定，安有误者！"犯至翻供，不听，刑讯死。既而获正犯，驭珊获罪，公亦革职留任。后被议去官，发往广东效力。大将军奏荐云："某监造兵械，躬亲验试，任劳任怨，实为可靠。"赏三品顶戴，总督漕运。以疾告归。两湖人犹思之。

（清·王培荀《乡园忆旧录》卷七）

【注】

①双挽十二力弓：双手拉开十二力的弓，形容力大。挽，拉，

牵引。力：弓的强度单位。《儿女英雄传》第十五回："我开得十六力的硬弓。"

②覆讯：审讯（覆，审理，审问）。

周天爵

汶上周公敬修，名天爵，面黑勇健，人号为"周仓"。少颖悟，卓荦通经。后授以时艺。清浅之文，夷然①不屑；喜古文，作制艺一气孤行，浑灏历落，无排比之习。会试不第，意颇懊丧，梦杨椒山②先生勉之云："子勿然！异日功名远大。"成进士，归班候选，甚不适意。又梦椒山勉之如初。选安徽怀远县，居官嫉恶甚严。

出城，见少妇且前且却，意态彷徨，召问何事。泣诉为强暴所污。问何凭，云："将履脱去，见官来走避。"公疾追及之，搜其身，则履在焉。怒甚，命削竹钉，钉其手足于树。豪迈不拘文法类如是。人问何以膂力绝人，曰："无他，惟少近女色耳。"

（清·王培荀《乡园忆旧录》卷八）

【注】

①夷然：鄙视的样子。

②杨椒山：杨继盛（1516—1555），字仲芳，号椒山，直隶容城人。明朝中期著名谏臣。嘉靖二十六年（1547）进士。因上疏力劾严嵩罪状，被拷打致死。追赠太常少卿，谥号忠愍。后人尊其为城隍，有《杨忠愍文集》。

汶上准字池

汶上县治堂前有准字池，以石为之，外方内圆，刻四鲤鱼。注以水，上不在水面，下不在水底，以示为政贵得中也。自汉唐以来，相传为孔子所遗。但史书未载，不知其确否。

（清·王培荀《乡园忆旧录》卷一）

南旺湖

南旺湖即大野泽，一名水柜，谓蓄水以济运河也。明修元运河，发济、东、青、兖民夫十五万，疏浚河道，汶水会沂、泗之水，漫溢奔腾。会通旧迹，开而复壅。奉命者司空宋礼，忧劳无计。河上老人白英①建三策：以四柜贮水，收惊澜遏汶，勿使西驰；筑戴村坝；河流出南旺，两分其水——三分向南，会徐、吕，七分入漳、卫。从此，转运万艘无阻，万世之利也。建分水龙王庙，所谓"一水分南北，千帆自去来"。本朝雍正四年，加封老人为永济之神，庙食勿替。颜修来《过汶阴禹庙诗》②有云：

> 泰山岩岩作襟带，洸沂洙泗皆朝宗。
>
> 一从分水济飞挽，疏凿颇与淮渎同。
>
> 南流滔天北流竭，万夫始得帆樯通。

按：泰山郡水皆名汶，源出莱芜者，至泰安县名牟汶、嬴汶，西流又合柴汶，又有北汶水注之，南至大汶，与小汶水合流入兖州。凡五汶，皆源殊而流合，至汶上县为分水河，以济运河。（按柴汶，《水经注》作紫汶。）

（清·王培荀《乡园忆旧录》卷四）

【注】

①河上老人白英：白英，字节之，山东汶上人，明初著名农民水利家。他是运河上的一位"老人"（十余名运河民夫的领班，不是指上年纪的人），治水、行船经验丰富，熟悉当地大运河的地势、水情。因辅助司空宋礼治河有功，被封为功漕神并建祠纪念。清代

·384·

又被追封为永济神。

②该诗为一首七言古诗，收入颜光敏《乐圃集》卷二，这里只选录了其中的六句。

南旺分水坝

南旺分水坝，献策者白老人英，成功者宋尚书礼，而建议请开河通漕运者，则济宁同知潘叔正①也。明初，以外官微员得上言于朝，承命者复集思广益而不自用，大功安得不立？然过河上者怀白、宋，忘创议始于何人矣！陈文贞公廷敬②一诗最为详核：

> 导淮桐柏会泗沂，东流于海禹所治。
>
> 赵宋河决流而南，淮与泗沂兼并之。
>
> 河于中土一大物，况携众流行恣睢。
>
> 尔后六百有余载，多为世患违津涯。
>
> 吴艘越舶亘天来，神京陆挽人驴疲。
>
> 伟哉潘生伏下职，建言为国陈良规。
>
> 宋公举事不漫浪，下采群策褒参禅。
>
> 是何老人白其姓，厥名曰英超等夷③。
>
> 铜壶倒影测累黍，玉尺量地穷四维。
>
> 河湾接流二十里，北走千里诚一奇。
>
> 我行南旺分水处，此岂地利皆人为。
>
> 百川朝宗尽东下，却与西北浮云驰。
>
> 君不见汉漕山东百万粟，更历砥柱多险巇。
>
> 唐挽江淮导汴洛，浊涛恶浪纷追随。
>
> 泗沂实与汶水合，禹迹不湮劳川师。
>
> 洪河德水宁有二，细流不择成大陂④。

古来万事皆如此，短歌微吟风沦漪⑤。

纪事诗不嫌于详，亦不嫌太质，从实也。又，观分流处云："南北忽分流，北三分南七。投木柹⑥试之，其数不失一。"至造句之工者，吴梅村⑦云："平分泰山雨，两使济河风。"沈闻人云："七十二泉从此合，三千余路恰平分。"皆妙。

（清·王培荀《乡园忆旧录》卷七）

【注】

①潘叔正：亦名潘邑，字惟献，号绩庵，浙江仙居人。明永乐元年（1403）中举人，永乐九年（1411）被选任为山东济宁州同知。任上提议疏浚会通河，获准后佐工部尚书宋礼等督理疏浚大工程，使南北漕运大动脉贯通。

②陈文贞公廷敬：陈廷敬（1638—1712），字子端，号说岩，晚号午亭，山西泽州府阳城（今属晋城市）人。顺治十五年（1658）进士。康熙年间历任工部、户部、吏部尚书，拜文渊阁大学士，《康熙字典》总修官。卒年七十五，谥文贞。陈廷敬工于诗文，著有《午亭文编》等。

③等夷：同辈，同等的人。

④陂，音 bēi，池沼湖泊。

⑤沦漪：微波。

⑥柹：同"柿"，音 fèi，削下的木片，木皮。

⑦吴梅村：吴伟业（1609—1672），字骏公，号梅村，别署鹿樵生、灌隐主人，江苏太仓人。明崇祯四年（1631）进士，曾任翰林院编修、左庶子等职。清顺治十年（1653）被诏北上，授予秘书院侍讲，后升国子监祭酒。明末清初著名诗人，与钱谦益、龚鼎孳并称"江左三大家"。

东野砧娘

红砒性热，有大毒，能杀人。然北方沙瘠，且生虫，害稼穑，土人恒购以培地，所以杀地蛆也。人有误入口者，辄肠断而死。

闵祝字三峰，汶上农叟闵贤子，幼敏慧，貌温婉若处女，为父母所钟爱。东野子良与贤总角交①，长犹莫逆②，顾阡陌毗连，两家村仅隔三四里，时过从话桑麻焉。子良女名砧娘，年与祝相仿，貌丽而性贞。子良与贤互誉小儿女，遂联秦晋。

祝瞬年十九矣，耕耘之暇颇事呫哔③，不喜与牧竖④嬉。邻妇有荡者，恒挑之，辄面赪逸去。目为痴，不顾也。村东乐氏妇，尤风骚而性又骄悍，虐夫如犬马，翁姑见之恒股栗⑤，时盗⑥牧竖，宿田畔，风露卑湿，久久成癣癞疾，肤裂发髡⑦，更为人所不齿。邻妇衔⑧祝，思倾⑨之。适乐妇借锄坐檐下矮足几，闲话移时始去。祝又过，坚请小憩，即以几与之坐。祝素羸弱，一感触即沾染，月余，遍体爬搔，较乐妇为尤，苦医药无效。父母恐为阖家患，移榻置门边小斗室，从此饮食溲溺皆须人，苦可知矣。村人咸疑为时症，实不知其为邻妇算也。邻妇反诮祝曰："郎君患此，可惜砧姑姑貌若天仙，竟不能消受，奈何！"祝默然，益心痛。子良夫妇渐有悔意，然犹冀其痊可⑩。

讵⑪明年两家均届摽梅⑫，而祝病加剧，子良妇不能忍，暗倩⑬戚里通其意，贤未及答，妇勃然怒曰："吾子非生而病者，谁定其病百年？渠家急急，即不能待吾子死而后嫁耶？"贤欲允其请，唯碍妇，而客已逡巡⑭去矣。贤诣内，妇怒犹未已。贤曰："祝病，朝暮人耳，或与砧娘本无夫妇缘，然则累渠预寡，将若何？"妇曰："既凭媒妁结朱陈⑮，能如是之易毁乎？行将携新妇归，或子死，尚有离鸾媵⑯也。"祝病久，终日卧绳床，仆媪咸厌恶。邻妇恶作剧，颇私悔，反时来服役，极殷勤，偶泄子良意，祝悲曰："此前生孽也，尚累人家闺秀遗来世冤乎？"午夜，力疾写离婚书，浣妇达，子良不敢受，寄贤阅，贤曰："豚儿⑰意良佳，何必辞？"祝又匍匐往见子良曰："某命薄，负长者爱，闺中人年已破瓜，而某病入膏肓，请改弦⑱，万勿域成议⑲。"言已，涕拜呈书而出。子良错愕不知所云，呼以牛背送之返。旋晤贤曰："毁婚出贤郎意，阿翁将若何？"贤曰："易耳。"即于婚书后署己名而判以押。子良袖归，夜语妇。砧娘闻之，突出痛哭曰："儿闺中无失德处，未审何故遭闵氏弃？"以病对，曰："病何碍？即渠病，儿固渠妇；即死，儿亦渠妇。不知其他也。"子良语塞。女归寝，啼终夜。

久之，议婚者趾错于门。女审之确，愤然曰："是真不可暂止矣。"夜起，盗箧中离婚书，天明，椎髻大布衣，自奔于闵氏之门，登堂拜舅姑。闵夫妇惊讯："儿来云何？"曰："来作新妇耳。"因泣述二老悔婚，无已，从权变，不及候嘉礼⑳之由。曰："婚已毁矣。"女佯惊，问毁婚故。曰："祝将不久；即苟延，亦罔敦琴瑟好。"女笑曰："儿疑遭弃，必新妇有失德处，若因良人病，即若此，恐有乖女子从一之义。儿来事舅姑，兼视夫疾，抵死不愿归也。"言已，自起，杂家人操作。贤急延子良来，正计议，女奔出伏地叩曰："翁、父俱在此，儿既非失德，安用此离婚书哉？"言已，出袖中书，拉杂摧烧之。邻里父老莫不惊叹曰："贤妇，贤妇！敢再有议离者，有如此书。"子良无已辞去，拼与女绝，而女竟事事得二老怜爱。

一日，跪请于姑曰："儿来为良人疾，身既分明矣，阿婆曷引儿视良人？"姑诺。祝正呻吟，突见女，惊且悲。姑悲曰："儿无福，负此贤妇。"女亦悲，旋收泪，谓姑曰："此皮肤疾，非心腹忧，会自痊耳。意欲朝夕侍汤药，未知可背于义乎？"姑曰："儿自不嫌污秽，老身且感激，何禁止为？"夜，即夫榻下藉藁眠，盥濯调护臻至。祝于无人时对女泣，女慰藉良殷，毫无戚戚状。

明年春，西畴㉑农事兴，贤从市上购砒石回，约三四斗，将布畎亩㉒，而未遑置诸篚，戒儿童莫沾唇。因祝整日卧，特置绳床下，命守之。祝时自怨艾㉓，不愿生。意死，渠望一断，或改适㉔，恨无死法。偶见砒，思借以自戕。女适出饁耕㉕，祝潜起，摸一小块，掩泪吞服。意将腹痛，讵僵卧匝宵竟无恙。疑为少，又多服之，仍无恙，且病若少解。遂攫十数枚藏枕畔，昕夕㉖咀嚼之。不半月，体渐光泽，沉疴霍然。女井臼余暇，时祷于村西药王祠，愿以身代。顷见其将痊，心疑药王灵，闷不宣㉗。

适又饁南亩，邻妇嘲之曰："若个小娘子，偏投病汉宿。乐家小官人，偏伴病妻眠。岂月下老错配婚姻耶？"女笑曰："姊姊莫担忧，我家病男儿终有日翩翩出门庭，那时方羡罗敷㉘夫婿殊也。"众疑其言，往瞰之，则已二竖㉙潜逃，一表出众矣。闵夫妇出看，亦惊喜。子良来，愈惭恧㉚，然均疑女子贞操所感，实不知其服砒石也。祝至是，始扶杖出，缅述㉛其故，众俱赞叹。翌竟大愈，村人传为艳谈㉜。药王祠香火僧通岐黄，闻之怃然㉝曰："砒本杀虫祛湿，以毒攻毒，理或有之，然从此为癣癞门增一肘后方㉞矣。"

村人请于两家长上㉟，为男女行合卺礼，鼓吹喧阗，冠裳云集。是日，庭中花草，枝枝皆连理并头。树上羽毛，个个呼比翼共命。觉前日之厄固莫名，今日之乐亦靡极㊱也。

时乐家妇病益剧而横益恣，夫与舅姑均惮其威。妇偶闻闵祝事，且信庙僧语，坚欲服砒，舅姑不可㊲，妇即拍枕捶床以詈曰：

"汝一家冀我死，拔去眼中钉耶？不然，何有此良剂而吝不我与？"夫愤极，即潜授之；服炊许，颜色忽变，七窍流血毙矣。

懊侬氏曰：贤哉砧娘！生长于村氓田畯㊳之家，耳不听诗书，目不睹母戒，居然百折不回，有我心匪石㊴之概，卒能感格上苍，为天再造。祝病之愈，由妇之贞也，岂真砧石比返魂香哉？乐妇效颦殒命㊵，亦何可笑。噫！士君子不穷源务本，而动辄效颦者，皆乐妇之流也。嘻！直隶崔春圃为我言之。捧腹不置。

（清·宣鼎《秋雨夜灯录》卷二，时代文艺出版社1987年版）

【注】

①总角：古时儿童束发为两结，向上分开，形状如角，故称。总角交：指童年相交的好友。

②莫逆：谓彼此志同道合，交谊深厚。

③咕哔：音 tiè bì，谓诵读。

④牧竖：牧童。

⑤股栗：亦作"股慄"。大腿发抖，形容非常恐惧。

⑥盗：与某人偷情，私通。

⑦髡：音 kūn，头发光秃。

⑧衔：怀恨。

⑨倾：害，坑害。

⑩痊可：痊愈。

⑪讵：音 jù，岂料，不料。

⑫摽梅：《诗经·召南·摽有梅》："摽有梅，其实七兮；求我庶士，迨其吉兮。"有，助词。摽梅，谓梅子成熟而落下（摽，音 biào，落下）。后以"摽梅"比喻女子已到结婚年龄。

⑬倩：音 qìng，请，恳求。

⑭逡巡：退避，徘徊不进（逡，音 qūn）。

⑮朱陈：古村名。唐白居易《朱陈村》曰："徐州古丰县，有村曰朱陈……一村唯两姓，世世为婚姻。"后用为两姓联姻的代称。

⑯离鸾：比喻分离的配偶。离鸾媳：此指守寡的媳妇。

⑰豚儿：谦称自己的儿子，犹犬子。

⑱改弦：改嫁。弦，旧时以琴瑟之类弦乐器喻夫妇，故谓妇女另嫁曰"改弦"。

⑲域成议：局限于已有的婚约。域，局限，受限制。

⑳嘉礼：婚礼。

㉑西畴：西面的田畴，泛指田地。

㉒布：撒；散播。畎亩：田地（畎，音 quǎn，田野）。

㉓怨艾：怨恨，悔恨（艾，音 yì）。

㉔改适：改嫁（适，嫁）。

㉕饁耕：为在田野耕作者送饭（饁，音 yè，往田野送饭）。

㉖昕夕：朝暮（昕，音 xīn，天亮）；终日。

㉗闷不宣：瞒住不说出。闷，音 bì，隐蔽，隐藏。

㉘罗敷：古代美女名。此处为砧娘自指。

㉙二竖：《左传·成公十年》："公梦疾为二竖子，曰：'彼良医也，惧伤我，焉逃之？'其一曰：'居肓之上，膏之下，若我何？'医至，曰：'疾不可为也，在肓之上，膏之下，攻之不可，达之不及，药不至焉，不可为也。'"后用"二竖"称病魔。

㉚惭恧：羞惭（恧：音 nǜ，惭愧）。

㉛缅述：尽情叙说，备述（缅，尽）。

㉜艳谈：美谈。

㉝怃然：惊愕的样子。

㉞肘后方：晋葛洪曾撰医书《肘后备急方》，简称《肘后方》，意谓卷帙不多，可以悬于肘后。后因借以泛指随身携带的丹方。

㉟长上：长辈，尊长。

㊱靡极：没有穷尽。

㊲不可：不认可，不准许。

㊳村氓田畯：泛指乡民，农民（氓，音 méng，民，百姓；畯，音 jùn，农民）。

㊴我心匪石：我的心不像石头那样可以转动，形容坚定不移。语出《诗经·邶风·柏舟》："我心匪石，不可转也。"孔颖达疏："言我心非如石然，石虽坚尚可转，我心坚，不可转也。"

㊵殒命：死亡，丧身（殒，音 yǔn，损毁，死亡）。

蒋伯生大令强项

常熟蒋伯生大令因培，宰山东多惠政。初至汶上，父老称蒋公子。（按：因培父瞻岵，先知是县，卒官）会巡漕御史某，家人婪索供张①，势张甚②，所过咸趋承惟谨。抵汶上，君方诣行馆谒，及门，闻诟厉，廉知横行状，便止屏外，扬声慷慨而言曰："公奉天子命来，因公过境，凡适馆具餐所应储峙③，有司为东道主，何敢急忽。今乃纵厮养无状乃尔乎，是蔑功令也。因培亦朝廷命官，蔑功令者，而顾□颜奉之，非夫也。"遽令撤所张灯及供膳，拂衣径归。御史遂中夜苍黄去。后事发，以贿赂牵连者数辈，东抚以君事上闻，奉朱批："此人可嘉之至。"由是君强项④之名，籍甚遐迩矣。

（清·陈康祺《郎潜纪闻初笔》卷十四）

【注】

①婪索：谓凭借权势等向人索取财物。供张：亦作"供帐"。

供宴会用的帷帐、用具、饮食等物，亦谓举行宴会。

②势张甚：谓声势盛大，气势嚣张（张，盛大，嚣张）。

③储峙：指日常或行旅等需用的器物（峙，同"庤"，音 zhì，储备）。

④强项：不肯低头，谓刚正不为威武所屈。

七十二槐堂

蒋伯生随宦山左，久为寓公，所筑萝庄，花木交荫，有古槐七十二树，名其堂曰"七十二槐堂"。一时名士东游者，题襟书壁，各有倡酬。伯生家不中赀，又为人假贷千金，穷日甚。其人有力而不欲偿，适孙渊如①权廉使，下其事于邑。伯生有句云："为我追逋真火急，向人延誉见风流。"为时称诵。

康祺按：此十四字足见伯生之任侠，亦足见渊如之爱才。官符索债，俗事之尤，不料雅到如此。

（清·陈康祺《郎潜纪闻初笔》卷十四）

【注】

①孙渊如：即孙星衍，清乾隆末年和嘉庆年间先后授山东兖沂曹济道、山东督粮道和山东布政使。详见济宁卷《李东琪与江柜香》注。

奏给白英子孙世职

汶上老人白英，前代之有功黄河者也。立祠戴村，子孙荫袭顶带。自入国朝，未奉明旨，康熙间，河东河道总督汉军李公宏①奏请，仍给八品世职，奉旨允行。嗣后每遇险工，益昭灵异。论者谓江西张道陵②后人，以斗米遗孽，依托鬼神，更历年运③，谬踞巍

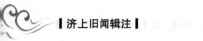

秩④。核之典礼⑤，则白氏子孙之受赏，不为忝窃也。

（清·陈康祺《郎潜纪闻二笔》卷二）

【注】

①李公宏：李宏，字济夫，一字用兹，号湛亭，汉军正蓝旗人。清朝大臣，效力河工，乾隆十六年（1751）授河库道，二十七年（1762）调淮徐道，二十九年（1764）擢河东河道总督。

②张道陵：原名张陵，字辅汉，相传为张良的后裔，沛国丰（今江苏丰县）人。为东汉末五斗米道的创立者，自称"天师"。江西龙虎山有"天师府""天师殿"供奉之。

③年运：谓不停地运行的岁月。

④巍秩：高位（秩，官职，品位）。

⑤典礼：制度礼仪。

宋江三十六将落草梁山

宋江看了人名，末后有一行字写道："天书付天罡院三十六员猛将，使呼保义宋江为帅，广行忠义，殄灭奸邪。"宋江看了姓名，见梁山泺上见有二十四人，和俺共二十五人了。

宋江为此，只得带领朱同、雷横，并李逵、戴宗、李海等九人，直奔梁山泺上，寻那哥哥晁盖。及到梁山泺上时分，晁盖已死，又是以次人吴加亮、李进义两人做落草强人首领。见宋江带得九人来，吴加亮等不胜欢喜。宋江把那天书说与吴加亮等，道了一遍，吴加亮和那几个弟兄共推让宋江做强人首领。寨内原有二十四人，死了晁盖一个，只有二十三人；又有宋江领至九人，便成三十二人。

就当日杀牛大会，把天书点名，只少了四人。那时吴加亮向宋江道："是哥哥晁盖临终时分道与我：他从正和年间朝东岳烧香得一梦，见寨上会中合得三十六数；若果应数，须是助行忠义，卫护国家。"吴加亮说罢，宋江道："今会中只少了三人。"那三人是：花和尚鲁智深、一丈青张横、铁鞭呼延绰。

是时筵会已散，各人统率强人，略州劫县，放火杀人。攻夺淮阳、京东、河北三路二十四州八十余县，劫掠子女玉帛，掳掠甚众。朝廷命呼延绰为将，统兵投降海贼李横等，出师收捕宋江等，屡战屡败。朝廷督责严切，其呼延绰带领得李横反叛朝廷，亦来投宋江为寇。那时有僧人鲁智深反叛，亦来投奔宋江。这三人来后，恰好是三十六人数足。

一日，宋江与吴加亮商量："俺三十六员猛将，并已登数；休要忘了东岳保护之恩，须索去烧香赛还心愿则个。"择日起程，宋江题了四句放旗上道，诗曰：

来时三十六，去后十八双。

若还少一个，定是不还乡！

宋江统率三十六将，往朝东岳，赛取金炉心愿。朝廷无其奈何，只得出榜招谕宋江等。有那元帅姓张名叔夜的，是世代将门之子，前来招诱宋江和那三十六人归顺宋朝，各受武功大夫诰敕，分注诸路巡检使去也。因此三路之寇，悉得平定。后遣宋江收方腊有功，封节度使。

（《大宋宣和遗事》亨集）

李青山（一）

山东贼李青山据梁山泊，诸生王某为谋主，分遣其众，据八闸，梗运道。周辅延儒①北上，二贼以门生名刺来谒，众惊怖，延儒命入见。两贼自云："非敢为乱，以护漕耳。"延儒曰："如漕粟无梗无失，当言之朝，授汝官，以卫漕船。"及岁终，青山塞安山闸，凿河十里，通梁山，驱漕舟，并系漕卒去，焚掠近临清，意在胁招。张漕督国维②惧，适内臣刘元斌率剿寇京军还，合镇兵击之，诱青山降，执送京师献俘。上率太子永、定二王御门收之，凡三十余人，贷一人，磔③青山及王，余斩首。方缚付西市，众贼云："许我做官，乃缚我耶？"至市，青山奋起，所缚之桩立拔，王诟骂当事负约，死乃绝声。

（明·李清《三垣笔记》"附识上·崇祯"）

【注】

①周辅延儒：周延儒（1593—1644），字玉绳，号挹斋，明代宜兴人。明崇祯帝朱由检在位时任内阁首辅。

②张漕督国维：张国维（1595—1646），字玉笥，浙江东阳人。明末大臣，崇祯十四年（1641），任兵部右侍郎兼督淮、徐、临、通四镇兵，护漕运。

③磔：音 zhé，一种酷刑，凌迟，俗称剐刑。

李青山（二）

当是时，群盗王名以十数，其中李青山最剧。青山本屠者，因乱啸聚，据梁山之寿张集，上累诏趣①刘泽清②以进剿。十四年十二月二十一日，泽清所部游击赵维修追青山，斩其党③艾双双。双双，青山技艺师，伪封当家大元帅，梁山诸贼皆其管辖也。二十七日，青山兵败遁去。有贾望山者，泽清破其巢，执而讯之，称青山同逆党萧侯封等三人，逃往山东之沂州。十五年正月六日，兖东防守都司齐见龙，报其弟齐翌龙生擒青山以献。先是青山以百骑走泗水，材官杨衍者，故将御奇侄也，杀其骑且半，逐之至费县东□之箕山，杨相射中其马，翌龙遂得而生擒馘④之。援剿禁旅，太监班师入都者曰刘元斌，于中道诡称搜解青山余党，欲以自为功。司礼监王裕民以其疏入奏。疏曰下略上曰："青山小丑，久乃就擒，不足以献庙社。其命法司，按轻重，磔斩于都市，且赏赉将士有差。"或曰："王邻臣劝青山以约降。"其献俘也，上率太子永、定二王，御门受之。众贼曰："许我做官，乃缚我耶？"至市，青山奋起，所缚之桩立拔，大诟骂当事负约，死乃绝声。上以山东饥困，手诏就抚之，民各归本土，务农耕作，发帑银二万以赈之。

（清·赵吉士《寄园寄所寄》卷九"裂眦寄"）

【注】

①趣：音 cù，古同"促"，催促，督促。

②刘泽清：见曲阜卷《鲁监国载略》注。

③党：同党，同伙。

④馘：音 guó，战争中割取所杀敌人或俘虏的左耳以计数献功。

梁山泺（一）

往读施耐庵《水浒记》①，疑作者讥宋失政，其人其事，皆理之所必无者。继读《续纲目》②，载宋江以三十六人转掠河朔，莫能撄锋③。又《宣和遗事》④备书三十六人姓名，宋龚开有赞，侯蒙有传，其人既匪诬矣。意梁山者，必峰峻壑深，过于孟门、剑阁，为天下之险，若辈方得凭恃为雄。及予亲履其境，又曾辑修《兖志》⑤，梁山为今寿张治属，其山不过周遭五十里。耐庵乃云八百里。即宋江寨，山冈上一小垣耳。说⑥中铺张其词，使天下后世愚民不至其地者，信以为然。长奸萌乱，莫此为甚。因拈出之，以告司治君子，且使天下后世之人，知《水浒记》所载，虽有其人，而其事则不可尽信也。梁山泺（音薄）作"泊"，误。

（清·金埴《巾箱说》）

【注】

①《水浒记》：即《水浒传》，元末明初施耐庵所写的一部反映梁山泊农民起义的长篇小说。

②《续纲目》：书名，全称《宋元通鉴纲目》，又名《通鉴纲目续编》，明大学士商辂等奉敕修撰，于成化十一年（1475）修成，凡二十七卷，专记宋元两代之事。

③撄锋：谓触碰锋镝，与之对抗（撄，音yīng，迫近，触碰）。

④《宣和遗事》：书名，全称《大宋宣和遗事》，为讲史话本，宋代无名氏作，元人或有增益。

⑤《兖志》：指《兖州府志续编》。清康熙五十八年（1719），时任兖州知府的金一凤主持纂修，金一凤的从孙金埴曾参与其事。

⑥说：说部，指古代小说、笔记一类书籍。

梁山泺（二）

《水浒传》，小说家言，不足凭；而宋江等实聚于梁山泺，一名梁山泊。自今观之，山不高大，山外一望平陆，疑其铺张太过。

按：其地昔合汶、济之水，承大野泽下流，与南旺、蜀山诸湖相连，环山弥漫数百里。金时犹有盗屯聚，赤盏晖①破之，获舟千余。又，斜卯阿里②破贼船万余，其声势较《水浒传》所云加数倍。元时黄河南徙，大野泽竭，此水遂涸。明崇祯，剧贼李青山作乱，梁山贼应之，其伪元帅为侯严化，伪副元帅冯文运、吕同升，青山破东平，皆先登，为骁贼。盖其初恃水为窟穴，无水犹倚山为巢。近来雨多犹积潦，沃壤宜麦。

昔王安石讲地利，东坡谓去梁山泊水，可得地加赋。安石欣然问计，东坡曰："再得如梁山泊者贮水，则此地出矣！"谁知当日戏谈，竟成实事。今山上设都司一员弹压（或云此刘贡父③语，传闻异辞）。

（清·王培荀《乡园忆旧录》卷四）

【注】

①赤盏晖：字仲明，女真族，金国将领。天会六年（1128），赤盏晖随完颜宗辅攻打山东，先后攻占了青州、潍州等城，平定了梁山泊的抗金民军，缴获舟船一千余只。随后移军进攻济州（治今济宁市），在城外击败宋军之后，他又向城中军民陈说利害，济州城举城投降，接着曹州、单州等地闻风而降。

②斜卯阿里（1080—1157）：女真族，金朝将领。天会六年（1128），金军攻打宋朝，斜卯阿里率军夺取阳谷、莘县等地，击败、招降了梁山泊、东平、范县一带的抗金民军。

③刘贡父：刘攽（音 bān，1023—1089），字贡夫，一作贡父、赣父，号公非，江西省樟树人。北宋史学家。庆历进士，历任曹州、兖州、亳州、蔡州知州，官至中书舍人。协助司马光纂修《资治通鉴》，著有《东汉刊误》等。

梁山

梁山在县治东南七十里，上有虎头崖、宋江寨、莲花台、石穿洞、黑风洞等迹。旧志云：汉文帝封第二子为梁孝王，尝田猎于此山之北，因名梁山，或曰本名良山。《史记》：孝王北猎良山。又古邑名曰"良"，汉县名曰"寿良"。皆以此邑中惟梁山最高大。

附：《水浒传奇》称梁山重关叠险，今山可十里，宋江寨山岗上一小垣，乃铺张其说，使天下后世长奸萌乱，殊深骇异。邑中风气强悍，圩寨甚多，防贼亦可资贼，要在司治者留心驾御焉。

（清光绪《寿张县志》卷一）

梁山泺（三）

宋时梁山泺，久为泽国，说部因附会宋江事。据孙升《孙公谈圃》云：蒲恭敏宗孟知郓州，先是寇依梁山泺，县官有用长梯窥蒲苇间者，恭敏下令，禁毋得乘小舟出入泺中。贼既绝食，遂散去。考《宋史·本传》，宗孟知郓州，在熙宁时，传中亦及治梁山泺盗事。晁以道《晁氏客话》云：蒲传正因郓州梁山贼事，责词云：汝不以龚黄①为心，朕独不愧孝宣之用人乎？王荆公欲决泺为田，刘贡父讥以再掘一梁山泺，当亦在此时。

（邓之诚《骨董续记》卷二）

【注】

①龚黄：汉循吏龚遂、黄霸的并称，亦泛指循吏。

子路言出仕

子路曰：负重道远者，不择地而休；家贫亲老者，不择禄而仕。昔者由事二亲之时，常食藜藿之实而为亲负米百里之外，亲没之后，南游于楚，从车百乘，积粟万钟，累茵①而坐，列鼎而食，愿食藜藿负米之时不可复得也。枯鱼衔索，几何不蠹②？二亲之寿，忽如过隙，草木欲长，霜露不使，贤者欲养，二亲不待，故曰：家贫亲老，不择禄而仕也。

（西汉·刘向《说苑》卷三）

【注】

①累茵：多层垫褥。

②枯鱼衔索，几何不蠹：把干鱼串挂在绳索上，能有多长时间不被虫子蛀蚀？喻指存日不多。

圣迹

虞舜生于姚墟，因以姚为姓，在兖泗水县。陶于河滨，今柘沟村。迁于负夏，在瑕丘。……泗水县北有姚山，东有历山、雷泽湖，亦有负夏、诸冯之村。

（清·贾凫西《澹圃恒言》卷二）

蒙蛇

泗水山中旧有禅院，四无村落，人迹罕及，有道士栖止其中。

或言内多大蛇，故游人益远之。一少年入山罗①鹰，入既深，无所归宿，遥见兰若②，趋投之。道士惊曰："居士③何来？幸不为儿辈所见！"即命坐，具馎④粥。食未已，一巨蛇入，粗十余围，昂首向客，怒目电瞬⑤。客大惧。道士以掌击其额，呵曰："去！"蛇乃俯首入东室。蜿蜒移时，其躯始尽；盘伏其中，一室尽满。客大惧摇战。道士曰："此平时所豢养。有我在，不妨；所患者，客自遇之耳。"客甫坐，又一蛇入，较前略小，约可五六围。见客遽止，睒闪⑥吐舌如前蛇状。道士又叱之，亦入室去。室无卧处，半绕梁间，壁上土摇落有声。客益惧，终夜不寝。早起欲归，道士送之。出屋门，见墙上阶下，大如盎盏者，行卧不一。见生人，皆有吞噬状。客惧，依道士肘腋而行，使送出谷口，乃归。

余乡有客中州者，寄居蛇佛寺。寺僧具晚餐，肉汤甚美，而段段皆圆，类鸡项。疑，问寺僧："杀鸡几何遂得多项？"僧曰："此蛇段耳。"客大惊，有出门而哇⑦者。既寝，觉胸上蠕蠕；摸之，则蛇也，顿起骇呼。僧起曰："此常事，乌⑧足骇怪！"因以火照壁间，大小满墙，榻上下皆是也。次日，僧引入佛殿。佛座下有巨井，井中有蛇，粗如巨瓮，探首井边而不出。爇⑨火下视，则蛇子蛇孙以数百万计，族居其中。僧云"昔蛇出为害，佛坐其上以镇之，其患始平"云。

（清·蒲松龄《聊斋志异》卷四）

【注】

①罗：用网捕（鸟）。

②兰若：梵语"阿兰若"的略称。佛教僧徒静修处；佛寺。此指上文所云"禅院"。

③居士：佛教对居家信佛的人的称呼，也用作对普通人的

敬称。

④饘：音 zhān，稠粥。

⑤电瞡：目光如电光闪烁（瞡，音 cōng，目生光）。

⑥晱闪：眨眼（晱，音 shǎn，眼睛很快地睁闭）。

⑦哇：呕吐。

⑧乌：何；哪里。

⑨爇：音 ruò，烧，点燃。

邢子仪

滕有杨某，从白莲教①党，得左道②之术。徐鸿儒诛后，杨幸漏脱，遂挟术以邀③。家中田园楼阁，颇称富有。至泗上某绅家，幻法为戏，妇女出窥，杨睨其女美，归谋摄取之。其继室朱氏，亦风韵，饰以华妆，伪作仙姬；又授木鸟，教之作用④；乃自楼头推堕之。朱觉身轻如叶，飘飘然凌云而行。无何，至一处，云止不前，知已至矣。是夜，月明清洁，俯视甚了。取木鸟投之，鸟振翼飞去，直达女室。女见彩禽翔人，唤婢扑之，鸟已冲帘出。女追之，鸟堕地作鼓翼声；近逼之，扑入裙底，展转间负女飞腾，直冲霄汉。婢大号。朱在云中言曰："下界人勿须惊怖，我月府姮娥⑤也。渠是王母第九女，偶谪尘世。王母日切怀念，暂招去一相会聚，即送还耳。"遂与结襟而行。方及泗水之界，适有放飞爆者，斜触鸟翼；鸟惊堕，牵朱亦堕，落一秀才家。

秀才邢子仪，家赤贫而性方鲠⑥。曾有邻妇夜奔，拒不纳。妇衔愤去，谮诸其夫，诬以挑引。夫固无赖，晨夕登门诟辱之。邢因货产，侨居别村。有相者顾某，善决人福寿，邢踵门叩之⑦。顾望见笑曰："君宫足千钟，何着败絮⑧见人？岂谓某无瞳耶？"邢嗤妄之。顾细审曰："是矣。固虽萧索，然金穴不远矣。"邢又妄之。顾曰："不惟暴富，且得丽人。"邢终不以为信。顾推之出，曰："且去且去，验后方索谢耳。"是夜，独坐月下，忽二女自天降，视之，皆丽姝。诧为妖，诘问之，初不肯言。邢将号召乡里，朱惧，始以实告，且嘱勿泄，愿终从焉。邢思世家女不与妖人妇等，遂遣人告其家。其父母自女飞升，零涕惶惑；忽得报书，惊喜过望，立刻命舆马星驰而去。报邢百金，携女归。邢得艳妻，方忧四壁，得金甚慰。往谢顾。顾又审曰："尚未，尚未。泰运⑨已交，百金何足言！"遂不受谢。先是，绅归，请于上官捕杨。杨预遁，不知所之，遂籍其家⑩，发牒追朱。朱惧，牵邢饮泣。邢亦计窘，始赂承牒者，赁车骑携朱诣绅，哀求解脱。绅感其义，为竭力营谋，得赎免；留夫妻于别馆，欢如戚好。绅女幼受刘聘；刘，显秩⑪也，闻女寄邢家信宿⑫，以为辱，反婚书，与女绝姻。绅将议姻他族；女告父母，誓从邢。邢闻之喜；朱亦喜，自愿下之。绅忧邢无家，时杨居宅从官货，因代购之。夫妻遂归，出橐金，粗治器具，蓄婢仆，旬日耗费已尽。但冀女来，当复得其资助。一夕，朱谓邢曰："孽夫杨某，曾以千金埋楼下，惟妾知之。适视其处，砖石依然，或窖藏无恙。"往共发之，果得金。因信顾术之神，厚报之。后女于归⑬，妆资丰盛，不数年，富甲一郡矣。

异史氏曰："白莲歼灭而杨独不死，又附益⑭之，几疑恢恢者疏而且漏矣⑮。孰知天留之，盖为邢也。不然，邢即否极而泰⑯，亦恶⑰能仓卒起楼阁、累巨金哉？不爱一色，而天报之以两。呜呼！造物⑱无言，而意可知矣。"

（清·蒲松龄《聊斋志异》卷十七）

【注】

①白莲教：假借"弥勒下生"的民间秘密宗教团体，又名闻香

教。元以后常被用为农民起义的组织工具，下文徐鸿儒，即明天启年间以白莲教主身份作为山东农民起义领袖。

②左道：邪道。

③遨：游，漫游。

④作用：启动、使用之法。

⑤月府姮娥：即月中女神嫦娥。

⑥方鲠：方正，耿直（鲠，音 gěng，直，正直）。

⑦踵门叩之：亲至其门叩问。

⑧败絮：破烂的棉絮，指破烂衣服。

⑨泰运：吉祥的运气。

⑩籍其家：抄没其家产。籍，簿册，抄家时将其家产一一登记入册。

⑪显秩：显要之官。

⑫信宿：连住两夜，也表示两夜。

⑬于归：出嫁。

⑭附益：此指聚敛暴富。《论语·先进》："季氏富于周公，而求也为之聚敛而附益之。"

⑮"几疑"句：几乎怀疑天网疏漏将其放掉。《道德经》："天网恢恢，疏而不失。"此处反用之。

⑯否极而泰：即否极泰来，运气坏到极点即转而通泰。否，音 pǐ，否即否卦，表不顺利。

⑰恶：音 wū，岂，哪。

⑱造物：指大自然，神灵。

高相国种须

高文端公①自言年二十五作山东泗水县令时，吕道士为之相面，曰："君当贵极人臣，然须不生，官不迁。"相国自摩其颐，曰："根且未有，何况于须？"

吕曰："我能种之。"是夕伺公睡熟，以笔蘸墨，画颐下如星点，三日而须出矣。

然笔所画，缕缕百十茎，终身不能多也。是年迁邠州牧，擢迁至总督而入相。

（清·袁枚《子不语》卷八）

【注】

①高文端公：高晋（1707—1778），字昭德，奉天辽阳人。自知县累官至文华殿大学士兼吏部尚书和漕运总督。去世后谥文端。

投木枝以聚鱼

泗水有渊，在今陈家寨，渔人投木枝以聚鱼，施罛①围而取之。《淮南·说林训》："钓者静之，罛者扣舟。"高注："罛者以柴积水中以取鱼，鱼闻击舟声，藏柴下，壅②而取之也。"

（清·桂馥《札朴》卷九）

【注】
①罛，音 gū，一种大型渔网。
②壅：音 yōng，堵塞，阻挡。

泉林（一）

泉林在山东泗水县，泗水出焉。高宗①南巡，常幸于此。其地并无高山大林，水由平地流出，势甚汹涌，真是奇观。《论语》"子在川上"，相传即此地也。

（清·钱泳《履园丛话》卷十八"古迹"）

【注】

①高宗：即清乾隆皇帝。

泉林（二）

泗水发源处名泉林，即子在川上处。建有亭台，四面古木，阴森蔽亏①，竹韵松声，朝烟夕霭，加以层廊复道，游踪惝恍迷离。登高望之，则天光云影，一片琉璃界中，宜圣人怡情会心，悟道机之活泼也。东阿于相国慎行②云："泗上诸水出雷泽，泽方数十里，春夏巨浪排空，秋冬则涸。其涸也，如雷鸣，一夕而渴。水溢陪尾山下，流为泗水诸泉。昔人谓泽中有雷神，鼓肤则雷鸣。雷神或偶一见，岂③遂以之名泽。"如于所云，则居人习以为常，此其所由得名也。……按泗水诸泉，不时疏浚，以济运河之流，又不足徒游观也。

（清·王培荀《乡园忆旧录》卷四）

【注】

①蔽亏：谓因遮蔽而半隐半现。

②于相国慎行：于慎行（1545—1607），字可远，又字无垢，山东东阿县东阿镇（今属平阴县）人。明隆庆二年（1568）进士。万历年间官至礼部尚书，加太子少保兼东阁大学士，入参机务。卒后赠太子太保，谥文定。著有《谷山笔麈》《兖州府志》等。

③岂：其。表示估计、推测，相当于也许、或许。

泗水出鲁卞县

《水经》："泗水出鲁卞县。"《注》：县东南有桃虚[①]，有泽方一十五里，渌水澄渟[②]……泽西际阜，阜有三石穴，广圆三四尺，穴有通否，水有盈漏，漏则数夕之中倾陂竭泽矣（于文定公所云"如雷鸣，一夕而竭"）。左右居民识其将漏，预为木如曲状，约障[③]穴口，鱼鳖暴鳞，不可胜载。《博物志》曰："泗水出陪尾，盖斯阜矣。石穴吐水，五泉俱导，穴各径尺余，水源南侧有一庙，栝[④]柏成林，时则谓原泉祠。"按此即今所谓泉林。泗水西南迳鲁县，分为二流，南为泗水，北为洙渎。《从征记》曰：洙泗交于鲁城东北十七里。

（清·王培荀《乡园忆旧录》卷五）

【注】

①桃虚：即桃墟。《春秋》杜预注：鲁国卞县东南有桃墟，世谓之曰陶墟，舜所陶处也。

②渌水澄渟：谓清澈的水汇聚在一起，水面平静。渌，音 lù，清澈。澄，音 chéng，水清而静。渟，音 tíng，水聚集不流。

③障：阻隔，遮掩。

④栝：音 kuò，木名，即桧。

仲夫子像

有人入仲夫子庙，言塑像未肖神，令"照我面目改塑"。众惊异，命工如所言塑之。像非猛烈，特两目紧逗，精气逼人。工毕，而其人死，盖特为传像来也。朱彝尊谒庙，诗云：

光岳钟青帝，明禋配素王。

世家犹不泯，俎豆俨成行。

力养嗟何及，长贫更可伤。

如闻琴瑟在，千载感升堂。

　　按：仲夫子，鲁卞邑人，今泗水县旧卞城，在县东南。此事，余闻诸泗水学博云。

（清·王培荀《乡园忆旧录》卷五）

跋

◇ 樊英民

徐复岭教授以《济上旧闻辑注》稿相示。此书堪称集济宁掌故之大成者。古今典籍，浩如烟海；采珠拾贝，厥功伟哉。一编在手，十一区县之逸闻轶事尽在掌握，省多少翻检之劳；编辑体例之精当，注释之切中肯綮、要言不烦，也都可圈可点。诚泽被学林堪传后世之作也。

夫旧闻者，如地方掌故、文物古迹、名人轶事、民间传说之类皆是。显社会之生相，亦文史之渊薮。虽零篇断简，片言只字，未尝不具补史证史之用。揆诸书中，其例甚夥。如《过任城纪胜》等篇选自谈迁《北游录》，是作者顺治间赴京师的日记，其中所记济宁名胜有太白楼、南池、浣笔泉、清真寺、铁塔、状元坊、任城闸、天井闸、仲庙、分水龙王庙等。这些史迹历尽沧桑，或存或废，或屡经复杂的沿革变迁而面目全非，均有待学者研究考索。此近四百年前之记录，实为难得资料。再如《鞭石祈雨》篇，叙兖州青莲阁旁黑风口有无头石人，乃贪官所化，邑人笞之以祈雨，每可如愿。这当然未足置信，但其地咸丰间确有北魏无头石人出土，事载《滋阳县志》；又与李白诗"门前长跪双石人"句若合符契；而本篇有谓青莲阁"传为太白故居"。数端合观，斯可为李白居东鲁事增一有力证据。其他关于孔子、孟子以迄贾凫西、孔尚任、颜光敏、桂馥等文化名人之记载，皆可补史之未备。

书中一些奇闻逸事，看似荒诞：如陈益修被打致残而为关帝保佑治愈，邵士梅多次投胎能知前生，王士能寿至一百二十余岁，等等，都有多个版本，说明这些传说在当时流传极广。不仅寓劝善惩恶之意，更反映了当时人之普遍心态和价值观，具有社会学意义。又如《槐相公碑》篇，叙济宁黄姬舍命保护古槐，古槐化为人身以报其恩。所揭示的人与自然相互依存关系，引人深思。济宁至今犹有古槐，不知是篇中所记否？

一些与地方历史风物相关的内容，如选自宣鼎《夜雨秋灯录》、王培荀《乡园忆旧录》等书诸篇，其事或许无稽，而其背景未必不真实，所反映的思想未必不深刻；纵使街谈巷议，亦曲尽世态人情，正是作为稗官野史的重要特色。此类作品，很多可作为现代人文艺创作素材，值得深入发掘。

书中有不少金石书法方面内容，如录自桂馥《札朴》的诸篇等。值得一说的是曾衍东《汉武氏祠画像石刻记》篇。按，著名的武氏祠汉画像石，现通常认为是乾隆五十一年运河同知黄易主持发掘。该篇则有乾隆丙午邑人掘鼠为食发现古墓的记载。丙午即乾隆五十一年，两者年代并无扞格。考其时曾氏正居故乡，他自己说其祖庙距武宅山仅十余里。当时人记身边事，则此文至少可作为对通常说法细节的补充，价值不言而喻。但多年来所见介绍武氏祠的文章中，很少有引用此篇者。也许是因收录此文的《小豆棚》属于说部而不为学界看重？而这更可以证明《济上旧闻辑注》一书的价值所在。

以上所举挂一漏万；但窥豹一斑，已略可知此书价值矣。

　　徐教授是研究近现代汉语（包括方言）语法和词汇的专家，有专著、词典多种行世；笔者二十多年前读《醒世姻缘传作者和语言考论》一书，就曾惊叹其文史功力之深厚。认为该书考证之细密，结论之无懈可击，起胡适之于地下亦必三致意焉。现济宁所属曲阜、兖州等正当年木皮散客活动之地，于是我知道教授于东鲁文献之钩稽爬梳，烂熟于胸，其来久矣。然则《济上旧闻辑注》一书，实教授多年中披沙淘金集腋成裘之作也。

　　昔鲁迅先生曾辑《会稽郡故书杂集》，序云"取史传地记之逸闻编而成集，以存旧史大略也"，"使后人穆然有思古之情"。济上旧闻之辑，其庶几乎！济宁与教授故乡菏泽本如襟带，居之既久，遂同桑梓。洙泗清波，早通血胤；杏坛桃李，长切梦魂。教授之于济宁，犹鲁迅先生之于绍兴也。

　　笔者荒陋，不能得窥徐教授学问门径。而竟蒙不弃，屡承提携，受益孔多。现在教授又以此书索序。序则吾岂敢，乃拉杂书读后感数言以赘于后，勉为应命云尔。

　　　　　　　　　樊英民辛丑之春三月于古沙丘寿石斋中